rbeiterpartei
5. August 1941
Tegel

O REFÚGIO SECRETO

Publicações
Pão Diário

O REFÚGIO SECRETO

CORRIE TEN BOOM

com Elizabeth *e* John Sherril

Coordenação editorial: Dayse Fontoura
Tradução: Sandra Pina
Revisão: Adolfo Antonio Hickmann
Edição: Dayse Fontoura, Thaís Soler, Lozane Winter
Projeto gráfico e capa: Audrey Novac Ribeiro
Diagramação: Audrey Novac Ribeiro

Dados Internacionais de Catalogação na Publicação (CIP)

ten Boom, Corrie
O Refúgio Secreto, Corrie ten Boom. Tradução: Sandra Pina – Curitiba/PR, Publicações Pão Diário.
Título original: *The hidding place*
1. Novela histórica 2. Religião Cristianismo

Exceto quando indicado o contrário, os trechos bíblicos mencionados são da edição Revista e Atualizada de João F. de Almeida © 2009 Sociedade Bíblica do Brasil.

Publicações Pão Diário
Caixa Postal 9740,
82620-981 Curitiba/PR, Brasil
publicacoes@paodiario.org
www.publicacoespaodiario.com.br
(41) 3257-4028

Capa dura: D9869 • ISBN: 978-1-68043-235-0
Capa couro: VN677 • ISBN: 978-1-68043-382-1
Capa brochura: JR771 • ISBN: 978-65-87506-62-3

1.ª edição: 2016 • 4.ª impressão: 2025

Impresso na China

Sumário

Apresentação

Era o mais estranho dos tempos.

Usávamos camisetas tingidas, ouvíamos Jimi Hendrix e víamos a Guerra do Vietnã na TV, durante o jantar. Bem, nem todos faziam isso. Eu não gostava das camisetas que me provocavam tontura, detestava música psicodélica e mudava de canal sempre que aparecia a guerra. Eu tinha coisas mais importantes em mente. Do tipo sobreviver.

O ano de 1971 marcava o meu quarto ano em cadeira de rodas. Embora meu acidente de mergulho tenha ficado no passado, a tetraplegia era presente. Eu ainda estava um pouco abalada com a paralisia total e permanente, além de ainda lutar para entender como Deus iria usar isso para o meu bem. E não ajudava o fato do mundo ao meu redor estar se desfazendo.

Em algum momento em meio ao caos, um amigo me deu uma cópia de *O Refúgio Secreto*. A contracapa explicava que era sobre a vida de Corrie ten Boom, uma sobrevivente dos campos de extermínio nazistas. Fiquei intrigada. Como disse antes, eu tentava sobreviver. Talvez aquela corajosa mulher de cabelos grisalhos, usando um casaco de guaxinim, semelhante ao que estava no armário da minha mãe, tivesse algo a me dizer.

O primeiro capítulo me conquistou. Embora Corrie fosse de outra época, sua vida tem influenciado há décadas. A Segunda

Guerra Mundial tinha sido bem diferente do meu próprio holocausto, mas a habilidade daquela mulher de encarar as garras aterrorizantes do inferno das câmaras de gás, e sair corajosamente para a luz do sol do outro lado foi... bem, exatamente a história que eu precisava ouvir.

Durante os anos seguintes, quando ocasionalmente estava prestes a recair em meu próprio poço de medo ou depressão, com ternura, o Espírito de Deus me trazia à mente suas bem conhecidas frases: "Não há poço tão profundo que o amor de Deus, ainda mais profundo, não consiga alcançar." "Apenas o céu revelará o lado direito da tapeçaria de Deus." E, provavelmente, a mais comovente e poderosa de todas: "Jesus é o vencedor."

Você pode entender por que me enchi de alegria quando conheci Corrie ten Boom. Ela segurou meu ombro com firmeza e declarou com seu forte sotaque holandês: — Ah, Joni, será um grande dia aquele em que dançaremos juntas no céu! A imagem que ela criou, de nós duas saltitando pelas ruas de ouro, deixou-me sem fôlego. Eu podia facilmente imaginar a cena de glória e de alegria. Isso me fez perceber que eu *havia* sobrevivido.

Desde então, os anos voaram. Corrie continuou a escrever livros, a viajar para inúmeros países, e até a supervisionar o filme que fizeram baseado em *O Refúgio Secreto*. Mas o tempo a estava alcançando. Após diversos AVCs (Acidentes Vasculares Cerebrais), seu cansado corpo finalmente se entregou. Quando fui ao seu funeral — uma cerimônia tranquila, cheia de testemunhos e tulipas — fiquei pensando naquele momento em que nos conhecemos. Sorri ao imaginar que o céu estava aplaudindo, e que Jesus provavelmente estava explicando a ela Sua escolha de linhas estranhas e sombrias misturadas ao ouro na tapeçaria da qual ela falava com tanta frequência.

Era 1983. Os anos prosseguiram e, infelizmente, as coisas não ficaram menos loucas. As poucas costuras que seguram o planeta estão tensas e esfarrapadas, com tantas pessoas se perguntando como sobreviver num mundo que mesmo a querida Corrie teria dificuldade em reconhecer.

Retiro isso. Ela *iria* reconhecer. E saberia exatamente o que fazer frente às novas guerras que sussurram holocaustos globais e ameaçam a sobrevivência de toda a humanidade: ela direcionaria, com firmeza, as pessoas e, ao mesmo tempo, com gentileza, para o Salvador, lembrando-as de que Ele ainda é vitorioso. Ela nos lembraria da velha história de que Jesus venceu o pecado, não importando quão feio e pernicioso ele seja. E que logo — talvez mais cedo do que pensamos — Ele finalmente fechará a cortina do pecado e do sofrimento, do ódio e dos holocaustos, para acolher Seus sobreviventes em casa.

Mais uma coisa. No outono de 2004, quando estava num voo de 24 horas para a Índia, minhas décadas de vida finalmente me atingiram. Estava com muita dor, sentada sobre meus ossos finos e cansados pela tetraplegia. Para passar as horas e afastar o incômodo, comecei a ler outro livro de Corrie, *Life Lessons from the Hiding Place* (Lições de vida do Refúgio Secreto). Senti um nó na garganta quando li sobre sua incrível paixão por viajar pelo mundo para compartilhar o evangelho de Cristo. *Aos 85 anos, Corrie ten Boom estava enfrentando voos como este... e se ela pôde fazer isso, pela graça de Deus, eu também posso!* Era toda a inspiração e encorajamento de que eu precisava para a extenuante viagem. Uma vez mais, Corrie ten Boom tinha falado.

A história de Corrie é tão atual e envolvente como sempre foi. É por isso que estou feliz em recomendar a você — parte de uma nova geração de leitores — esta edição especial de *O Refúgio Secreto*. Ela foi feita para aqueles cuja alma está esfarrapada e exausta, e para cada indivíduo que precisa atravessar as garras de seu próprio sofrimento. E se você chegou até aqui, é para *você*. Vá um pouco mais adiante e descobrirá o que eu descobri há tanto tempo...

Se a graça de Deus pôde sustentar Corrie naquele campo de concentração, então Sua graça é suficiente para você. Com Sua ajuda, você *pode* sobreviver. E, como diria Corrie, você *vai*!

Joni Eareckson Tada
Joni and Friends

Prefácio

Em maio de 1968, passei diversos dias num centro de refugiados em Darmstadt, Alemanha. Numa época em que a maioria dos alemães preferiria não pensar sobre o holocausto, ou até mesmo negar completamente que havia acontecido, um grupo de mulheres luteranas que se autodenominavam Irmandade Evangélica de Maria, assumiu para si a tarefa do arrependimento por sua nação. Elas davam assistência a sobreviventes judeus, ouviam suas histórias e divulgavam a verdade sobre o passado nazista.

Enquanto eu estava naquele centro, participei de um culto vespertino que tinha dois oradores. O primeiro era um homem que tinha sido prisioneiro num campo de concentração. Fora espancado e passara fome; seu pai e seu irmão tinham morrido no campo. O rosto e o corpo do homem contavam a história com mais eloquência do que suas palavras: olhos assombrados pela dor, mãos trêmulas que não podiam esquecer.

Em seguida, subiu ao púlpito uma mulher de cabelos brancos, rechonchudinha e com sapatos sóbrios. Seu rosto irradiava amor, paz e alegria. A história que essas duas pessoas relataram era a mesma. Ela, também, havia estado num campo de concentração, vivenciado a mesma selvageria, sofrido perdas idênticas. A reação do homem era fácil de entender. Mas e a dela?

Ao final do culto, fiquei para trás para conversar com ela. Cornelia ten Boom, era evidente, havia encontrado num campo de concentração, conforme predisse o profeta Isaías, um "...esconderijo contra o vento, de refúgio contra a tempestade [...] sombra de grande rocha em terra sedenta" (ISAÍAS 32:2).

Retornei à Europa com meu marido John, para conhecer essa mulher incrível. Juntos visitamos a estranha casinha holandesa, do tamanho de um cômodo, onde, até seus 50 anos, ela vivera a monótona rotina de relojoeira solteirona, nem imaginando, enquanto cuidava de sua irmã mais velha e do pai idoso, que um mundo de grande aventura e perigo mortal estava prestes a acontecer. Fomos ao jardim no sul da Holanda, onde a jovem Corrie entregou para sempre o seu coração. E à grande casa de tijolos em Haarlem, onde Pickwick servia café de verdade, mesmo em meio à guerra.

E durante todo o tempo, tivemos a extraordinária sensação de que não estávamos olhando para o passado, mas para o futuro. Como se aquelas pessoas e lugares não estivessem falando conosco sobre coisas que já haviam acontecido, mas sobre experiências que estavam à nossa frente. E logo nos vimos colocando em prática o que aprendemos com ela sobre:

- suportar a separação;
- contentar-se com menos;
- segurança em meio à insegurança;
- exercício do perdão;
- como Deus usa a fraqueza;
- lidar com pessoas difíceis;
- enfrentar a morte;
- amar os inimigos;
- o que fazer quando o mal vence.

Comentamos com Corrie sobre a praticidade das coisas que ela lembrava; como suas memórias pareciam lançar uma luz sobre problemas e decisões que enfrentamos aqui e agora.

— Mas, — disse ela. — é para isso que serve o passado! Cada experiência que Deus nos dá, cada pessoa que Ele coloca em nossa vida é a preparação perfeita para um futuro que apenas Ele pode ver.

Cada experiência, cada pessoa... O pai, que fazia os melhores consertos de relógios na Holanda, e então se esquecia de mandar a conta. A mãe, cujo corpo se tornou uma prisão, mas cujo espírito subiu livre. Betsie, que podia fazer uma festa com três batatas e algumas folhas de chá usadas. Quando olhamos nos brilhantes olhos azuis dessa mulher imbatível, desejamos que essas pessoas tivessem sido parte de nossas próprias vidas.

E então, é claro, percebemos que elas poderiam ser...

Elizabeth Sherrill
Chappaqua, Nova Iorque

Introdução

Qualquer um que pense que o cristianismo é chato ainda não foi apresentado à minha amiga Corrie ten Boom!

Uma das qualidades que eu mais admirava nessa notável senhora era seu gosto pela aventura. Embora fosse muitos anos mais velha do que eu, viajou incansavelmente comigo pela Cortina de Ferro, encontrando com grupos de células cristãs clandestinas, na época em que isso significava o risco de prisão ou deportação.

— Eles estão colocando suas vidas em risco pelo que acreditam. — ela dizia. — Por que eu não deveria? — acrescentava.

Se Corrie estivesse viva hoje, não tenho dúvidas de que insistiria em ir comigo aos atuais pontos críticos de perseguição. Como ela teria prazer em compartilhar sua fé radical com cristãos corajosos como a *Christian Motorcycle Association* (Associação Cristã de Motociclistas), aquele maravilhoso grupo de homens e mulheres que, com frequência, pilotam suas motos em países pobres, e então as entregam a pastores que não têm nenhuma outra forma de transporte.

Se você não conheceu Corrie ten Boom, a melhor forma de iniciar uma amizade eterna com ela e seu Senhor é por meio das páginas deste livro. Ainda hoje, uma nova geração está respondendo ao seu tocante desafio: "Venha comigo e inicie a maior aventura de todas."

Irmão André
Fundador da Missão Portas Abertas
Autor de *O Contrabandista de Deus* (Editora Betânia, 2008)

I.

A festa do centenário

Naquela manhã, pulei da cama com uma pergunta em mente: *sol ou bruma*? Em janeiro, na Holanda, normalmente é nublado, úmido, frio e cinzento. Eventualmente, num dia raro e mágico, desponta um sol claro de inverno. Debrucei-me o máximo que pude na única janela do meu quarto; sempre era difícil ver o céu do *Beje*. Paredes brancas de tijolos me fitavam: os fundos de outros prédios antigos nesse confuso centro da velha Haarlem. Mas, lá em cima, onde meu pescoço se esticava para alcançar, acima dos telhados malucos com chaminés tortas, havia uma moldura quadrada de céu pálido e perolado. Teríamos um dia ensolarado para a festa!

Ensaiei um pouco de valsa enquanto tirava meu novo vestido do velho e oscilante guarda-roupa encostado na parede. O quarto de papai ficava exatamente abaixo do meu, mas aos 77 anos de idade, ele dormia profundamente. Essa era uma das vantagens de envelhecer, pensei enquanto colocava os braços nas mangas e olhava no espelho para conferir o efeito. Embora em 1937, algumas mulheres holandesas estivessem usando saias na altura dos joelhos, as minhas se mantinham em cautelosos dez centímetros acima dos sapatos.

Você não está rejuvenescendo, lembrei ao meu reflexo. Talvez o vestido novo tenha me influenciado a olhar de um jeito mais crítico do que o normal: 45 anos, solteira, cintura quase desaparecida.

Minha irmã Betsie, embora sete anos mais velha que eu, ainda tinha aquela graça esbelta que fazia as pessoas se virarem para olhá-la na rua. Certamente não era por causa de suas roupas: nossa pequena relojoaria nunca tinha faturado muito. Mas quando Betsie colocava um vestido, algo maravilhoso acontecia com ele.

Em mim, até que Betsie os arrumasse, eram bainhas caídas, meias rasgadas e colarinhos tortos. *Mas hoje,* pensei me afastando do espelho o máximo que pude no pequeno quarto *o efeito do marrom escuro está ótimo!*

Bem longe, lá no térreo, a campainha tocou. Convidados? Antes das sete da manhã? Abri a porta do quarto e desci rapidamente pela escada íngreme e espiralada. Essa escada foi um adendo na antiga casa, curiosamente estranha. Na verdade, eram duas casas. A da frente era uma pequena estrutura típica da velha Haarlem com três andares, com o comprimento de cômodos e largura de apenas um. Em algum ponto desconhecido da história, sua parede dos fundos foi derrubada para uni-la a uma casa ainda mais estreita e mais íngreme que ficava atrás, e que tinha apenas três cômodos, um em cima do outro, e a estreita escada em espiral espremida entre as duas casas.

Por mais que eu tenha sido rápida, Betsie chegou à porta antes de mim. Um enorme buquê de flores encheu a entrada. Enquanto Betsie o pegava, um rapazinho de entregas apareceu.

— Belo dia para uma festa, senhorita! — disse, tentando espiar por entre as flores, uma vez que o café e o bolo já estavam preparados. Ele compareceria à festa mais tarde, como, de fato, parecia que Haarlem inteira viria.

Betsie e eu procuramos pelo cartão no buquê.

— Pickwick! — gritamos juntas.

Pickwick era um cliente incrivelmente rico, que não apenas comprava os melhores relógios, como subia com frequência para a parte familiar da casa, acima da loja. Seu nome verdadeiro era Herman Sluring; Pickwick era o apelido que eu e Betsie usávamos entre nós, porque ele parecia demais com a ilustração desse personagem em nossa cópia do livro de Dickens. Herman Sluring era, sem dúvida, o homem mais feio de Haarlem. Baixo, imensamente gordo, careca como um queijo holandês e tão estrábico, que nunca era possível ter certeza de que ele estava olhando para você ou para outra pessoa. E era tão gentil e generoso quanto sua aparência assustadora.

As flores tinham chegado pela porta lateral, usada pela família, e que dava para um beco estreito. Então eu e Betsie as levamos para a loja. Primeiro passamos pela oficina, onde os relógios eram consertados. Havia uma bancada alta sobre a qual papai se debruçara por tantos anos executando o delicado e meticuloso trabalho, reconhecido como o melhor da Holanda. No centro, ficava a minha bancada. Ao lado da minha, a de Hans, o aprendiz. E, contra a parede, a do velho Christoffels.

Na frente, ficava a loja onde os clientes eram atendidos, com suas vitrines cheias de relógios. Todos os relógios de parede batiam 7h quando Betsie e eu entramos com as flores e procuramos pelo lugar mais adequado para colocá-las. Desde a infância, sempre amei entrar naquela sala onde uma centena de tique-taques me acolhia. Estava escuro lá dentro, pois as persianas das vitrines externas ainda não tinham sido abertas. Destranquei a porta e saí para a rua Barteljorisstraat. As outras lojas, de um lado e do outro da estreita rua, estavam fechadas e silenciosas: a ótica ao lado; a loja de roupas; a padaria e a loja de peles de Weil, em frente.

Abri nossas persianas e fiquei admirando um pouco a vitrine sobre a qual Betsie e eu finalmente havíamos concordado. Essa vitrine sempre foi um grande motivo de discussão entre nós: eu queria expor o máximo de peças do nosso estoque que coubesse espremido na prateleira; Betsie defendia que dois ou três belos relógios, talvez sobre um pedaço de seda ou cetim enrolado, era mais elegante e mais convidativo. Porém, desta vez, a vitrine contentara a nós duas: exibia uma coleção de relógios de mesa e de bolso, cada um com, pelo menos, cem anos de fabricação, que pedimos emprestados a amigos e a antiquários de toda a cidade especialmente para a ocasião. Hoje era o centésimo aniversário da loja. Foi nesse dia, em janeiro de 1837, que o pai de papai havia colocado, na vitrine, um letreiro: RELOJOARIA TEN BOOM.

Durante os últimos dez minutos, com uma negligência pela precisão do tempo, os sinos da igreja de Haarlem repicaram sete horas. E agora, à meia quadra de distância, na praça da cidade, o grande sino da St. Bavo tocava solenemente sete vezes. Demorei-me ali na rua para contar as badaladas, embora fizesse frio naquela manhã de janeiro. É claro que todos em Haarlem agora tinham um rádio, mas eu podia lembrar quando a vida da cidade era regulada pelas horas da St. Bavo. Apenas os funcionários da ferrovia e outros que precisavam saber a hora exata vinham aqui para consultar o "relógio astronômico". Papai tomava o trem para Amsterdã toda semana para consultar a hora no Observatório Naval. Para ele, era um orgulho que o relógio astronômico nunca estivesse atrasado ou adiantado mais do que dois segundos, em sete dias. Quando entrei de novo na loja, lá estava ele, ainda alto e reluzente em seu bloco de concreto, mas agora despojado de relevância.

A campainha da porta do beco estava tocando novamente. Mais flores! E assim foi durante uma hora: buquês grandes e pequenos, arranjos elaborados e flores caseiras em jarros de barro. Embora a festa fosse para a loja, o carinho da cidade era por papai. "O bom velho de Haarlem", era assim que o chamavam, e estavam dispostos a provar isso. Quando já não cabia nenhuma flor na loja e na oficina, Betsie e eu começamos a levá-las para os dois cômodos que ficavam acima da loja. Esses cômodos ainda eram chamados de "quartos da *Tante* Jans" [N.E. *Tante*, tia em holandês], embora ela já tivesse falecido há 20 anos. *Tante* Jans era a irmã mais velha de mamãe, e sua presença permanecia na maciça mobília escura que deixara. Betsie colocou um vaso de tulipas cultivadas em estufa e deu um passo para trás, com uma pequena exclamação de prazer.

— Corrie, veja como o ambiente ficou mais alegre!

Pobre Betsie. O *Beje* era tão colado e cercado pelas casas ao redor, que as plantas que ela começava a cultivar nas janelas a cada primavera, nunca cresciam o suficiente para florir.

Às 7h45, Hans, o aprendiz, chegou. Às 8h, foi a vez de Toos, nossa balconista-contadora. Toos estava sempre de cara amarrada e mal-humorada, o que lhe tornava impossível manter um emprego. Até que, dez anos atrás, veio trabalhar conosco. A cortesia gentil de papai a tinha desarmado e suavizado, e, embora jamais admitisse, ela gostava dele tanto quanto detestava o resto do mundo. Deixamos Hans e Toos com a incumbência de atender a porta e subimos para o café da manhã.

Apenas três lugares à mesa, pensei enquanto colocava os pratos. A sala de jantar ficava na parte dos fundos da casa, cinco degraus acima da loja, porém mais abaixo do que os cômodos da *Tante* Jans. Para mim, a sala, com sua única janela voltada para o beco, era o coração da casa. A mesa, quando coberta por uma manta, tinha sido uma tenda ou uma caverna de piratas para mim, na minha infância. Fiz meus deveres de casa ali quando estava na escola. Ali, mamãe lia Dickens em voz alta nas noites de inverno, enquanto a lenha crepitava na lareira de pedra e lançava um brilho vermelho sobre o azulejo que proclamava "Jesus é o vencedor".

Agora usávamos apenas uma parte da mesa: papai, Betsie e eu. Mas, para mim, o restante da família sempre estava lá. Tinha a cadeira da mamãe, os lugares das três tias (não só a *Tante* Jans, mas as outras duas irmãs da mamãe também tinham morado conosco). Ao meu lado, sentava-se minha outra irmã, Nollie. Willem, o único garoto da família, ficava lá, ao lado de papai.

Há muitos anos, Nollie e Willem tinham suas próprias casas, e mamãe e as tias haviam falecido. Mas, ainda assim, parecia que eu podia vê-los ali. É claro que as cadeiras não ficaram vazias por muito tempo: papai não podia suportar uma casa sem crianças, então sempre que sabia de uma criança que precisava de um lar, um novo rosto ocupava a mesa. De alguma forma, embora a relojoaria nunca tivesse sido lucrativa, ele alimentou, vestiu e cuidou de outras onze crianças depois que seus quatro filhos cresceram. Porém agora, esses também haviam se tornado adultos, casado ou ido embora para trabalhar. Então coloquei três pratos sobre a mesa.

Betsie veio da pequena cozinha, que era um pouco maior do que um armário da sala de jantar, trazendo o café, e pegou o pão de uma gaveta do aparador. Ela os estava colocando sobre a mesa quando escutamos os passos de papai descendo a escada. Ele agora descia um pouco mais devagar os degraus íngremes, porém continuava tão pontual quanto seus próprios relógios. Entrou na sala de jantar, como fazia todas as manhãs desde que a minha memória conseguia recordar, às 8h10.

— Pai! — falei dando-lhe um beijo e apreciando o aroma de charutos que sempre impregnava sua longa barba. — Um dia ensolarado para a festa!

Casper foi um perito em relojoaria por mais de 60 anos.

Os cabelos e a barba de papai agora eram tão brancos quanto a nossa melhor toalha de mesa que Betsie escolhera para este dia especial. Mas, por trás das espessas lentes redondas, seus olhos azuis eram meigos e alegres como sempre, e ele olhava para nós com sincera satisfação.

— Corrie, querida! Minha querida Betsie! Como vocês duas estão alegres e adoráveis!

Ele inclinou a cabeça quando sentou, deu graças pelo pão, e então prosseguiu com alegria:

— Sua mãe... como ela teria gostado desse novo estilo, e de ver vocês tão bonitas!

Eu e Betsie olhamos fixamente para nossas xícaras, para não rirmos. Esse "novo estilo" representava o desespero de nossas sobrinhas, que estavam sempre tentando nos fazer usar cores mais claras, saias mais curtas, e decotes mais abertos. Porém, conservadoras como éramos, a verdade era que mamãe jamais teve nada tão claro quando meu vestido marrom escuro, ou o azul marinho de Betsie. Na época dela, mulheres casadas, e as solteiras com "uma certa idade", usavam preto da cabeça aos pés. Nunca vi mamãe e minhas tias usarem qualquer outra cor.

— Como mamãe teria gostado de tudo hoje! — disse Betsie. — Lembram-se de como ela gostava de "ocasiões"?

Mamãe conseguia fazer um café e um bolo com a mesma rapidez que a maioria das pessoas dizem "felicidades". E, como ela conhecia quase todos em Haarlem, especialmente os pobres, doentes e abandonados, praticamente não havia um dia no ano, como ela dizia com os olhos brilhando, que não fosse "uma ocasião muito especial para alguém!"

E então tomamos nosso café, como se deve fazer em aniversários, e falamos sobre o passado, sobre quando mamãe estava viva. Sobre o tempo em que papai era um garotinho crescendo nessa mesma casa:

— Nasci bem nesta sala — falou como se não tivesse nos contado isso uma centena de vezes. — Só que, é claro, na época não era a sala de jantar: era um quarto. E a cama ficava numa espécie de armário embutido na parede, sem janelas, luz ou ar circulando. Fui o primeiro bebê que sobreviveu. Não sei quantos nasceram antes de mim, mas todos morreram. Minha mãe tinha tuberculose, sabem? E na época não conheciam nada sobre contaminação do ar, ou sobre manter as crianças longe de pessoas doentes.

Foi um dia de lembranças. Um dia para evocar o passado. Naquele momento, como poderíamos imaginar, duas solteironas de meia-idade e um senhor idoso, que no lugar de lembranças, estávamos prestes a enfrentar desventuras com as quais jamais teríamos sonhado? Perigo e angústia, horror e céu estavam se aproximando. E nós não sabíamos.

Ah, papai! Betsie! Se eu soubesse, teria seguido adiante? Poderia ter feito as coisas que fiz?

Mas como poderia saber? Como poderia imaginar que este velhinho de cabelos brancos, que todas as crianças de Haarlem chamavam de Opa, que significa vovô, seria jogado por estranhos numa sepultura sem nome?

E Betsie, com seu colarinho alto de renda e um dom de tornar belo tudo o que havia ao seu redor, como poderia vislumbrar essa pessoa que me era a mais querida na Terra, ficar nua numa sala cheia de homens?

Naquela sala, naquele dia, tais situações eram inimagináveis.

Papai se levantou e pegou a grande Bíblia que tinha dobradiças de latão, na prateleira, enquanto Toos e Hans abriram a porta e entraram. A leitura das Escrituras todas as manhãs para todos os que estivessem na casa, pontualmente às 8h30, era mais uma das rotinas fixas em torno das quais girava a vida no *Beje*. Papai abriu o grande volume, e eu e Betsie seguramos a respiração. Certamente hoje, quando havia tanto o que fazer, não haveria de ser um capítulo inteiro! Mas ele a abriu no evangelho de Lucas, onde havíamos parado no dia anterior: como são longos os capítulos do livro de

Lucas. Com o dedo apoiado sobre a passagem, papai levantou os olhos.

— Onde está Christoffels? — perguntou.

Christoffels era o terceiro dos três empregados da loja: um velhinho curvado e enrugado, que parecia mais velho do que papai, embora fosse, na verdade, dez anos mais novo. Lembrei-me de um dia, uns seis ou sete anos antes, quando ele chegou à loja pela primeira vez: tão esfarrapado e abatido, que pensei que era um dos mendigos que tinham nossa casa como um local de refeição garantida. Eu estava prestes a mandá-lo subir para a cozinha onde Betsie mantinha uma panela de sopa borbulhando, quando ele declarou, com grande dignidade, que estava considerando um emprego permanente, e que estava oferecendo seus serviços para nós, em primeiro lugar.

Na verdade, Christoffels exercia um ofício quase extinto: o de relojoeiro itinerante, que que ia a pé por toda parte, regulando e consertando altos relógios de pêndulo, que eram o orgulho de todas as fazendas holandesas. Mas se fiquei surpresa com a educação daquele homenzinho surrado, fiquei ainda mais abismada quando papai o contratou imediatamente.

— Esses relojoeiros ambulantes — disse-me mais tarde — são os melhores profissionais. Não existe um reparo que não façam simplesmente com as ferramentas que têm na bolsa.

E isso ficou provado ao longo dos anos, conforme as pessoas de todo o Haarlem traziam seus relógios para ele. Nunca soubemos o que fazia com seus ganhos; continuava maltrapilho e esfarrapado como sempre. Papai fez todas as insinuações que pôde, pois além de seu desleixo, a qualidade mais notável de Christoffels era seu orgulho. E então papai desistiu.

E hoje, pela primeira vez na vida, Christoffels estava atrasado.

Papai limpou seus óculos com o guardanapo e começou a ler, sua voz grave prolongando amorosamente as palavras. Tinha chegado ao final da página quando ouvimos os passos arrastados de Christoffels subindo a escada. A porta se abriu e engolimos em seco. Christoffels estava resplandecendo num novo terno preto, colete xadrez, camisa branca como a neve, gravata florida e colarinho alto engomado. Desviei meus olhos o mais rapidamente que consegui, pois a expressão dele nos proibia de perceber qualquer coisa fora do normal.

— Christoffels, meu querido colaborador! — murmurou papai com seu jeito formal e antiquado. — Que alegria vê-lo neste... bem... neste dia tão auspicioso! — E, apressadamente, retomou a leitura da Bíblia.

Antes que de chegarmos ao fim do capítulo, as campainhas voltaram a tocar, tanto a da loja, quanto a da porta da família, que dava para o beco. Betsie correu para fazer mais café e colocar suas taartjes [N.T.: Tortas, em holandês.] no forno, enquanto que Toos e eu corremos para as portas. Parecia que todo mundo em Haarlem queria ser o primeiro a apertar a mão de papai. E logo uma longa fila de convidados ocupava a estreita escada espiralada que levava aos cômodos da *Tante* Jans, onde ele estava sentado, quase perdido num mar de flores. Eu estava ajudando um dos convidados idosos a subir a escada, quando Betsie pegou meu braço.

— Corrie! Vamos precisar das xícaras de Nollie agora! Como poderemos...?

— Vou buscá-las!

Nossa irmã Nollie e seu marido viriam à tarde, assim que seus seis filhos voltassem da escola. Desci correndo os degraus, peguei meu casaco e tirei minha bicicleta pela porta do beco e, já ia me acomodando nela, quando a voz de Betsie chegou aos meus ouvidos, delicada, porém firme:

— Corrie, seu vestido novo!

Voltei até o quarto, troquei-o pela minha saia mais velha e saí pelas ruas de tijolos esburacadas. Sempre gostei de pedalar até a casa de Nollie. Ela e o marido moravam a cerca de dois quilômetros do *Beje*, fora do velho e estreito centro da cidade. Lá as ruas eram mais amplas e retas; até o céu parecia maior. Atravessei a praça pedalando, atravessei o canal pela ponte Grote Hout, e segui pela Wagenweg me deleitando com o fraco sol de inverno. Nollie morava na rua Bos em Hoven, uma quadra que possuía casas geminadas idênticas, com cortinas brancas e vasos de plantas nas janelas.

Como eu poderia prever, quando dobrei a esquina, que naquele dia de verão, quando os bulbos dos jacintos, expostos em bandejas viveiro e maduros para a venda, que estavam nas proximidades, eu pararia minha bicicleta ali, e ficaria com o coração batendo na garganta, não ousando me aproximar pelo medo do que estaria acontecendo atrás das cortinas engomadas de Nollie?

Hoje, encostei na calçada e entrei pela porta, onde nunca batia.

— Nollie, o *Beje* já está lotado! Você precisa ver! Precisamos das xícaras agora!

Nollie saiu da cozinha, seu belo rosto redondo estava corado por causa do forno.

— Estão todas empacotadas perto da porta. Ah, eu gostaria de poder ir com você, mas ainda tenho muitos biscoitos para assar, e prometi a Flip e às crianças que esperaria por eles.

— Vocês *todos* virão, não é?

— Sim, Corrie, Peter vai estar lá.

Nollie estava colocando as xícaras nas cestas da bicicleta. Como uma tia atenciosa, eu tentava amar todos os meus sobrinhos igualmente. Mas Peter... bem, era Peter. Aos 13 anos era um prodígio musical, um maroto, e o orgulho da minha vida.

— Ele até compôs uma música especial em homenagem ao dia — contou Nollie.

— Agora, toma! Você terá que levar esta cesta na mão. Então tenha cuidado!

Quando voltei, a casa estava ainda mais cheia. O beco tão lotado de bicicletas, que precisei deixar a minha na esquina. O prefeito de Haarlem estava lá com sua casaca e relógio de ouro pendurado na corrente. E o carteiro, o motorneiro, e meia dúzia de guardas do Quartel de Polícia de Haarlem, bem na esquina.

Após o almoço, começaram a chegar as crianças e, como sempre faziam, foram direto até papai. Os mais velhos sentaram-se no chão ao seu redor, os menores subiram em seu colo. Pois, além dos olhos brilhantes e da barba com aroma de charuto, papai fazia tique-taque. Os relógios que são colocados numa prateleira funcionam de forma diferente daqueles que estão em uso. E então papai sempre usava os que estava regulando no momento. Seus paletós tinham quatro enormes bolsos internos, cada um equipado com ganchos para uma dúzia de relógios, então onde quer que fosse, levava consigo o alegre murmúrio de centenas de pequenas engrenagens. Agora, com uma criança sobre cada joelho, e outras dez amontoadas ao seu redor, ele tirou de outro bolso sua pesada chave em forma de cruz, que possuía cada uma das quatro pontas moldada para dar corda em relógios de diferentes tamanhos. Com um movimento do dedo, a fez girar, brilhando, brilhando...

Betsie parou à porta, segurando uma bandeja de bolos.

— Ele não percebe que tem mais gente na sala? — falou.

Eu estava descendo a escada com uma pilha de pratos sujos, quando um pequeno gritinho lá embaixo me avisou que Pickwick tinha chegado. Nós, que o amávamos, já não lembrávamos mais o choque que um estranho poderia ter na primeira vez que olhasse para ele. Corri para a porta, o apresentei rapidamente à esposa de um atacadista de Amsterdã, e o levei para cima. Ele afundou seu grande corpo na cadeira ao lado de papai, fixou um olho em mim e outro no teto, e disse:

— Cinco torrões, por favor.

Pobre Pickwick! Ele amava as crianças tanto quanto papai. Mas, se por um lado as crianças se encantavam com papai à primeira vista, ele precisava ganhá-las. Contudo, tinha um truque que nunca falhava: trouxe-lhe sua xícara de café, melada de açúcar. E fiquei observando-o olhar em volta com consternação dissimulada.

— Mas minha querida Cornelia, — choramingou — não há mesa onde apoiá-la!

Deu uma olhadinha discreta para assegurar-se de que as crianças estavam vendo.

— Bem, que sorte que eu trouxe a minha!

E com isso, ele apoiava a xícara e o pires em sua própria protuberante barriga. Nunca conheci uma criança que conseguisse resistir a isso. Logo, um respeitoso círculo se reunira ao seu redor.

Um pouco mais tarde, Nollie e a família chegaram.

— *Tante* Corrie! — Peter me cumprimentou inocentemente. — Você não parece ter cem anos!

E antes que eu pudesse acertá-lo, já estava sentado no piano de *Tante* Jans, enchendo a casa com música. As pessoas começaram a fazer pedidos: canções populares, trechos de corais de Bach, hinos... e logo a sala inteira se juntava nos refrãos.

Quantos de nós que estávamos ali, naquela tarde feliz, logo nos encontraríamos em circunstâncias muito diferentes! Peter, os guardas, o querido e feio Pickwick, todos nós ali, exceto meu irmão Willem e sua família. Estava me perguntando por que estavam tão atrasados. Willem, sua esposa e filhos viviam na cidade de Hilversum, a cinquenta quilômetros de distância; mas mesmo assim, já deveriam ter chegado.

De repente a música parou e Peter, de seu banco no piano, assoviou.

— *Opa*! Olha a concorrência!

Olhei pela janela. Virando no beco, estavam o Sr. e a Sra. Kan, donos da outra relojoaria da rua. Pelos padrões de Haarlem, eles eram recém-chegados, tendo aberto sua loja apenas em 1910, e assim estando na Barteljorisstraat há meros 27 anos. Porém, como vendiam muito mais relógios que nós, considerei o comentário de Peter bem realista.

Contudo, papai ficou aflito.

— Nada de concorrência, Peter! — disse em tom de reprovação. — Colegas!

E tirando rapidamente as crianças de seus joelhos, se levantou e desceu as escadas para cumprimentar os Kans.

Papai tratava as frequentes idas do Sr. Kan à loja como visitas sociais de um amigo querido.

— Não vê o que ele está fazendo? — eu dizia enfurecida, depois que o Sr. Kan ia embora. — Está vindo descobrir o quanto cobramos para que possa vender mais barato!

A vitrine da loja do Sr. Kan sempre mostrava, em letras grandes, preços exatamente cinco florins abaixo dos nossos.

E o rosto de papai se iluminava num tipo de surpresa agradável, como fazia todas as vezes, naqueles raros momentos em que pensava sobre o lado comercial da relojoaria.

— Mas Corrie, as pessoas economizarão quando comprarem dele! — E então acrescentava como sempre: — Gostaria de saber como ele faz isso.

Papai era tão inocente em relação aos negócios, quanto o pai dele. Era capaz de trabalhar durante dias para resolver um problema difícil, e então se esquecer de mandar a conta. Quanto mais raro e caro era um relógio, menos ele era capaz de pensar nele financeiramente.

— Um homem deveria pagar pelo privilégio de trabalhar num relógio como esse! — dizia.

Com relação aos métodos de exposição, durante os primeiros oitenta anos da história da loja, as venezianas das vitrines foram fechadas todas as tardes, pontualmente às 18h. Só quando eu entrei no negócio, há vinte anos, que percebi a quantidade de pessoas enchendo as estreitas calçadas todas as noites, e notei que as outras lojas mantinham suas vitrines abertas e iluminadas. Quando comentei isso com papai, ele ficou tão encantado, como seu eu tivesse feito uma descoberta incrível.

— E se as pessoas virem os relógios podem querer comprar um! Corrie, querida, você é tão inteligente!

Agora o Sr. Kan vinha em minha direção com os braços cheios de bolos e elogios. Sentindo-me culpada pelos pensamentos de inveja que tivera, aproveitei a multidão e fugi para baixo. A oficina e a loja estavam ainda mais cheias de pessoas felicitando do que os cômodos lá de cima. Hans estava servindo bolo nos fundos, enquanto Toos fazia o mesmo na parte da frente, demonstrando a coisa mais próxima de um sorriso que seus lábios, eternamente caídos, permitiam. Quanto a Christoffels, ele simples e surpreendentemente havia se transformado: era impossível reconhecer aquele homenzinho curvado e maltrapilho, na figura gloriosa que estava à porta, cumprimentando formalmente quem chegasse, seguido de uma incansável visitação pela loja. Estava bem óbvio que aquele era o melhor dia de sua vida.

Durante toda a curta tarde de inverno, elas continuavam chegando: pessoas que se consideravam amigas de papai; jovens e velhos, pobres e ricos, cavalheiros acadêmicos e garçonetes iletradas. Apenas para papai todos pareciam iguais. Era o seu segredo. Não que desconsiderasse as diferenças entre as pessoas; ele simplesmente ignorava a existência dessas diferenças.

E Willem ainda não chegara. Despedi-me de alguns convidados à porta, e fiquei lá por um tempo, olhando para um lado e outro da Barteljorisstraat. Embora fosse apenas 4h da tarde, as luzes das lojas já iluminavam o pôr do sol de janeiro. Eu ainda tinha aquele ar de admiração de irmã mais nova que venera o irmão, cinco anos mais velho. Um ministro ordenado, e o único ten Boom a ir para a faculdade. Willem percebia as coisas, senti. Ele sabia o que estava acontecendo no mundo.

Muitas vezes, na verdade, desejei que Willem não tivesse uma percepção tão boa, pois muito do que ele via era assustador. Dez anos antes, em 1927, Willem escrevera em sua tese de doutorado, cursado na Alemanha, sobre as raízes de um terrível mal que estava crescendo naquela terra. Bem ali na universidade, dissera que estavam sendo plantadas sementes de um desprezo pela vida humana como o mundo jamais vira. Os poucos que leram seu trabalho, riram.

Agora, é claro, as pessoas não estavam rindo da Alemanha. A maior parte dos bons relógios vinha de lá, e, recentemente, diversas empresas com as quais negociáramos durante anos, misteriosa e simplesmente "fecharam as portas". Willem acreditava que era parte de um movimento contra os judeus, deliberado e em larga escala. Todos os negócios fechados eram de judeus. Como líder do programa voltado a alcançar os judeus, na Igreja Holandesa Reformada, meu irmão se mantinha alerta com relação a esses assuntos.

O querido Willem, pensei enquanto entrava e fechava a porta, *era quase tão bom propagador da igreja*, quanto papai era vendedor de relógios. Se conseguiu converter um único judeu em vinte anos, eu não o soube. Willem não tentava mudar as pessoas; apenas servi-las. Ele tinha economizado dinheiro suficiente para construir um lar para judeus idosos em Hilversum. Na verdade, para os idosos de qualquer fé, já que ele era contra qualquer sistema de segregação. Mas nos últimos meses, o lar vinha sendo inundado pela chegada de pessoas mais jovens: todos judeus, e todos vindos da Alemanha. Meu irmão e sua família tinham aberto mão de seus próprios quartos e estavam dormindo num corredor. E ainda assim, o povo assustado e desabrigado continuava chegando, e com eles, histórias de uma crescente insanidade.

Subi para a cozinha, onde Nollie tinha acabado de coar um bule de café fresco, peguei-o e continuei subindo para os cômodos da *Tante* Jans.

— O que ele quer? — perguntei a um grupo de homens reunidos ao redor da mesa de bolo, enquanto pousava o bule. — Esse homem da Alemanha, ele quer guerra?

Eu sabia que era uma conversa ruim para uma festa, mas, de alguma forma, pensar em Willem sempre conduzia minha mente para assuntos pesados.

Um frio silêncio recaiu sobre a mesa e se espalhou rapidamente pela sala.

— Que diferença faz? — uma voz quebrou o silêncio. — Deixe que os países grandes lutem entre si. Isso não nos afetará.

— Isso mesmo! — falou um vendedor de relógios. — Os alemães nos deixaram quietos na Grande Guerra. Para eles é vantagem nos manter neutros.

— Fácil falar! — gritou um homem de quem comprávamos peças. — Seu estoque vem da Suíça. E nós? O que fazemos se a Alemanha entrar em guerra? Uma guerra poderia me levar à falência!

Naquele instante, Willem entrou na sala. Atrás dele, vinha Tine, sua esposa, e seus quatro filhos. Mas todos os olhos se voltaram para a figura que ele trazia pelo braço. Era um judeu de seus trinta e poucos anos, usando um chapéu típico de abas largas e um longo casaco preto. O que chamou a atenção de todos foi o rosto daquele homem. Estava queimado. Na frente de sua orelha direita, pendia um cacho grisalho, como o cabelo de um homem muito velho. O resto de sua barba tinha sumido, deixando apenas uma ferida em carne viva.

— Este é Herr Gutlieber! — Willem o apresentou em alemão. — Ele acabou de chegar a Hilversum esta manhã. Herr Gutlieber, este é meu pai.

— Ele fugiu da Alemanha num caminhão de leite — meu irmão nos disse rapidamente em holandês. — Adolescentes o cercaram numa esquina de Munique e tocaram fogo em sua barba.

Papai se levantou e, efusivamente, apertou a mão do recém-chegado. Eu lhe trouxe uma xícara de café e um prato com os biscoitos de Nollie. Como me sentia grata agora pela insistência de papai de que seus filhos aprendessem alemão e inglês, quase ao mesmo tempo em que aprendiam holandês.

Herr Gutlieber sentou-se rigidamente na beirada de uma cadeira e fixou os olhos na xícara em seu colo. Puxei uma cadeira ao seu lado e comecei a falar alguma bobagem sobre o clima incomum em janeiro. E ao nosso redor, a conversa foi retomada, um murmúrio normal de festa, crescendo e diminuindo.

— Bandidos! — escutei um vendedor de relógio dizer. — Jovens arruaceiros! É a mesma coisa em todos os países. A polícia vai pegá-los, vocês vão ver! Alemanha é um país civilizado.

E FOI ASSIM que a sombra pairou sobre nós naquela tarde de inverno em 1937, mas se manteve leve. Ninguém sonhava que essa nuvenzinha cresceria até obstruir o céu. E ninguém sonhava que nesta escuridão, cada um de nós seria chamado a desempenhar um papel: papai, Betsie, o Sr. Kan e Willem; até mesmo o velho e engraçado *Beje*, com seus andares desnivelados e ângulos antigos.

À noite, depois que o último convidado foi embora, subi as escadas para o meu quarto pensando apenas no passado. Sobre minha cama estava o vestido novo marrom; tinha me esquecido de colocá-lo novamente. *Nunca prestei atenção em roupas*, pensei. *Mesmo quando era jovem...*

Cenas da infância percorreram minha mente naquela noite; pareciam estranhamente próximas e importantes. Hoje eu sei que tais lembranças são a chave, não para o passado, mas para o futuro. Sei que as experiências de nossa vida, quando deixamos que Deus as use, se tornam a preparação misteriosa e perfeita para o trabalho que Ele nos confiará.

Não sabia disso naquela época nem, na verdade, que poderia haver algum futuro novo a ser preparado para uma vida tão monótona e previsível como a minha. Sabia apenas, quando deitei em minha cama no último andar da casa, que determinados momentos de épocas distantes começavam a se destacar nos anos obscuros. Estavam estranhamente nítidos e próximos, como se ainda não houvessem terminado, como se tivessem mais alguma coisa a dizer.

2.

Mesa completa

Era 1898, e eu tinha 6 anos. Betsie me colocou em frente ao espelho do guarda-roupa e me deu uma bronca.

— Olhe bem para os seus sapatos! Está faltando quase todos os botões. E essas meias rasgadas, vai usar no primeiro dia de aula? Veja como Nollie está arrumada!

Nollie e eu dividíamos este quarto no alto do *Beje*. Olhei para a minha irmã de 8 anos: com certeza, seus sapatos estavam cuidadosamente abotoados. Relutantemente tirei os meus, enquanto Betsie revirava o armário.

Aos treze anos, Betsie parecia quase uma adulta aos meus olhos. É claro que ela sempre pareceu mais velha porque não podia correr e fazer bagunça como as outras crianças. Ela tinha nascido com anemia perniciosa. Então, enquanto o resto de nós brincava de pique, ou de girar o aro, ou apostava corrida de patins nos canais congelados durante o inverno, Betsie ficava sentada e fazia coisas chatas de adulto, como bordar. Mas Nollie brincava tanto quanto qualquer um, e não era tão mais velha que eu; e não parecia justo que ela sempre fizesse tudo direito.

— Betsie, ela falava ansiosamente —eu *não* vou usar aquele enorme chapéu horroroso para ir à escola só porque *Tante* Jans pagou por ele. Ano passado foi aquele cinza feio, e o deste ano é ainda pior!

Betsie olhou para ela com empatia.

— Bem, mas... você não pode ir à escola sem um chapéu. E sabe que não podemos comprar outro.

— Não precisamos!

Olhando ansiosamente para a porta, Nollie ficou de joelhos, colocou a mão embaixo da cama de solteiro, que era tudo o que cabia em nosso minúsculo quarto, e tirou de lá uma pequena caixa redonda. Dentro dela, estava o menor chapéu que eu já tinha visto. Era de pele, com uma fita azul de cetim para amarrar debaixo do queixo.

— Que coisinha linda! — Betsie o tirou reverentemente da caixa, e o segurou sob o facho de luz que lutava para entrar no quarto através dos telhados ao redor. — Onde você...

— A Sra. van Dyver me deu.

Os van Dyvers eram donos da chapelaria que ficava duas lojas depois da nossa.

A família ten Boom em 1895. Na fila acima: Cor (a mãe), Casper (o pai), uma amiga da família. Na fila do meio: ***Tante*** Jans, ***Tante*** Bep, ***Tante*** Anna. Na fila abaixo: Willem, Corrie, Nollie e Betsie.

— Ela me viu olhando para ele e, mais tarde, trouxe-o aqui, depois que a *Tante* Jans tinha comprado... *aquilo*.

Nollie apontou para cima do guarda-roupa. Um chapéu marrom armado, com um buquê de rosas de veludo lilás que, em cada detalhe, denunciava a pessoa que o havia escolhido. *Tante* Jans, a irmã mais velha de mamãe, viera morar conosco quando seu marido morreu. Ela queria passar com a família, como declarou, "os poucos dias que me restam", embora ainda tivesse apenas quarenta e poucos anos.

A vinda dela complicou ainda mais a vida na velha casa, já cheia pelas chegadas anteriores das outras duas irmãs de mamãe: *Tante* Bep e *Tante* Anna, uma vez que, juntamente com *Tante* Jans, vieram muitos móveis, todos grandes demais para os pequenos cômodos do *Beje*.

Tante Jans ocupou os dois cômodos do segundo andar da casa da frente, imediatamente acima da relojoaria e da oficina. No primeiro, ela escrevia os inflamados folhetos cristãos pelos quais era conhecida em toda Holanda, e no segundo recebia as damas ricas que financiavam esse trabalho. Ela acreditava que nosso bem-estar na vida além, dependia do quando pudéssemos realizar aqui na Terra. Para dormir, ela dividiu seu escritório em um pequeno espaço, suficiente para caber uma cama. "A morte", ela dizia com frequência, estava esperando para arrancá-la de seu trabalho. Então suas horas de sono deveriam ser as mais breves e eficientes possíveis.

Não consigo me lembrar da vida na casa antes da chegada de *Tante* Jans, nem de quem ocupava aqueles quartos anteriormente. Acima deles, havia um sótão comprido, sob o íngreme telhado inclinado da primeira casa. Desde que eu me lembro, esse espaço era dividido em quatro quartos realmente minúsculos. O primeiro, de frente para a rua, e o único com uma janela de verdade, era da *Tante* Bep. Atrás dele, enfileirados como estreitas cabines de trem, ficavam os quartos da *Tante* Anna, de Betsie e de nosso irmão Willem. Cinco degraus acima desse espaço, atrás, na segunda casa, ficava o pequeno quarto que eu dividia com Nollie; abaixo dele, o de papai e mamãe. E ainda mais abaixo do quarto deles, a sala de jantar com a cozinha espremida, como se fora acrescentada depois.

Se a porção da *Tante* Jans naquela casa cheia era impressionantemente grande, nunca ficou evidente a nenhum de nós que morávamos ali. O mundo apenas naturalmente abria espaço para ela. Durante todo o dia, o bonde puxado a cavalo trotava e ressoava ao passar pela nossa casa, a caminho de sua parada na Grote Markt, a praça central da cidade que ficava a meia quadra de distância. Pelo menos era onde ele parava para as outras pessoas. Quando *Tante* Jans queria ir a algum lugar, ela se colocava na calçada em frente à porta da relojoaria e, quando os cavalos se aproximavam, apenas levantava um dedo na mão enluvada. Para mim, parecia mais provável parar o sol no céu, do que deter os animais daquele bonde perto de seu destino final. Mas ele parava para *Tante* Jans. Os freios gritavam, os cavalos quase caíam um sobre o outro, e o condutor tocava em seu alto chapéu para cumprimentá-la, enquanto ela embarcava.

E era em frente a esse olhar dominador que Nollie teria que passar usando o pequeno chapéu de pele. *Tante* Jans comprava a maior parte das roupas para nós três desde que viera viver conosco, mas seus presentes tinham um preço. Para ela, as roupas que estavam na moda quando era jovem, representavam a palavra final de Deus sobre a aparência humana; todas as mudanças, desde então, tinham vindo do manual de estilo do demônio. Na verdade, um de seus folhetos mais conhecidos, o colocava como o inventor das mangas bufantes e das saias para bicicleta.

— Já sei! — falei enquanto os dedos ágeis de Betsie abotoavam meus sapatos. — Você pode esconder o chapéu de pele dentro do grande! Então, quando sair, você o tira!

— Corrie! — Nollie ficou realmente chocada. — Isso não seria honesto!

E com um olhar funesto para o chapelão marrom, ela pegou o pequeno e começou a descer as escadas atrás de Betsie, para tomar o café da manhã.

Peguei o meu próprio chapéu, o cinza rejeitado do ano passado, e as segui, com a mão agarrada ao corrimão da escada. Então que deixassem *Tante* Jans ver o chapéu bobo. Não me importava. Nunca consegui entender todo aquele alvoroço por causa de roupas.

O que eu entendia, e que era terrível e alarmante, era que este seria o meu primeiro dia na escola. Iria deixar aquela velha casa acima da relojoaria, deixar mamãe e papai, e as tias; de fato, iria deixar para traz tudo o que era certo e muito amado. Agarrei o corrimão da escada com tanta força, que a palma da minha mão chegou a fazer barulho enquanto deslizava por ele. Era verdade que a escola primária ficava apenas a uma quadra e meia de casa, e que Nollie já estava lá há dois anos, sem nenhuma dificuldade. Mas minha irmã era diferente de mim; ela era bonita e bem-comportada, e sempre levava seu lenço.

E então, enquanto fazia a curva final da escada, encontrei a solução. Era tão clara e simples, que ri alto. Eu simplesmente não iria para a escola! Ficaria ali e ajudaria a *Tante* Anna na cozinha; mamãe me ensinaria a ler e eu nunca teria que entrar naquele edifício feio e estranho. Alívio e ânimo me inundaram e desci os últimos três degraus num pulo.

— Shhh! — Betsie e Nollie estavam me esperando na porta da sala de jantar. — Por favor, Corrie, não faça nada para provocar a *Tante* Jans — falou Betsie. — Tenho certeza — prosseguiu em dúvida — de que papai, mamãe e *Tante* Anna vão gostar do chapéu de Nollie.

— A *Tante* Bep, não! — falei.

— Ela não gosta de nada — disse Nollie. — Então, ela não conta.

A *Tante* Bep, com sua eterna cara feia de desaprovação, era a mais velha das tias, e aquela de quem as crianças menos gostavam. Ela trabalhara durante trinta anos como governanta na casa de famílias ricas, e constantemente comparava nosso comportamento com o daquelas jovens damas e dos rapazes com os quais estava acostumada.

Betsie apontou para o relógio da parede da escada e, com um dedo nos lábios, abriu a porta da sala de jantar em silêncio. Eram 8h12. O café da manhã já estava servido.

— Dois minutos de atraso! — Willem gritou triunfante.

— Os filhos dos Waller nunca se atrasavam — disse *Tante* Bep.

— Mas elas estão aqui! — respondeu papai. — E a sala está mais alegre!

Nós três mal ouvimos aquilo: a cadeira da *Tante* Jans estava vazia.

— *Tante* Jans vai ficar na cama hoje? — Betsie perguntou esperançosa, enquanto pendurávamos nossos chapéus nos ganchos.

— Ela está fazendo um tônico na cozinha — respondeu mamãe se inclinando para colocar nosso café. E falou em voz baixa: — Hoje todos precisamos ter um cuidado especial com a querida Jans. Há alguns anos, neste dia, a irmã do marido dela morreu... ou foi a prima?

— Achava que tinha sido a tia — comentou *Tante* Anna.

— Foi uma prima e foi uma pena — falou *Tante* Bep.

— De qualquer forma, — mamãe prosseguiu rapidamente — vocês sabem como essas datas entristecem a querida Jans. Então todos precisamos tentar animá-la.

Betsie cortou três fatias do pão redondo, enquanto eu olhava ao redor da mesa tentando decidir qual adulto iria se entusiasmar mais com a minha decisão de ficar em casa. Eu sabia que papai dava uma importância quase religiosa à educação. Ele mesmo teve que deixar a escola cedo para trabalhar na relojoaria. E, tendo estudado sozinho história, teologia e literatura em cinco idiomas, sempre se lamentou por ter perdido o colégio. Ia querer que eu fosse. E mamãe acompanharia a vontade de papai.

E *Tante* Anna? Sempre dizia que, se não fosse eu executando pequenas tarefas para cima e para baixo, ela não conseguiria fazer as coisas. Como mamãe não era forte, *Tante* Anna fazia a maior parte do pesado trabalho doméstico de nossa casa de nove pessoas. Era a mais nova das quatro irmãs, com uma alma tão generosa quanto a de mamãe. Havia um mito em nossa família, no qual todos acreditavam, de que *Tante* Anna recebia salário por esse trabalho. E, na verdade, todo sábado papai lhe pagava um florim. Mas na quarta-feira, quando o quitandeiro vinha, com frequência ele pedia o florim de volta, e ela sempre o tinha: guardado e esperando. Sim, ela seria minha aliada nesta história.

— *Tante* Anna, — comecei — estive pensando sobre o quanto a senhora vai trabalhar duro o dia todo quando eu estiver na escola e...

Uma inspiração profunda, cheia de dramaticidade, fez com que todos levantássemos os olhos. *Tante* Jans estava de pé à porta da cozinha com o copo cheio de um líquido castanho espesso nas mãos. Assim que encheu o peito de ar, fechou os olhos e bebeu todo o conteúdo do copo de uma só vez. Então, com outro suspiro, soltou a respiração, colocou o copo no aparador e sentou-se.

— E ainda assim — disse, como se já estivéssemos falando do assunto — o que os médicos sabem? Dr. Blinker receitou este tônico... mas o que a medicina pode fazer de verdade? O que qualquer um pode fazer quando chega o dia de alguém?

Olhei ao redor da mesa; ninguém estava sorrindo. A preocupação de *Tante* Jans com a morte poderia ser engraçada. Mas, na verdade, não era. Mesmo sendo tão jovem, eu sabia que o medo nunca é engraçado.

— E ainda assim, Jans, — papai a censurou delicadamente — a medicina tem prolongado muitas vidas.

— Não ajudou a Zusje! E ela teve os melhores médicos de Rotterdam. Foi-nos tirada neste dia... e não era mais velha do que sou agora. Naquele dia ela se levantou e se vestiu para o café da manhã, assim como eu o fiz.

Ela estava relatando o último dia de Zusje, minuto a minuto, quando seus olhos se fixaram no gancho onde estava pendurado o novo chapéu de Nollie.

— Um agasalho de pele? — perguntou. Cada palavra demonstrando indignação. — Nessa época do ano!

— Não é um agasalho, *Tante* Jans! — Nollie respondeu baixinho.

— E é possível saber o que é?

— É um chapéu, *Tante* Jans — respondeu Betsie. — Uma surpresa da Sra. van Dyer. Não foi gentil da...

—Ah, não! O chapéu de Nollie tem aba, como deve ser o de uma menina bem-educada. Eu sei! Eu comprei... e paguei com meu dinheiro!

Havia faíscas nos olhos de *Tante* Jans e lágrimas nos de Nollie, quando mamãe veio socorrer.

— Não tenho muita certeza de que este queijo esteja fresco!

Ela cheirou a grande travessa de queijo amarelo no centro da mesa e a empurrou para papai.

— O que você acha, Casper?

Papai, que era incapaz de praticar desvios de atenção, ou mesmo de reconhecê-los, deu uma fungada longa e sincera.

— Tenho certeza que está ótimo, minha querida! Fresco como no dia em que chegou. O queijo do Sr. Steerwijk é sempre... — E,

Uma movimentada oficina de relojoaria em 1913.

percebendo o olhar de mamãe, ainda meio confuso, virou-se para *Tante* Jans. — Ah...bem... Jans... o que você acha?

Tante Jans pegou a travessa e olhou para ela com zelo rigoroso. Se havia um assunto que atraía mais sua atenção do que roupas modernas era comida estragada. Finalmente, quase que com relutância ao que me pareceu, ela aprovou o queijo, e o chapéu foi esquecido. Ela tinha mergulhado numa história sobre um conhecido "de sua idade" que havia morrido após comer um peixe de qualidade duvidosa, quando chegaram os funcionários da loja e papai retirou a Bíblia da prateleira.

Em 1898 havia apenas dois empregados na relojoaria: o relojoeiro e um jovem aprendiz de papai. Quando mamãe terminou de servir o café a eles, papai colocou seus óculos sem aro e começou a ler: "Lâmpada para os meus pés é a Tua palavra e, luz para os meus caminhos... Tu és o meu refúgio e o meu escudo; na Tua palavra, eu espero...".

Que tipo de refúgio? Fiquei imaginando enquanto observava a barba castanha de papai subir e descer com as palavras. O que havia para que precisássemos nos refugiar?

Era um salmo longo, muito longo; ao meu lado Nollie começava a se mexer. Finalmente quando papai fechou o grande volume, ela, Willem e Betsie se levantaram rapidamente e pegaram seus chapéus. No minuto seguinte, já estavam descendo os últimos cinco degraus e saindo pela porta do beco.

Os dois funcionários se levantaram mais lentamente e os seguiram pelas escadas, para a porta dos fundos da loja. Só então os cinco adultos perceberam que eu ainda estava sentada à mesa.

— Corrie! — mamãe chamou. — Esqueceu que agora é uma menina grandinha? Hoje você também vai para a escola! Rápido, ou terá que atravessar a rua sozinha!

— Não vou!

Houve um curto silêncio assustador que foi quebrado por todos ao mesmo tempo.

— Quando eu era menina… — começou *Tante* Jans.

— Os filhos da Sra. Waller… — disse *Tante* Bep.

Mas a voz grave de papai calou a todos.

— É claro que ela não vai sozinha! Nollie estava animada e se esqueceu de esperar, só isso. Eu levo a Corrie.

E com isso, ele pegou meu chapéu no gancho, segurou minha mão e me conduziu para fora da sala. Minha mão na do papai! Isso significava o moinho de vento de Spaarne ou cisnes no canal. Mas dessa vez ele estava me levando para onde eu não queria ir! Havia um grande corrimão nos cinco degraus: eu o agarrei com a mão livre e fiquei me segurando. Os dedos do habilidoso relojoeiro se fecharam sobre os meus e gentilmente os soltaram. Berrando e lutando, fui conduzida para longe do mundo que eu conhecia, para um que era maior, estranho e mais difícil…

ÀS SEGUNDAS, PAPAI pegava o trem para Amsterdã, para acertar o relógio no Observatório Naval. Agora que eu tinha começado a estudar, só podia ir com ele no verão. Eu descia correndo as escadas para a loja, de cabelo penteado, sapatos abotoados e depois que Betsie declarava que eu estava aceitável. Papai dava instruções de última hora ao aprendiz:

— A Sra. Staal virá esta manhã buscar seu relógio. Este aqui vai para o Bakker, em Bloemendaal.

E então saíamos para a estação de mãos dadas, eu alargando os meus passos e ele encurtando os dele para que pudéssemos andar juntos. A viagem de trem para Amsterdã levava apenas meia hora, mas era maravilhosa. Primeiro, os prédios geminados da velha Haarlem davam lugar a casas separadas, com pequenos terrenos ao redor delas. Os espaços entre as casas aumentavam. E então chegávamos ao interior, os planos campos agrícolas da Holanda se estendendo no horizonte e canais tão retos que pareciam ter sido calculados com régua passavam pela janela. Finalmente, Amsterdã, ainda maior que Haarlem, com sua confusão de estranhas ruas e canais.

Papai sempre chegava algumas horas antes do sinal do tempo, a fim de visitar os atacadistas que o supriam com relógios e peças. Muitos deles eram judeus, e essas eram as visitas que mais gostávamos de fazer. Após discutir o mais rápido possível sobre negócios, papai tirava uma pequena Bíblia de sua pasta de viagem; o atacadista, cuja barba era mais comprida e mais cheia do que a do meu pai, tirava um livro ou um rolo de uma gaveta, colocava um quipá na cabeça; e os dois começavam a debater, comparar, interromper um ao outro, contra-argumentar... enfim, aproveitar a companhia um do outro.

Quando eu já estava certa de que fora esquecida, o homem desviava os olhos, fitava-me como se estivesse me vendo pela primeira vez, e batia em sua testa com a mão.

— Uma visita! Uma visita na minha porta e eu não lhe ofereci nada!

E, virando-se, remexia debaixo das prateleiras e em armários. E logo eu recebia um prato com as guloseimas mais deliciosas do mundo: bolos de mel e de tâmara, e um tipo de confeito de nozes, frutas e açúcar. Era raro ter sobremesas no *Beje*, delícias como aquelas, eram totalmente desconhecidas.

Sempre estávamos de volta à estação de trem, uns cinco minutos antes do meio-dia, parados num lugar da plataforma onde tínhamos uma boa visão da torre do Observatório Naval. No topo da torre, onde poderia ser vista por todos os navios no porto, havia uma coluna alta com dois ponteiros. Eles soavam pontualmente às 12h. Papai ficava em seu ponto estratégico na plataforma, quase na ponta dos pés pela alegria da precisão, segurando seu relógio de bolso, um bloco e um lápis.

— Aí está! Quatro segundos atrasado!

Em uma hora, o "relógio astronômico" da loja em Haarlem estaria certo até nos segundos.

Na viagem de volta para casa, já não olhávamos mais pela janela. Ao invés disso, conversávamos. O assunto foi variando com o passar dos anos: a graduação de Betsie na escola secundária, apesar dos meses que precisou faltar por causa de sua doença; se Willem, quando se formasse, conseguiria a bolsa que o permitiria entrar na universidade; o início do trabalho de Betsie, como contadora, na relojoaria.

Muitas vezes eu usava a viagem de volta para levantar questões que estavam me incomodando, já que, qualquer coisa que perguntasse em casa, era prontamente respondida pelas tias. Uma vez, eu devia ter uns dez ou onze anos, perguntei a papai sobre um poema que tínhamos lido na escola no inverno anterior. Um verso descrevia: "Um jovem cuja face não fora marcada pelo pecado do sexo." Eu era tímida demais para perguntar à professora o significado daquilo, e mamãe ficou completamente vermelha quando a consultei. Naquela época, logo após a virada do século, nunca se falava de sexo, nem mesmo em casa.

Por isso o verso ficou na minha cabeça. "Sexo". Eu tinha certeza de que queria dizer se alguém é menino ou menina e que "pecado" deixava a *Tante* Jans muito zangada. Mas as duas juntas significavam alguma coisa que eu não conseguia imaginar o que era. E então, sentada ao lado de papai no vagão do trem, de repente perguntei:

— Papai, o que é "pecado do sexo"?

Ele se virou para me olhar, como sempre fazia quando ia responder a uma pergunta. Porém, para minha surpresa, não falou nada. Finalmente se levantou, tirou sua pasta de viagem do bagageiro acima de nós e a colocou no chão.

— Você poderia levá-la quando sairmos do trem, Corrie? — falou.

Levantei-me e puxei a pasta. Estava lotada de relógios e peças sobressalentes que ele tinha comprado naquela manhã.

— Está pesada demais! — repliquei.

— Sim — ele respondeu. — E só um péssimo pai pediria a sua filhinha para levar um peso desses. Com o conhecimento, Corrie, é a mesma coisa. Algumas coisas são pesadas demais para crianças.

Quando for mais velha e mais forte, poderá aguentar. Por enquanto, precisa confiar que eu leve isso por você.

E fiquei satisfeita. Mais do que satisfeita, maravilhosamente em paz. Havia respostas para esta e para todas as minhas perguntas difíceis. Mas por enquanto, me contentava em deixá-las aos cuidados do meu pai.

SEMPRE HAVIA COMPANHIA e música à noite no *Beje*. Convidados traziam flautas ou violinos. E, como todos os membros da família cantavam ou tocavam algum instrumento, formávamos uma bela orquestra ao redor do piano da sala da frente da *Tante* Jans.

As únicas noites em que não tocávamos nossa própria música eram quando havia concerto na cidade. Não podíamos pagar pelos ingressos, mas havia uma porta lateral no teatro através da qual o som podia ser escutado claramente. Lá no beco, do lado de fora dessa porta, nós e outros amantes de música de Haarlem, acompanhávamos cada nota. Mamãe e Betsie não eram fortes o suficiente para ficarem lá por tantas horas, mas alguns de nós ficávamos sob chuva, neve, frio... e,

Cornelia ten Boom cercada por seus filhos, em 1900: Nollie, Willem, Corrie e Betsie.

enquanto lá de dentro podíamos ouvir gente tossindo e se remexendo, nunca se escutava um barulho entre os ouvintes à porta.

Melhor mesmo era quando os concertos aconteciam na catedral, porque um parente nosso era sacristão lá. Na entrada de serviço havia um banco de madeira encostado na parede. Ali sentávamos, sentindo o frio das pedras antigas nas costas, mas com nossos ouvidos e corações aquecidos pela música.

Mozart havia tocado naquele grande órgão dourado, e algumas das notas daquele instrumento pareciam vir do céu. Na verdade, eu tinha certeza de que o céu era como a St. Bavo, e provavelmente devia ser quase do mesmo tamanho. O inferno, eu sabia, era um lugar quente. Então o céu tinha que ser como este edifício frio, úmido e sagrado, onde a fumaça subia como incenso de rosas dos aquecedores de pés do público pagante. No céu, eu cria fervorosamente, todos tinham aquecedores para os pés. Mesmo no verão, as lajes de mármore do chão eram frias. Mas quando o organista tocava as teclas, mal notávamos o frio. E quando ele tocava Bach, aí é que não sentíamos mesmo.

EU ESTAVA ATRÁS de mamãe e Nollie enquanto subíamos uma escada escura e reta, onde teias de aranha se prendiam em nossos cabelos e ratos fugiam à nossa frente. O prédio ficava a menos de uma quadra do *Beje*, e provavelmente tinha um século a menos do que ele. Mas não tinha *Tante* Anna para encerar e esfregar.

Estávamos indo visitar uma das muitas famílias pobres da vizinhança que mamãe havia adotado. Nunca ocorreu a nós, crianças, que também éramos pobres. "Os pobres" eram aqueles para quem levávamos cestas de comida. Mamãe sempre cozinhava caldos nutritivos e mingaus para velhos homens esquecidos e jovens mães pálidas; porém apenas em alguns dias, quer dizer, quando ela se sentia forte o suficiente para ficar de pé na frente do fogão.

Na noite anterior, um bebê havia morrido e, com uma cesta de seu pão fresco, mamãe estava fazendo a visita de cortesia à família.

Ela subia penosamente as escadas sem corrimão, parando com frequência para tomar fôlego. No topo, uma porta se abriu para um único cômodo que, obviamente, servia ao mesmo tempo de cozinha, sala de jantar e quarto de dormir. Já lá estavam muitas visitas; a maior parte de pé pela falta de cadeiras. Mamãe foi direto falar com a jovem mãe, mas eu fiquei petrificada à entrada. Bem ao lado, completamente imóvel no berço artesanal, estava o bebê.

Era estranho que uma sociedade que escondia das crianças as questões sobre o sexo, não se esforçasse para protegê-las da morte. Fiquei encarando aquela pequena forma imóvel, com meu coração ecoando estranhamente dentro de meu peito. Nollie, sempre mais corajosa que eu, esticou a mão e tocou a bochecha branca como o mármore. Eu quis fazer o mesmo, mas me recolhi com medo. Durante um tempo, a curiosidade e o terror lutaram dentro de mim. Por fim, toquei, com um dedo, a pequena mão fechada.

Era fria.

Estava frio enquanto voltávamos para a casa, frio quando me lavava para a refeição, frio até mesmo no aconchego da iluminação a gás da sala de jantar. Aqueles pequenos dedos gelados se interpunham entre mim e cada rosto familiar ao redor da mesa. Por mais que a *Tante* Jans falasse sobre isso, a morte sempre fora só uma palavra. Agora eu sabia que realmente poderia acontecer. Se ocorrera a um bebê, então também aconteceria com mamãe, com papai, com Betsie!

Ainda tremendo por causa daquele frio, segui Nollie até nosso quarto e deitei ao seu lado na cama. Finalmente escutamos os passos de papai subindo as escadas. Era o melhor momento do dia: quando ele vinha nos cobrir. Nunca adormecíamos até que ele arrumasse os cobertores de seu jeito especial, e colocasse, por alguns instantes, sua mão sobre a cabeça de cada uma de nós. Tentávamos não mexer um dedo sequer.

Mas naquela noite, quando ele entrou pela porta, eu desabei em lágrimas.

— Eu preciso do senhor! — solucei. — O senhor não pode morrer! Não pode!

Nollie sentou-se ao meu lado na cama.

— Fomos ver a Sra. Hoog — explicou. — Corrie nem conseguiu jantar.

Papai sentou-se na beira de nossa estreita cama.

— Corrie, — começou suavemente — quando eu e você vamos a Amsterdã, quando lhe entrego sua passagem?

Funguei algumas vezes, pensando sobre isso.

— Por quê? Pouco antes de entrarmos no trem.

— Exatamente. E nosso sábio Pai do céu também sabe quando vamos precisar das coisas. Não corra à frente dele, Corrie. Quando chegar a hora da morte de algum de nós, você irá procurar dentro de seu coração e encontrará a força que precisar. No momento certo.

3.

Karel

Conheci Karel numa das "ocasiões" pelas quais mamãe era famosa. Nunca conseguia me lembrar se era um aniversário, bodas, um nascimento: mamãe podia transformar tudo em festa. Willem o apresentou como um amigo da cidade de Leiden, e ele apertou a mão de cada um de nós. Apertei aquela mão forte, olhei dentro daqueles olhos castanhos e me apaixonei irresistivelmente.

Assim que todos estavam servidos com café, sentei-me só para olhá-lo. Ele parecia nem me notar, mas aquilo era natural. Eu era uma criança de 14 anos, enquanto que ele e Willem já eram universitários, com barbas ralas despontando no rosto e fumaça de charuto entremeando a conversa.

Para mim, era o suficiente estar no mesmo cômodo que Karel. Quanto a não ser notada, eu já estava acostumada. Era Nollie a quem os garotos notavam, embora, como tantas garotas bonitas, ela parecia não se importar. Quando um rapaz pedia um cacho de seu cabelo — o que naquele tempo era a forma tradicional de declarar uma paixão — ela puxava alguns fios de um velho tapete cinza de nosso quarto, os amarrava com uma fita azul e me fazia de garota de recados. O tapete já estava quase sem fios, e a escola, cheia de corações partidos.

Eu, por outro lado, me apaixonei por todos os garotos da minha turma numa espécie de ciclo regular e desesperado. Mas como não era bonita, e era tímida demais para expressar meus sentimentos, toda uma geração de garotos crescia sem notar a existência da garota da cadeira 32.

Com Karel, entretanto, pensei enquanto o observava colocar açúcar em sua xícara, *seria diferente*. Eu ia amá-lo para sempre.

Só vi Karel novamente dois anos mais tarde. Foi no inverno de 1908, quando Nollie e eu viajamos até a universidade em Leiden, para visitar Willem. O quarto pouco mobiliado do meu irmão ficava no 4.º andar de uma casa particular. Ele deu um abraço de urso em nós duas ao mesmo tempo e correu até a janela.

— Olhem! — falou, pegando no parapeito um pãozinho recheado de creme que tinha colocado lá para manter frio. — Comprei isso para vocês. Melhor comerem rápido, antes que meus amigos famintos cheguem.

Sentamo-nos na beirada da cama de Willem, saboreando o precioso pãozinho. Desconfiei de que para comprá-lo, meu irmão tivesse ficado sem almoçar. Um minuto mais tarde, a porta escancarou e quatro de seus amigos entraram: jovens altos, com vozes graves, usando casacos com golas remendadas e punhos puídos. Entre eles estava Karel.

Engoli o último pedaço do pãozinho de creme, limpei minhas mãos na parte de trás da minha saia e me levantei. Willem apresentou a mim e a Nollie aos seus amigos. Mas quando chegou a vez de Karel, ele o interrompeu.

— Já nos conhecemos. — Ele se inclinou ligeiramente. — Você lembra? Fomos apresentados numa festa em sua casa.

Eu olhei para Karel e para Nollie. Mas não: ele estava olhando diretamente para mim! Meu coração se derramou numa resposta entusiasmada, mas minha boca ainda estava cheia dos resíduos

Corrie com seus gatos.

melados do pãozinho, e as palavras nunca chegaram aos meus lábios. E logo os jovens estavam sentados no chão, aos nossos pés, todos falando animadamente e ao mesmo tempo.

Sentada ao meu lado na cama, Nollie se integrou com tanta naturalidade, que era como se a visita à universidade fosse um evento diário em nossa vida. Ela parecia fazer parte daquilo: aos 18 anos, já usava saias longas, enquanto que eu tinha a dolorosa consciência dos quinze centímetros entre a barra do meu vestido e meus sapatos, cobertos por grossas meias pretas usadas por escolares.

Nollie também tinha assuntos para conversar: no ano anterior começara a Escola Normal. Na verdade, ela não queria ser professora, mas naquele tempo as universidades não ofereciam bolsas de estudos para moças, e as Escolas Normais eram baratas. E assim ela conversava facilmente e com conhecimento sobre coisas que interessavam aos estudantes. Falavam a respeito daquela nova teoria da relatividade de um homem chamado Einstein, e se o Almirante Peary realmente chegaria até o Polo Norte.

— E você, Corrie. Também vai estudar para ser professora?

Sentado no chão aos meus pés, Karel sorria para mim. Senti o rubor subir pelo meu colarinho alto.

— Quero dizer, ano que vem? — ele insistiu. — Este é seu último ano na escola secundária, não é?

— Sim! Quero dizer… não! Vou ficar em casa com mamãe e *Tante* Anna.

E aquilo saiu tão seco e direto. Por que falei tão pouco quanto queria dizer tanto?

NAQUELA PRIMAVERA TERMINEI a escola e assumi o trabalho de casa. Esse sempre fora o planejado para mim. Mas agora havia mais um motivo: *Tante* Bep estava com tuberculose.

A doença era considerada incurável: o único tratamento conhecido era a internação num sanatório, mas isso era possível apenas para os ricos. E então, durante muitos meses, *Tante* Bep ficou em seu minúsculo quarto, tossindo e sua vida aos poucos indo embora.

Para manter baixo o risco de contaminação, apenas *Tante* Anna entrava e saía de lá. Ela cuidava da irmã mais velha o tempo todo sem dormir durante diversas noites. Por isso, ficou a meu encargo cozinhar, lavar e limpar para toda a família. Eu amava o trabalho e, se não fosse por causa da *Tante* Bep, estaria completamente feliz. Porém havia uma pesada sombra pairando sobre tudo: não apenas por causa da doença, mas por todo o descontentamento e decepção com sua vida.

Com frequência eu dava uma olhada, quando entregava ou recolhia uma bandeja com *Tante* Anna. Lá dentro havia algumas poucas recordações patéticas de trinta anos vividos nas casas de outras pessoas. Vidros de perfumes vazios há muitos anos, porque as famílias ricas sempre davam perfumes às governantas no Natal. Algumas fotos desbotadas de crianças que agora devem ter seus próprios filhos e netos. Então a porta fechava. Contudo, eu permanecia ali, naquele corredor estreito sob o beiral do telhado, desejando dizer alguma coisa, curar alguma coisa. Querendo tê-la amado mais.

Uma vez falei de meus sentimentos com mamãe. Ela, também, passava cada vez mais tempo na cama. Antes, sempre que a dor dos cálculos biliares piorava muito, ela fazia uma cirurgia. Mas um pequeno derrame após a última cirurgia impossibilitou que fosse operada novamente. E muitas vezes, quando preparava uma bandeja para *Tante* Bep, eu também levava uma para mamãe.

Dessa vez, quando trouxe seu almoço, ela estava escrevendo cartas. Quando mamãe não estava agasalhando a vizinhança com bonés e roupas de bebês feitas com suas agulhas ligeiras, estava escrevendo mensagens de ânimo para doentes e inválidos de toda Haarlem. O fato de que ela própria esteve enferma a maior parte de sua vida, parecia nunca lhe ter ocorrido.

— Olha esse pobre homem, Corrie, — ela disse quando eu entrei — que está confinado em um único quarto há três anos. Pense bem: trancado sem ver o céu!

Olhei para a única janela do quarto de mamãe, distante menos de um metro de uma parede de tijolos.

— Mamãe, — falei enquanto colocava a bandeja na cama e sentava ao lado dela — não podemos fazer alguma coisa por *Tante* Bep? Quero dizer, não é triste que ela passe seus últimos dias aqui, num

Família reunida: ***Tante*** Jans, o pai, a mãe, Willem, ***Tante*** Anna, Corrie, Betsie e Nollie.

lugar que ela detesta, ao invés de em algum lugar onde tenha sido mais feliz? Na casa dos Wallers ou algum outro?

Mamãe largou a caneta e olhou para mim.

— Corrie, — disse finalmente. — Bep tem sido tão feliz aqui conosco, nem mais nem menos, do que foi em qualquer outro lugar.

Olhei para ela sem entender.

— Sabe quando ela começou a elogiar tanto os Wallers? — ela prosseguiu. — No dia em que saiu da casa deles. Enquanto estava lá, só reclamava. Os Wallers não podiam se comparar ao van Hooks, onde trabalhou antes. Mas na casa dos van Hooks, na verdade, ela foi infeliz. Felicidade não é algo que dependa do que nos cerca, Corrie. É algo que construímos interiormente.

A MORTE DE *Tante* Bep afetou as irmãs de forma peculiar. Mamãe e *Tante* Anna redobraram a comida e a costura que faziam para os necessitados da vizinhança, como se percebessem como era curta a vida de serviços de qualquer um. Quanto à *Tante* Jans, seu próprio fantasma particular se aproximou muito.

— Minha própria irmã! — ela exclamava nos momentos mais estranhos do dia. — Por quê? Poderia muito bem ter sido eu!

Mais ou menos um ano após a morte de *Tante* Bep, um novo médico assumiu as visitas domésticas do Dr. Blinker. O nome do novo médico era Jan van Veen. E com ele veio sua jovem irmã e enfermeira, Tine van Veen. Ele também trouxera um novo aparelho para medir pressão arterial. Não tínhamos ideia do que era, mas todos da casa se submeteram a ter aquela tira de tecido enrolada no braço e ao ar bombeado para dentro dela.

Tante Jans, que amava parafernália médica de todo tipo, simpatizou com o novo doutor e, sempre que suas finanças permitiam, se consultava com ele. E também foi o Dr. van Veen quem descobriu, dois anos mais tarde, que *Tante* Jans tinha diabete.

Naquela época, isso era uma sentença de morte, tal como o era a tuberculose. Durante dias, toda a casa ficou paralisada com o choque da notícia. Após todos aqueles anos de temor pela simples ideia, aí estava a ameaça real. *Tante* Jans foi direto para a cama ao tomar conhecimento da doença.

Porém, a inatividade não combinava com sua vigorosa personalidade, e numa manhã, para a surpresa de todos, ela apareceu na sala de jantar para o café da manhã, precisamente às 8h10, com a declaração de que os médicos erram com frequência.

— Todos esses exames e tubos, — disse *Tante* Jans, que acreditava neles implicitamente — o que provam realmente?

E a partir de então, ela se entregou com mais força do que nunca a escrever, fazer palestras, organizar clubes e lançar projetos. A Holanda em 1914, como o restante da Europa, estava se mobilizando para a guerra, e as ruas de Haarlem subitamente se encheram de rapazes uniformizados. De suas janelas voltadas para a Barteljorisstraat, *Tante* Jans os observava andando lentamente, olhando vitrines. A maioria jovem, sem um tostão e solitários. Então concebeu a ideia de um centro para os soldados.

Era uma novidade para a época, e *Tante* Jans colocou nisso toda a paixão de sua personalidade. O bonde puxado a cavalos da Barteljorisstraat havia sido recentemente substituído por outro: novo, maior e elétrico. Mas ainda chiava ao parar, soltando faíscas dos trilhos e dos cabos quando *Tante* Jans parava imperiosamente na frente da casa. Ela subia nele com suas longas saias negras seguras por uma de suas mãos, e, na outra, uma lista de senhoras de bem que estavam para se tornar patronesses do novo empreendimento. Apenas nós, que a conhecíamos melhor, sabíamos que por baixo de toda a atividade, havia o monstruoso medo que a impulsionava.

E nesse meio tempo, sua doença trouxe problemas financeiros. A cada semana, um novo exame precisava ser feito para determinar o nível de açúcar em seu sangue. E esse era um processo complicado e caro que demandava que o Dr. van Veen ou sua irmã viessem até nossa casa.

Por fim, Tine van Veen me ensinou a fazer o exame semanal. Eram diversas etapas, sendo a mais crucial, aquecer o composto final na temperatura exata. Era difícil conseguir que o velho fogão a lenha de nossa cozinha escura fizesse qualquer coisa com precisão. Mas finalmente aprendi como. E, a partir de então, toda sexta-feira misturava os produtos químicos e fazia o exame. Se a mistura continuasse clara depois de aquecida, tudo estava bem. Apenas se ficasse preta, eu deveria notificar o Dr. van Veen.

Foi naquela primavera que Willem veio passar as últimas férias em casa antes da ordenação. Ele se graduara na universidade dois anos antes, e agora cursava os últimos meses do seminário. Numa noite quente durante sua visita, estávamos todos sentados ao redor da mesa de jantar. Papai com trinta relógios espalhados à sua frente anotava num pequeno caderno com sua letra precisa e linda: "dois segundos atrasado", "cinco segundos adiantado", enquanto que meu irmão lia em voz alta uma história da Reforma Holandesa.

De repente, a campainha da porta do beco tocou. Do lado externo da janela da sala de jantar havia um espelho voltado para a porta, de modo que pudéssemos ver quem estava lá antes de descer para atender. Dei uma olhada e me levantei rapidamente da mesa.

— Corrie! — Betsie falou com reprovação. — Sua saia!

Nunca me lembrava de que agora eu usava saias longas, e Betsie passava muitas noites remendando os rasgos que eu fazia nelas quando me movimentava rápido demais. Desci os cinco degraus num salto, pois à porta, com um buquê de narcisos nas mãos, estava Tine van Veen. Fosse por causa da linda noite de primavera, ou por causa da voz dramática de pregador de Willem, eu soube na hora que o encontro daquelas duas pessoas tinha que ser um momento especial.

— Para a sua mãe, Corrie — falou Tine, segurando o buquê de flores, quando eu abri a porta. — Espero que ela...

— Não, não! Você entrega as flores! Fica linda com elas!

E, sem mesmo pegar o seu casaco, empurrei a moça assustada à minha frente escada acima.

Levei-a para a sala de jantar, quase pisando em seus calcanhares, para ver a reação de Willem. Sabia exatamente como seria. Vivia minha vida assim, como nos romances que pegava emprestado na biblioteca, e lia em inglês, holandês e alemão. E, aqueles dos quais mais gostava, lia nos três idiomas e criava milhares de vezes em minha mente, a cena em que o herói encontra a mocinha.

Willem se levantou lentamente sem tirar os olhos dos olhos de Tine. Papai também se levantou.

— Senhorita van Veen, — falou do seu jeito antiquado — permita-me apresentar nosso filho Willem. Filho, esta é a jovem de cujo talento e gentileza temos falado.

Duvido que algum dos dois tenha escutado a apresentação. Estavam encarando um ao outro, como se não houvesse uma viva alma na sala ou no mundo.

WILLEM E TINE se casaram dois meses após a ordenação dele. Durante todas as semanas de preparação, um pensamento não saiu de minha cabeça: Karel estaria lá. O dia do casamento amanheceu frio e brilhante. Meus olhos imediatamente encontraram Karel no meio da multidão em frente à igreja. Estava usando cartola e fraque, como todos os convidados, porém era indiscutivelmente o mais bonito.

Quanto a mim, sentia que uma transformação ocorrera desde a última vez que nos encontramos. A diferença entre os meus 21 anos e os 26 dele, afinal, não era tão grande quanto fora um dia.

Porém mais do que isso, senti... não, não estava bonita. Mesmo em um dia romântico como esse, eu não me convenceria disso. Sabia que meu queixo era quadrado demais, minhas pernas muito longas, minhas mãos muito grandes. Mas eu acreditava sinceramente — e todos os livros concordariam — que eu pareceria bela ao homem que me amasse.

Naquela manhã Betsie tinha me penteado, trabalhado durante uma hora com o ferro de cachear até que meu cabelo ficasse preso no topo da cabeça. E até agora, por milagre, ele estava. Ela também tinha feito meu vestido de seda, como fez para cada uma das mulheres da família, trabalhando à luz de lamparina durante as noites, porque a loja abria seis dias por semana, e ela não costurava aos domingos.

Agora, olhando ao meu redor, concluí que nossas roupas feitas em casa estavam tão estilosas quanto todas as outras. *Ninguém diria*, pensei enquanto o grupo seguia para a porta, *que papai havia aberto mão de seus charutos, e Tante Jans do carvão para a lareira de seus cômodos, para comprar a seda que agora esvoaçava tão elegantemente em nós.*

— Corrie?

À minha frente, estava Karel: chapéu preto alto nas mãos, examinando meu rosto como se não tivesse muita certeza.

— Sim, sou eu! — respondi, rindo. *Sou eu, Karel, e é você, e este é o momento com o qual tenho sonhado!*

— Mas você está tão… tão crescida. Perdoe-me, Corrie! É claro que está! É que eu sempre penso em você como a garotinha com os grandes olhos azuis.

Ele me encarou um pouco mais e então acrescentou delicadamente:

— E agora a garotinha é uma dama, e uma dama adorável!

De repente, a música do órgão vindo da porta aberta era para nós, o braço que ele me ofereceu era a lua, e minha mão enluvada sobre aquele braço, era a única coisa que me impedia de pular pelos telhados pontiagudos de Haarlem.

FOI NUMA MANHÃ de sexta-feira com muito vento e chuvosa em janeiro, que meus olhos disseram o que, a princípio, meu cérebro se recusava a aceitar. O líquido no tubo de vidro no fogão da cozinha se tornara um preto feio e denso.

Apoiei-me na velha pia de madeira e fechei meus olhos.

— Por favor, Senhor, permita que eu tenha cometido um erro!

Percorri os diversos passos em minha mente, olhei os frascos de produtos químicos, as colheres de medidas. Não. Tudo exatamente igual ao que sempre fazia.

Então era por causa desse cômodo apertado: sempre estava escuro nesta pequena cozinha que parecia um armário. Usando um pegador de panela, segurei o vidro e corri para a janela da sala de jantar.

Preto. Escuro como o próprio medo.

Ainda segurando o tubo, desci correndo os cinco degraus e passei pela porta da loja. Papai, com sua lente de relojoeiro no olho, estava inclinado sobre o ombro de seu mais novo aprendiz, selecionando habilmente uma peça minúscula do montinho sobre a bancada, à frente deles.

Olhei através do vidro da porta da loja, mas Betsie, atrás do balcão do caixa, falava com um cliente. Não um cliente, me corrigi; um estorvo: eu conhecia aquela mulher. Ela vinha aqui para pedir conselhos sobre relógios, e então os comprava naquela loja nova, a Kan, do outro lado da rua. Nem papai, nem Betsie pareciam se importar que isso estivesse acontecendo cada vez mais frequentemente.

Quando a mulher saiu, passei rapidamente pela porta com o vidro revelador.

— Betsie! — gritei. — Ah, Betsie, está preto! Como vamos contar a ela? O que faremos?

Minha irmã saiu imediatamente do balcão e colocou os braços ao meu redor. Atrás de nós, papai entrou na loja. Seus olhos passaram pelo vidro, por Betsie e chegaram até mim.

— E você fez tudo exatamente certo, Corrie? Cada detalhe?

— Temo que sim, pai.

— E eu tenho certeza disso, minha querida. Mas também precisamos da opinião do médico.

— Vou mostrar para ele agora, falei.

E então derramei o líquido feio numa garrafinha e corri com ele pelas ruas escorregadias e molhadas de Haarlem.

Havia uma nova enfermeira no consultório do Dr. van Veen. Passei meia hora terrível e silenciosa esperando na antessala. Finalmente o paciente saiu, e o médico levou a garrafinha ao seu pequeno laboratório.

— Não há nenhum erro, Corrie — disse quando saiu. — Sua tia tem umas três semanas no máximo.

Fizemos uma reunião de família na relojoaria quando voltei: mamãe, *Tante* Anna, papai, Betsie e eu (Nollie só chegaria a casa à noite, de seu trabalho como professora). Concordamos que *Tante* Jans deveria saber logo.

— Vamos contar a ela, juntos! — decidiu papai. — E eu falarei. E talvez, — falou com o rosto se iluminando — talvez ela examine em seu coração tudo o que conquistou. Ela dá grande valor às realizações. Jans dá. E, quem sabe, não está certa?

E então uma pequena procissão subiu os degraus para os cômodos da *Tante* Jans. — Entre! — ela respondeu à batida de papai. E acrescentou, como sempre: — e feche a porta antes que eu morra com as correntes de ar.

Minha tia estava sentada em sua mesa redonda de mogno, trabalhando em outra apelação para o centro para os soldados. Quando viu o número de pessoas entrando na sala, baixou a caneta. Olhou para cada rosto, até que chegou ao meu e engoliu em seco demonstrando compreender a situação. Era manhã de sexta-feira e eu ainda não viera mostrar os resultados do exame.

— Minha querida cunhada, — papai começou delicadamente — há uma feliz jornada que os filhos de Deus devem fazer cedo ou tarde. E Jans, alguns de nós irão ao Pai de mãos vazias, mas você correrá até Ele com as mãos cheias!

— E todos os clubes… — *Tante* Anna arriscou.

— Seus textos… — acrescentou mamãe.

— Os fundos que levantou… — disse Betsie.

— Suas palestras… — eu comecei.

Mas nossas palavras bem-intencionadas eram inúteis. À nossa frente, o rosto orgulhoso se transformou; *Tante* Jans colocou as mãos nos olhos e começou a chorar.

— Vazia, vazia! — ela engasgava através das lágrimas. — Como podemos levar qualquer coisa para Deus? Como nossas pequenas quinquilharias podem lhe interessar?

Enquanto escutávamos sem acreditar no que falava, ela baixou as mãos e, com as lágrimas ainda descendo pelo rosto, sussurrou:

— Jesus querido, agradeço por termos que ir de mãos vazias. Agradeço por tudo, tudo o que fizeste na cruz, e porque tudo o que precisamos na vida ou na morte é ter certeza disso.

Mamãe a abraçou e assim ficaram. Eu fiquei imóvel onde estava, sabendo que tinha presenciado um mistério.

Era a passagem de trem da qual papai falara, entregue no momento certo.

Gesticulando com seu lenço, e após um necessário limpar de nariz, *Tante* Jans nos fez saber que o momento de sentimentalismo havia passado.

— Se eu tiver um instante de privacidade — disse — posso realizar algum trabalho.

Ela olhou para papai e, naqueles olhos severos despontou a coisa mais próxima de uma piscadela que eu jamais vi.

— Não que o trabalho importe, Casper. Realmente não importa.

Mas, ela nos despachou com rispidez: — não vou deixar uma escrivaninha desarrumada para alguém ter que limpar.

QUATRO MESES APÓS o funeral de *Tante* Jans, Willem finalmente recebeu o tão esperado convite para seu primeiro sermão. Após menos de um ano como ministro assistente em Uithuizen, foi-lhe entregue uma igreja para pastorear em Brabant, na bela região rural ao sul da Holanda. E, na Igreja Holandesa Reformada, o primeiro sermão de um ministro em sua primeira igreja era a ocasião mais solene, alegre e emocional que um povo impassível podia conceber. Família e amigos viriam de longe e permaneceriam ali por dias.

Karel escreveu de onde estava servindo como pastor auxiliar, dizendo que estaria lá e que estava ansioso para nos ver a todos novamente. Eu dei um significado especial à palavra "todos": passei vestidos e arrumei as malas com uma ansiedade delirante.

Foi um dos períodos ruins de mamãe. Ela se encolheu num canto de nossa cabine no trem e, apertava a mão de papai ao ponto de deixar suas juntas brancas pela pressão, cada vez que o trem dava uma guinada ou balançava. Mas enquanto nós apreciávamos as longas fileiras de álamos em seu exuberante verde de junho, mamãe não tirava os olhos do céu. O que para nós era uma viagem pelo interior, para ela era um banquete de nuvens, luz e de azul infinito.

Tanto a pequena cidade de Made, quanto a congregação de Willem, tinham sofrido um declínio nos últimos anos. Mas o prédio da igreja, construído em dias melhores, era grande, assim como a casa de Willem e Tine, do outro lado da rua. Na verdade, pelos padrões do *Beje*, ela era enorme; nas primeiras noites, o teto parecia estar tão longe de nossas cabeças, que eu não consegui dormir. A cada dia, tios, primos e amigos chegavam. Mas, independente de quantas pessoas se instalassem, para mim os cômodos sempre pareciam meio vazios.

Três dias após nossa chegada, fui atender à batida da porta da frente, e lá estava Karel, ainda com pó de carvão da viagem de trem salpicado em seus ombros. Ele jogou sua maleta marrom na sala, pegou a minha mão e me puxou para o sol de junho.

— Está um lindo dia no campo, Corrie! — exclamou. — Vamos caminhar!

Daquele momento em diante, parecia ser certo que Karel e eu caminharíamos todos os dias. Cada vez íamos um pouco mais longe pelos caminhos que seguem em todas as direções a partir do povoado; a terra onde pisávamos era tão diferente das ruas de paralelepípedos de Haarlem. Em tais momentos, era difícil acreditar que o resto da Europa estava engajada na guerra mais sangrenta da história. Mesmo do outro lado do oceano, a loucura parecia ter se espalhado: os jornais diziam que a América iria entrar na guerra.

Ali, na neutra Holanda, a luz do sol de verão de junho seguia um dia após o outro. Apenas algumas poucas pessoas, como Willem, insistiam que a guerra era uma tragédia também para nosso país. O primeiro sermão do meu irmão foi sobre esse tema. "A Europa e o mundo estavam mudando", ele disse: não importava que lado vencesse, um estilo de vida se acabaria para sempre. Olhei ao redor, para sua congregação de aldeões robustos e agricultores, e vi que eles não se importavam com aquelas ideias.

Após o sermão, amigos e familiares mais distantes foram embora. Mas Karel permaneceu. Nossas caminhadas passaram a ser mais longas. Com frequência falávamos sobre seu futuro. Subitamente, não estávamos mais falando sobre o que Karel iria fazer, mas sobre o que *nós* iríamos fazer. Imaginávamos que tínhamos uma enorme casa antiga como essa para decorar e ficamos alegres ao descobrir que tínhamos o mesmo gosto em relação à mobília, flores, até mesmo gostávamos das mesmas cores. Discordávamos apenas sobre filhos: Karel queria quatro, enquanto eu teimava em ter seis.

E tudo isso, sem que a palavra "casamento" fosse mencionada.

Um dia, quando Karel estava no povoado, Willem saiu da cozinha com duas xícaras de café nas mãos. Tine, com sua própria xícara, vinha atrás dele.

— Corrie, — ele começou me entregando o café e falou como se estivesse fazendo um esforço. — Karel a levou a crer que está falando...

— Sério? — Tine terminou a sentença.

O rubor detestável que nunca conseguia controlar queimava as minhas bochechas: — Eu... não... nós... por quê?

O rosto de Willem também estava vermelho.

— Porque, Corrie, isso é algo que jamais acontecerá. Você não conhece a família dele. Desde que era pequeno, sempre almejaram uma coisa. Fizeram sacrifícios, planejaram, construíram suas vidas em torno disso. Karel deve... "casar bem", é como eu acho que eles decidiram.

A grande sala vazia, de repente pareceu ficar mais vazia ainda.

— Mas... e a vontade de Karel? Ele não é mais uma criancinha!

Willem fixou seus olhos calmos e profundos nos meus.

— Ele vai fazer, Corrie. Não estou dizendo que quer. Para ele, é simplesmente um fato da vida, como qualquer outro. Quando falávamos sobre garotas que gostávamos na universidade, ele sempre dizia ao final: "É claro que nunca poderia casar com ela. Isso iria matar a minha mãe."

O café quente escaldou a minha boca, mas o engoli e fugi para o jardim. Detestava aquela sombria casa antiga e, às vezes, detestava Willem por sempre ver o lado obscuro e difícil das coisas. Ali no jardim era diferente: não havia um arbusto ou flor que Karel e eu não tivéssemos olhado juntos, que não estivesse um pouco impregnado do que sentíamos um pelo outro. Meu irmão podia saber mais do que eu sobre teologia, guerra e política; mas sobre romance... Nos livros, coisas como dinheiro, prestígio social, expectativas familiares, todas desapareciam como nuvens de chuva. Sempre.

KAREL DEIXOU MADE mais ou menos uma semana mais tarde, e foram suas últimas palavras que fizeram meu coração se alegrar. Somente meses mais tarde, lembrei-me de como as pronunciou de forma estranha: a ansiedade, o quase desespero em sua voz. Estávamos na calçada da casa esperando a carroça, que em Made ainda era considerado o transporte mais confiável quando se tinha um trem a pegar. Ele havia se despedido após o café da manhã e, se parte de mim estava desapontada por não ter ainda feito o pedido, outra parte estava feliz apenas por estar ao seu lado. Agora na calçada, subitamente ele segurava minhas duas mãos.

— Corrie, me escreva! — falou. Seu tom não era alegre: era de súplica. — Escreva-me sobre o *Beje*! Quero saber tudo. Quero cada detalhe daquela velha casa feia, linda, atulhada! Escreva-me sobre seu pai, Corrie! Escreva como ele esquece de mandar as contas. Ah, Corrie, esse é o lar mais feliz da Holanda!

E NA VERDADE assim foi quando papai, mamãe, Betsie, Nollie, *Tante* Anna e eu voltamos. Sempre fora um lugar feliz, mas agora, cada pequena ocasião parecia brilhar, porque eu podia compartilhá-la com Karel. Cada refeição que eu cozinhava era uma oferta a ele; cada panela brilhante, um poema; cada vassourada, um ato de amor.

Suas cartas não chegavam com tanta frequência quanto as que eu lhe enviava, mas achava que era por causa de seu trabalho. O pastor a quem auxiliava, como escreveu certa vez, havia lhe passado todo o trabalho de visitação: era uma congregação rica e os contribuintes abastados esperavam visitas constantes e sem pressa dos ministros.

Com o passar do tempo, suas cartas se tornaram menos frequentes. Eu compensava com as minhas, e segui cantarolando do meu jeito ao longo do verão e do outono. Num glorioso e frio dia de novembro, quando toda a Holanda cantava comigo, a campainha tocou. Eu estava lavando uma pilha de pratos na cozinha, mas corri pela sala de jantar e desci os degraus, antes que o resto da família pudesse se mexer.

Abri a porta do beco e lá estava Karel.

Ao seu lado, uma jovem.

Ela ficou sorrindo para mim.

Eu olhei para o chapéu com sua pena balançando, a gola de arminho, a mão com luva branca apoiada no braço dele. De repente, a cena ficou obscura quando Karel disse:

— Corrie, quero que conheça a minha noiva.

Devo ter dito alguma coisa. Devo tê-los conduzido ao cômodo da *Tante* Jans, que agora usávamos como sala de estar. Apenas me lembro de como minha família veio me resgatar, conversando, cumprimentando, pegando casacos e oferecendo cadeiras para que eu não precisasse fazer nada. Até mamãe quebrou seu próprio recorde de rapidez em fazer café. *Tante* Anna ofereceu bolinhos. Betsie começou a debater com a jovem sobre modas de inverno e papai manteve Karel numa conversa bem impessoal sobre questões internacionais.

O que achava da notícia do presidente Wilson estar enviando tropas americanas para a França?

Aquela meia hora passou. De alguma forma, consegui apertar a mão dela, então a de Karel, e desejar felicidade aos dois. Betsie os levou até a porta. Antes que estivesse completamente fechada, subi voando as escadas até o meu quarto no alto da casa, onde as lágrimas correram.

Não sei quanto tempo fiquei na cama soluçando pelo amor da minha vida. Mais tarde escutei os passos de papai subindo a escada. Por um instante, eu era novamente a garotinha, esperando que ele viesse arrumar meus cobertores. Mas aquela era uma dor que cobertor algum poderia calar. E, de repente, temi o que papai iria falar, com medo de que dissesse, "Logo haverá alguém," e que essa mentira permanecesse entre nós para sempre. Pois em algum lugar dentro de mim, eu já sabia que não iria haver outro alguém, nem logo nem nunca.

O aroma doce do charuto entrou no quarto junto com papai. E é claro que ele não falou as palavras falsas e vazias.

— Corrie, — começou ao invés disso — sabe o que machuca muito? É o amor. Amor é a força mais poderosa do mundo. E, quando é tolhido, causa dor. Há duas coisas que podemos fazer quando isso acontece. Podemos matar o amor para que pare de doer. Mas, é claro, com ele uma parte de nós morre também. Ou então, Corrie, podemos pedir a Deus para abrir outro caminho para extravasar esse amor. Deus ama Karel mais do que você. E, se pedir, Ele lhe dará o Seu amor por este homem, um amor que nada pode impedir, nada pode destruir. Sempre que não podemos amar do antigo jeito humano, Corrie, Deus pode nos dar o modo perfeito.

Eu não sabia, enquanto escutava os passos de papai descendo a escada, que ele havia me dado mais do que a chave para este momento difícil. Eu não sabia que ele havia colocado em minhas mãos o segredo que abriria cômodos muito mais escuros do que aquele; lugares onde não havia, em termos humanos, nada para amar.

Corrie reflete sobre seu futuro.

Eu ainda estava no jardim de infância na questão de amor. Minha tarefa, então, era desistir de meu sentimento por Karel, sem abrir mão da alegria e da maravilha que crescera com ele. E então, naquela hora, deitada ali na minha cama, sussurrei uma enorme oração:

— Senhor, eu lhe entrego o meu sentimento por Karel, meus pensamentos sobre nosso futuro… ah, o Senhor conhece! Tudo! No lugar, me dê a Sua forma de ver Karel. Ajude-me a amá-lo dessa forma. Tanto assim.

E assim que pronunciei aquelas palavras, adormeci.

4.

A relojoaria

Eu estava de pé em cima de uma cadeira, lavando a grande janela da sala de jantar, acenando de vez em quando para quem passava pelo beco, enquanto mamãe estava na cozinha descascando batatas para o almoço. Era 1918; a terrível guerra tinha terminado: até pela forma como as pessoas andavam na rua era possível sentir uma nova esperança no ar.

Não era hábito de mamãe, pensei, deixar a água correndo daquela forma; ela nunca desperdiçava nada.

— Corrie.

Sua voz era baixa, quase um sussurro.

— Sim, mãe?

— Corrie — ela disse novamente.

E então escutei a o barulho da água da pia transbordando e caindo no chão. Pulei da cadeira e corri para a cozinha. Mamãe estava com a mão na torneira, me encarando estranhamente enquanto a água espirrava em seus pés.

— O que foi, mamãe? — gritei, esticando a mão para a torneira. Soltei os dedos dela, fechei a água e a puxei para longe da poça no chão.

— Corrie — ela falou de novo.

— Mãe, a senhora está doente! Precisamos levá-la para a cama!

— Corrie.

Coloquei um braço por baixo de seu ombro e a guiei através da sala de jantar e escada acima. Ao meu grito, *Tante* Anna desceu correndo e pegou o outro braço de mamãe. Juntas, a colocamos na cama e então desci correndo até a loja para chamar papai e Betsie.

Durante uma hora, nós quatro observamos o efeito da hemorragia cerebral se espalhar lentamente por seu corpo. A paralisia pareceu afetar suas mãos primeiro, viajar pelos seus braços, e então chegar às pernas. O Dr. van Veen, a quem o aprendiz foi correndo chamar, não podia fazer mais do que nós.

A consciência dela foi a última coisa a ir embora. Seus olhos permaneciam abertos e alertas, olhando ternamente para cada um de nós, até que lentamente se fecharam e estávamos certos de que ela se fora para sempre. Entretanto, Dr. van Veen disse que era apenas um estado de coma, muito profundo, do qual ela poderia ou escorregar para a morte, ou acordar para a vida.

Durante dois meses mamãe ficou inconsciente naquela cama, nós cinco nos revezando ao seu lado: Nollie ficava com o turno da noite. Então uma manhã, tão inesperadamente quanto o derrame, seus olhos se abriram e ela olhou ao redor. Por fim, recuperou o movimento dos braços e pernas, o suficiente para poder se mover sem ajuda, embora suas mãos jamais segurariam novamente as agulhas de crochê ou de tricô.

Nós a transferimos de seu minúsculo quarto voltado para a parede de tijolos, para o cômodo de *Tante* Jans, onde ela poderia ver a vida agitada da Barteljorisstraat. Sua mente, como logo ficou claro, estava ativa como sempre, mas a capacidade da fala não voltou, com exceção de três palavras. Mamãe conseguia dizer "sim", "não" e, talvez por ter sido a última palavra que pronunciara, "Corrie". E por isso ela chamava a todos de "Corrie".

Para nos comunicarmos, eu e ela inventamos um pequeno jogo, algo como Vinte Perguntas.

— Corrie — ela diria.

— O que foi, mamãe? Está pensando em alguém?

— Sim.

— Alguém da família.

— Não.

— Alguém que viu na rua?

— Sim.

— Era um velho amigo?

— Sim.

— Um homem?

— Não.

Uma mulher que mamãe conhecia há muito tempo.

— Mãe, vou apostar que é aniversário de alguém!

E eu dizia nomes até escutar seu alegre, "Sim!". Então eu escrevia um pequeno bilhete dizendo que mamãe tinha visto a pessoa e que desejava a ela um feliz aniversário. Para finalizar, eu colocava a caneta em seus dedos enrijecidos para que pudesse assinar. Um rabisco anguloso foi tudo o que restara de sua bela assinatura desenhada, mas logo seria reconhecido e amado por toda Haarlem.

Realmente era maravilhosa a qualidade de vida que ela foi capaz de conduzir naquele corpo limitado. E, observando-a durante os três anos de sua paralisia, fiz outra descoberta sobre o amor.

O amor de mamãe sempre foi do tipo que se externava com uma panela de sopa e uma cesta de costura. Mas agora que essas coisas lhe haviam sido tiradas, o amor parecia continuar a ser tão integral como antes. Ela sentava em sua cadeira perto da janela e nos amava. Amava as pessoas que via na rua, e além: seu amor abrangeu a cidade, a Holanda, o mundo.

Aprendi que o amor é maior do que as paredes que o fecham.

CADA VEZ MAIS, a conversa de Nollie na mesa de jantar era sobre um jovem professor da escola onde ensinava: Flip van Woerden. Quando o Sr. van Woerden veio fazer o pedido formal, papai ensaiou e poliu seu pequeno discurso de bênção uma dúzia de vezes.

Na noite anterior ao casamento, enquanto Betsie e eu a levantávamos da cama, mamãe de repente explodiu em lágrimas. Com as Vinte Perguntas, descobrimos que não, ela não estava infeliz com o casamento; sim, ela gostava muito de Flip. Era porque a conversa solene entre mãe e filha prometida há anos para esta noite, toda educação sexual oferecida por nossa taciturna sociedade, agora não seria possível.

Por fim, naquela noite, foi *Tante* Anna, com os olhos arregalados e as bochechas pegando fogo, quem subiu os degraus para o quarto de Nollie. Anos antes Nollie havia trocado nosso quarto no alto da escada, para o pequeno cantinho de *Tante* Bep, e lá ela e *Tante* Anna se fecharam para a meia hora de praxe. Não poderia haver em toda Holanda alguém menos informada sobre casamento do que *Tante* Anna, mas isso era um ritual: há séculos, a mulher mais velha aconselhava a mais nova. Ninguém poderia se casar sem isso da mesma forma como não poderia dispensar o anel.

No dia seguinte, Nollie estava radiante em seu longo vestido branco. Mas era de mamãe que eu não conseguia tirar os olhos. Vestida de preto como sempre, estava subitamente jovial e feminina, olhos brilhando de alegria por essa grande ocasião que os ten Boom estavam vivendo. Betsie e eu a levamos cedo para a igreja, e tinha certeza de que a maior parte da família van Woerden e de seus amigos, jamais sonharam que a senhora graciosa e sorridente da primeira fila não podia andar sozinha, nem falar.

Foi somente quando Nollie e Flip saíram juntos pelo corredor central, que eu pensei pela primeira vez em meus sonhos de um momento como aquele com Karel. Olhei para Betsie, tão alta e linda sentada do outro lado de mamãe. Ela sempre soube que, por causa de sua saúde, não poderia ter filhos, e por isso havia decidido há muito tempo não se casar. Eu estava com vinte e sete anos, e Betsie com trinta e poucos. Entendi que era assim que seria: Betsie e eu, as filhas solteiras, vivendo no *Beje*.

Era um pensamento feliz. Não triste. E foi nesse momento que tive certeza de que Deus havia aceitado a hesitante oferta de meus sentimentos feita há quatro anos. Ao pensar em Karel, e em todo o brilho de amor que eu sentira desde os quatorze anos, agora não havia o menor traço de dor. "Abençoe Karel, Senhor Jesus!", murmurei baixinho. "E abençoe a ela. Mantenha-os próximos um do outro e de ti." E aquela oração, eu tinha certeza, não poderia ter saído de Corrie ten Boom sem a ajuda de Deus.

Mas o grande milagre do dia veio mais tarde. Para encerrar a cerimônia escolhemos o hino favorito de mamãe, "Belo e Bom Jesus." E agora, enquanto estava de pé cantando, ouvi atrás de mim no banco, a voz de mamãe cantando também. Acompanhava palavra por palavra, cada verso. Ela que não conseguira falar quatro

Cornelia e Casper ten Boom

palavras, cantando os lindos versos sem gaguejar. Sua voz, que antes era alta e clara, estava rouca e dissonante, mas para mim, era a voz de um anjo.

Ela cantou o tempo todo, enquanto eu olhava para frente, sem ousar me virar com medo de quebrar o encanto. Quando todos se sentaram finalmente, os olhos de mamãe, os de Betsie e os meus estavam marejados de lágrimas.

A princípio, esperávamos que aquilo fosse o início de sua recuperação. Porém ela nunca mais foi capaz de dizer as palavras que cantara, nem mesmo cantar novamente. Fora um momento à parte, um presente de Deus para nós; Seu presente de casamento muito especial. Quatro semanas mais tarde, enquanto dormia com um sorriso nos lábios, mamãe nos deixou para sempre.

FOI NO FINAL de novembro daquele ano, que um resfriado comum fez uma grande diferença. Betsie começou a fungar e a espirrar, e papai decidiu que ela não poderia ficar atrás do balcão do caixa, onde a porta da loja deixava entrar o ar frio do inverno.

Porém o Natal estava chegando, e era a época de maior movimento na loja. Como Betsie estava agasalhada na cama, eu passei a descer correndo para a loja com a maior frequência possível para esperar os clientes, fazer embrulhos e poupar papai de subir e descer de sua alta bancada uma dúzia de vezes por hora.

Tante Anna insistiu que podia cozinhar e cuidar de Betsie. E então eu fiquei no lugar de minha irmã, anotando vendas e taxas de conserto, registrando despesas com peças e mercadoria, e folheando os registros passados, sem conseguir acreditar no que via.

Mas... ali não havia qualquer sistema! Não havia como dizer se uma conta fora ou não paga, se um preço que estávamos pedindo era alto ou baixo; na verdade, não havia como dizer se estávamos ganhando ou perdendo dinheiro.

Numa tarde de inverno, corri até a papelaria e comprei um novo conjunto de livros contábeis, e comecei a impor um método naquela loucura. Muitas noites, depois que a porta estava fechada e as persianas das vitrines abaixadas, sentava-me sob a trêmula luz do lampião, examinando antigos estoques e relatórios de atacadistas.

Ou então questionava papai.

— Quanto o senhor cobrou do Sr. Hoek por aquele reparo que fez mês passado?

Papai me olhava sem entender.

— Por quê? Ah... minha querida... na verdade eu não...

— Era um Vacheron, pai, um antigo! O senhor teve que pedir as partes na Suíça, e aqui está a fatura delas e...

Seu rosto se iluminava.

— É claro que me lembro! Um belo relógio, Corrie! Uma alegria trabalhar nele! Muito antigo, apenas tinham deixado acumular poeira na máquina. Um relógio fino deve ser mantido limpo, minha querida!

— Quanto o senhor cobrou, papai?

Desenvolvi um sistema de cobrança e, aos poucos, minhas colunas de números começaram a corresponder às reais transações. E aos poucos também, descobri que amava aquilo. Sempre me senti feliz nesta pequena loja com suas vozes minúsculas e prateleiras de pequenos rostos brilhantes. Mas agora eu havia descoberto que gostava também do negócio; gostava dos catálogos e das listas de estoque, gostava do energético e agitado mundo do comércio como um todo.

De vez em quando eu me lembrava de que o resfriado de Betsie havia se alojado em seu peito e ameaçava, como sempre, se tornar uma pneumonia. Eu me censurava por não estar incomodada com a atual situação. E, à noite, quando escutava a tosse difícil e torturante vinda de seu quarto logo abaixo, eu orava com todo o meu coração para que ela ficasse boa logo.

Uma noite, dois dias antes do Natal, quando eu já havia fechado a loja e estava trancando a porta do corredor, Betsie entrou pela porta do beco com os braços cheios de flores. Seu olhar, quando me viu, era o de uma criança culpada.

— Para o Natal, Corrie! — ela disse. — Precisamos de flores no Natal!

— Betsie ten Boom! — explodi. — Há quanto tempo isso está acontecendo? Não admira que não esteja melhorando!

— Fiquei na cama a maior parte do tempo, honestamente… — Ela parou quando um grande acesso de tosse a sacudiu. — Apenas me levantei para coisas realmente importantes.

Coloquei-a na cama e então perambulei pelos cômodos com um novo olhar, procurando pelas "coisas importantes" de Betsie. Como eu notava pouco as coisas! Betsie havia feito mudanças em todos os lugares. Voltei para o quarto dela e a confrontei.

— Era importante, Betsie, rearrumar todos os pratos no armário do canto?

Ela me olhou e seu rosto ficou vermelho.

— Sim, era! — falou desafiadoramente. — Você simplesmente os empilhava de qualquer jeito.

— E a porta dos cômodos da *Tante* Jans? Alguém usou removedor de tinta nelas, e lixa também… e isso é um trabalho pesado!

— Mas há uma bela madeira embaixo da tinta, eu sei! Durante anos eu quis tirar aquele velho verniz e ver. Ah, Corrie, — ela disse. Subitamente, sua voz estava baixa e contrita. — Eu sei que é horrível e egoísta da minha parte, quando você precisa estar na loja todos os dias. E vou tomar mais cuidado para que não precise fazer isso por muito mais tempo. Mas, ah, estava sendo tão glorioso estar aqui o dia todo, fingindo que estou encarregada da casa, sabe, planejando o que fazer…

E assim foi. Tínhamos invertido as funções. Foi impressionante como tudo passou a funcionar bem quando fizemos a troca. A casa ficava limpa aos meus cuidados; mas sob os de Betsie, ela brilhava. Ela via beleza na madeira, nos padrões, na cor, e nos ajudava a vê-la também. O pequeno orçamento para comida, que mal sobrevivia às minhas visitas ao açougue, e desaparecia completamente na padaria, esticava sob a gerência de Betsie, que incluía todo tipo de delícias que antes jamais haviam estado em nossa mesa.

— Esperem só até ver o que temos de sobremesa hoje no almoço! — ela dizia no café. E, na loja, ao longo da manhã, a curiosidade ficava cintilando em nossas mentes.

A panela de sopa e a cafeteira na parte detrás do fogão, que eu parecia nunca encontrar tempo para cuidar, voltaram a ferver na primeira semana em que Betsie assumiu o controle. E logo uma fila de carteiros, policiais, idosos abandonados e jovens garotos de recados trêmulos estava em nossa porta do beco para entrar e aquecer suas mãos em canecas, assim como faziam quando mamãe comandava a casa.

Enquanto isso, na loja, eu me deparava com uma alegria no trabalho com a qual nunca sonhara. E não demorei a descobrir que queria fazer mais do que esperar por clientes e manter as contas. Eu queria aprender a arte da relojoaria.

Ansiosamente, papai assumiu o trabalho de me ensinar. Por fim, aprendi as partes que se moviam e as que não; a química dos óleos e soluções; técnicas de uso de ferramentas, de polimento e da lente de aumento. Mas a paciência de papai, sua relação quase mítica com as harmonias da relojoaria, eram coisas que não se podiam ensinar.

Os relógios de pulso entraram na moda, e eu me matriculei numa escola especializada nesse tipo de trabalho. Três anos após a morte de mamãe, tornei-me a primeira relojoeira mulher licenciada na Holanda.

E assim ficou estabelecido o padrão que seria seguido ao longo dos próximos vinte anos em nossa vida. Quando papai colocava a Bíblia de volta na prateleira após o café da manhã, eu e ele descíamos para a loja, enquanto Betsie cozinhava a panela de sopa e fazia mágica com três batatas e meio quilo de carne de carneiro. Com os meus olhos voltados para a receita e despesa, a loja estava se saindo melhor e não demorou a podermos contratar uma vendedora para cuidar da parte da frente, enquanto eu e papai trabalhávamos na oficina.

Havia uma constante procissão no pequeno cômodo dos fundos. Algumas vezes era um cliente; com mais frequência, um simples

Os ten Boom com diversas das crianças que criaram. Corrie à esquerda, o pai à direita, e Betsie na frente.

visitante. Desde trabalhadores calçando *klompens*, os tradicionais tamancos holandeses de madeira, até proprietários de frotas de barcos, todos traziam seus problemas para papai. Sem qualquer pudor, à vista de clientes na loja e dos funcionários que trabalhavam conosco, ele inclinava sua cabeça e orava por uma solução.

Ele também orava pelo trabalho. Eram poucos os reparos que não solucionava. Porém eventualmente, chegava um que deixava até ele confuso. E então eu o escutava dizer:

— Senhor, tu que moves as engrenagens das galáxias. Sabes o que faz girar os planetas, e também o que faz este relógio funcionar...

Os detalhes da oração eram sempre diferentes, pois papai, que amava a ciência, era um ávido leitor de uma dúzia de jornais de universidades. Ao longo dos anos, ele colocou seus cronômetros nas mãos "Daquele que faz dançar os átomos", ou "que mantém as grandes correntes circulando pelo mar". As respostas a essas orações pareciam sempre vir no meio da noite: muitas manhãs eu subia na minha banqueta e descobria que o relógio que havia deixado espalhado em centenas de peças, estava montado e funcionando maravilhosamente.

Mas havia uma coisa na loja que eu jamais aprendi a fazer tão bem quanto Betsie: conhecer e me interessar por cada pessoa que passava pela porta. Quando um cliente entrava, com frequência, eu subia correndo para falar com minha irmã na cozinha.

— Betsie! Quem é a mulher robusta, com o relógio Alpina de lapela, preso com uma fita de veludo azul, com uns cinquenta anos?

— É a Sra. van den Keukel. O irmão dela voltou da Indonésia com malária e ela está cuidando dele, Corrie.

E, enquanto eu descia correndo, ela completava: — pergunte a ela como está o bebê da Sra. Rinker!

Então a Sra. van den Keukel, ao deixar a loja alguns minutos depois, comentaria erroneamente com seu marido:

— Aquela Corrie ten Boom é como a irmã!

MESMO ANTES da morte de *Tante* Anna no final de 1920, as camas vazias da casa começavam a serem ocupadas pela sucessão de crianças sem família que, por mais de dez anos, mantiveram as velhas paredes vibrando com risadas, e Betsie ocupada ajustando bainhas e punhos.

Enquanto isso, as famílias de Willem e Nollie cresciam: Willem e Tine tiveram quatro filhos, e Nollie e Flip, seis. Há muito tempo, meu irmão havia deixado o pastorado da paróquia, onde seu hábito de falar a dura verdade deixou uma sucessão de congregações insatisfeitas, e começara seu lar para idosos em Hilversum, a cinquenta quilômetros de Haarlem.

Víamos a família de Nollie com mais frequência, já que a escola que frequentavam, onde Flip agora era o diretor, ficava no centro de Haarlem. Era raro o dia em que pelo menos um de seus seis filhos não fosse ao *Beje* visitar o *Opa* (o vovô) em sua oficina, espiar a tigela da *Tante* Betsie, ou apostar corrida pelas escadas com as crianças que estávamos abrigando.

Na verdade, foi na casa que descobrimos o talento musical do jovem Peter. Foi perto de nosso rádio. Ouvíramos aquela maravilha moderna pela primeira vez na casa de um amigo.

— Uma orquestra inteira! — ficávamos repetindo uns aos outros.

De alguma forma, parecia tremendamente difícil produzir aquilo dentro de uma caixa. Começamos a economizar centavo por centavo para ter um rádio.

Muito antes de juntarmos o valor necessário, papai contraiu hepatite, o que quase lhe custou a vida. Durante a longa estadia no hospital, sua barba ficou branca como a neve. No dia em que voltou para casa — uma semana após seu septuagésimo aniversário — um pequeno grupo veio nos visitar. Representavam lojistas, varredores de rua, o dono de uma fábrica, um barqueiro do canal; pessoas que, durante a doença de papai, perceberam o que ele significava para elas, haviam reunido seus recursos e comprado um rádio para lhe dar de presente.

Era um modelo grande de mesa, com um autofalante ornado em forma de concha, e nos trouxe muitos anos de alegria. Todo domingo, Betsie examinava os jornais ingleses, franceses, alemães, assim como os nossos da Holanda, e planejava a programação de concertos e recitais da semana, já que nosso rádio pegava estações de toda a Europa.

Foi numa tarde de domingo, quando Nollie e sua família estavam nos visitando, que, de repente, Peter falou no meio de um concerto de Brahms.

— Engraçado eles colocarem uma nota errada no piano do rádio.

— Sshhh — disse Nollie.

Mas papai perguntou:

— O que você quer dizer com isso, Peter?

— Uma das notas está errada.

Trocamos olhares: o que um garoto de oito anos podia saber? Mas papai levou o garoto até o velho piano de armário de tia Jans.

— Que nota, Peter?

Peter dedilhou uma escala até chegar ao Si maior do Dó central.

— Esta, disse.

E então todos na sala também ouviram: O Si, no concerto, era normal.

Passei o resto da tarde sentada ao lado de Peter no banco do piano, fazendo pequenos testes, descobrindo uma incrível memória musical e afinação perfeita. Ele se tornou meu aluno de música até que, em cerca de seis meses, havia aprendido tudo que eu sabia e passou a estudar com professores mais habilitados.

O rádio trouxe outra mudança para nossa vida: uma que sofreu resistência inicial de papai. A cada hora, na BBC, podíamos escutar o soar do Big Ben. E, com seu cronômetro na mão, acertado pelo relógio astronômico da loja, ele tinha que admitir que a primeira badalada do relógio britânico estava sempre correta.

Entretanto, papai continuou desconfiado dessa hora britânica. Conhecia diversos ingleses, e eles sempre estavam invariavelmente atrasados. Assim que ficou forte o suficiente para viajar novamente de trem, retomou suas idas semanais a Amsterdã para anotar a hora do Observatório Naval.

No entanto, com o passar dos meses, o Big Ben e o Observatório Naval continuaram em perfeito acordo, e ele deixou de ir com tanta regularidade, até, finalmente, não ir mais. Por outro lado, o relógio astronômico passou a balançar e chacoalhar tanto com o constante tráfego de automóveis na estreita rua lá fora, que não era mais o instrumento de precisão que um dia fora. A desonra final veio no dia em que papai acertou o relógio astronômico pelo rádio.

Apesar dessa e de outras mudanças, a vida de nós três, papai, Betsie e eu, permaneceu essencialmente a mesma. As crianças que acolhemos cresceram e foram embora para trabalhar ou casar, mas vinham com frequência nos visitar. O Centenário chegou e passou;

no dia seguinte eu e papai voltamos às nossas bancadas de trabalho, como sempre.

Mesmo as pessoas pelas quais passávamos em nossas caminhadas diárias, eram perfeitamente previsíveis. Embora já se passassem anos desde a doença de papai, ele ainda andava com dificuldade e eu ainda ia junto em sua caminhada diária pelas ruas do centro. Começávamos sempre na mesma hora, após o almoço ao meio-dia, e antes da loja reabrir, às duas da tarde. E sempre pelo mesmo trajeto. E como outros moradores da cidade eram também tão fiéis aos seus hábitos, sabíamos exatamente com quem iríamos encontrar.

Muitos daqueles a quem cumprimentávamos eram antigos amigos e clientes, outros conhecíamos apenas desse encontro diário: a mulher varrendo sua escada na Rua Koning, o homem que lia o *World Shipping News* na parada do bonde no Grote Markt. E o nosso predileto: o homem a quem chamávamos de o Buldogue. Isso não apenas por nunca o encontrarmos sem dois grandes buldogues presos em coleiras, mas porque com seu rosto enrugado e queixudo e suas pernas tortas, ele se parecia exatamente com seus animais. O que nos tocava era seu especial carinho com os cães: enquanto andavam, ele constantemente sussurrava e mexia com eles. Papai e o Buldogue sempre tocavam em seus chapéus em sinal de cumprimento cerimonioso quando passavam um pelo outro.

E ENQUANTO HAARLEM e o resto da Holanda passeavam, se cumprimentavam e varriam suas escadas, nossos vizinhos ao leste se preparavam para a guerra. Sabíamos o que estava acontecendo: não havia como não saber. Às noites, com frequência, ao girar a sintonia do rádio, captávamos uma voz da Alemanha. A voz não falava, nem mesmo gritava. Ela berrava! Estranhamente, era a sempre equilibrada Betsie que tinha a reação mais forte: se levantava de sua cadeira, e ia até o rádio para desligá-lo.

E ainda assim, nos intervalos, nós o esquecíamos. Ainda nos permitíamos crer que aquilo era um problema essencialmente alemão, menos quando Willem nos visitava e não nos deixava esquecer; ou quando voltavam cartas enviadas a fornecedores judeus na Alemanha, acusando "Endereço Desconhecido".

— Até quando eles vão aguentar? — perguntávamos. — Eles não vão suportar aquele homem muito tempo.

As mudanças que aconteciam na Alemanha afetaram, apenas uma vez, a pequena loja na Barteljorisstraat. E foi na pele de um jovem relojoeiro alemão. Com frequência, alemães vinham trabalhar um tempo sob a supervisão de papai, pois sua reputação ultrapassava as fronteiras da Holanda. Então quando esse jovem alto e bonito apareceu com documentos de aprendiz de uma boa empresa de Berlin, papai o contratou sem hesitação. Otto nos contou com orgulho que pertencia à Juventude Hitlerista. Na verdade, para nós era uma incógnita o motivo dele ter vindo para a Holanda, já que apenas encontrava defeitos nas pessoas e produtos holandeses.

— O mundo verá o que os alemães podem fazer, dizia frequentemente.

Em sua primeira manhã de trabalho, subiu para o café e para a leitura da Bíblia, com os outros funcionários; depois daquele dia, ele passou a ficar sentado sozinho na loja. Quando perguntamos o motivo, disse que embora não entendesse as palavras em holandês, percebera que papai estava lendo o Antigo Testamento que, como nos informou, era o "Livro de Mentiras" dos judeus.

Fiquei chocada, mas papai ficou apenas triste.

— Ensinaram-lhe errado — disse-me. — Enquanto ele nos observar, ver que amamos este Livro e que somos pessoas verdadeiras, ele perceberá seu erro.

Algumas semanas mais tarde, Betsie abriu a porta do corredor e chamou papai e a mim. Lá em cima, sentada na cadeira alta de mogno da *Tante* Jans, estava a dona da pensão onde Otto morava. Naquela manhã, ao trocar os lençóis da cama, ela contou, havia encontrado algo sob o travesseiro dele. E tirou de sua cesta de compras uma faca curva com uma lâmina de quase trinta centímetros de comprimento.

Novamente, papai deu sua melhor interpretação para o caso.

— O rapaz provavelmente está amedrontado, sozinho num país estranho. Possivelmente a comprou para se proteger.

Realmente era verdade que Otto estava sozinho. Ele não falava holandês, nem fazia qualquer esforço para aprender. E, além de papai, Betsie e eu, poucas pessoas nesta parte comercial da cidade, falavam alemão. Repetidamente o convidávamos para se juntar a nós à noite no andar de cima, mas fosse porque não gostava de nossa escolha da programação de rádio, ou porque as noites terminavam da mesma forma como iniciavam as manhãs, com oração e leitura bíblica, ele raramente aceitava.

Ao final, papai demitiu Otto: o primeiro funcionário a ser dispensado em mais de sessenta anos de atividade. E não foi por causa da faca ou do antissemitismo, mas pela forma como Otto tratava o velho relojoeiro, Christoffels.

Desde o início eu tinha ficado incomodada com a sua brutalidade para com ele. Não era por nada que fizesse — pelo menos, não em nossa presença — mas pelo que não fazia. Não dar passagem ao homem mais velho, não ajudar com o casaco, não pegar uma ferramenta que caísse no chão. Era difícil determinar o que havia de errado. Um domingo, quando papai, Betsie e eu estávamos jantando em Hilversum, comentei o fato, que eu concluíra ser uma simples negligência.

Willem balançou a cabeça.

— É totalmente deliberado — disse. — Isso é porque Christoffels é velho. Os velhos não têm qualquer valor para o regime. Eles também são mais resistentes às novas ideologias. A Alemanha está ensinando, sistematicamente, a desrespeitar os mais velhos.

Olhamos para ele, tentando engolir tal conceito.

— Certamente você está enganado, Willem! — disse papai. — Otto é extremamente cortês comigo... até demais. E eu sou bem mais velho do que Christoffels.

— O senhor é diferente. É o patrão. Essa é outra parte do regime: respeito pela autoridade. São os velhos e fracos que devem ser eliminados.

A viagem de trem de volta para casa foi assustadoramente silenciosa, e começamos a observar Otto mais de perto. Porém, como poderíamos saber na Holanda de 1939; como imaginaríamos que não era na loja, onde podíamos observá-lo, que Otto submetia Christoffels à mesquinha e real perseguição, mas sim nas ruas e becos lá fora. Colisões e rasteiras "acidentais", um empurrão, uma pisada: tudo estava transformando o trajeto do velho relojoeiro de casa para o trabalho e vice-versa, em momentos de terror.

O homenzinho aprumado e malvestido era orgulhoso demais para nos contar. Foi apenas numa manhã gelada de fevereiro, quando Christoffels entrou cambaleante na sala de jantar com o rosto sangrando e o casaco rasgado, que a verdade veio à tona. Mesmo naquele dia, Christoffels não disse nada. Mas ao descer correndo até a rua para pegar o chapéu dele, encontrei Otto cercado de uma pequena multidão indignada, que tinha presenciado o acontecido. Ao dobrar a esquina para o beco, o jovem agarrara deliberadamente o homem mais velho e esfregara seu rosto nos ásperos tijolos da lateral do prédio.

Papai tentou argumentar com Otto ao demiti-lo, mostrando que tal comportamento era errado. O rapaz não respondeu. Silenciosamente recolheu as poucas ferramentas que trouxera consigo e deixou a loja. Foi somente quando chegou à porta, que ele se virou e nos olhou com o mais profundo desprezo que eu jamais vira.

5. *A invasão*

Os delgados ponteiros do relógio da parede da escada apontavam 21h25 quando deixamos a sala de jantar naquela noite. Isso, por si só, era incomum em nossa regrada vida. Papai agora estava com 80 anos e todas as noites, pontualmente às 20h45 — uma hora mais cedo do que antes — ele abria a Bíblia avisando que era hora do devocional. Lia um capítulo, pedia que Deus nos abençoasse durante a noite e, às 21h15 subia os degraus para o seu quarto. Naquela noite, contudo, o Primeiro Ministro iria falar à nação às 21h30. Uma pergunta pairava por toda a Holanda como respiração presa: haveria guerra?

Subimos os degraus para os cômodos de *Tante* Jans e papai foi aquecer o grande rádio de mesa. Agora não era tão frequente passarmos as noites ali ouvindo música. Inglaterra, França e Alemanha estavam em guerra; na maior parte do tempo, suas estações transmitiam noticiários, mensagens codificadas e muitas frequências sofriam interferência. Mesmo as estações holandesas transmitiam principalmente notícias do conflito, e isso podíamos ouvir muito bem no pequeno rádio portátil que agora tínhamos na sala de jantar: um presente de Pickwick no Natal anterior.

Entretanto, aquela era uma transmissão mais importante; de alguma forma achamos que merecia o grande e antigo aparelho, com seu autofalante elaborado. Como se fosse uma forma de premonição, evitamos as confortáveis e acolchoadas poltronas, e nos sentamos, tensos e eretos, nas altas cadeiras de madeira esperando chegar o horário do pronunciamento.

Então a voz do Primeiro Ministro começou a falar conosco, sonora e calma. Não haveria guerra. Ele recebera garantias de fontes seguras de ambos os lados. A neutralidade da Holanda seria respeitada. Seria uma repetição da Grande Guerra. Mas não tínhamos nada a temer. Os holandeses estavam sendo convocados a se manterem calmos e...

A voz parou. Betsie e eu levantamos os olhos assustadas. Papai desligara o rádio e em seus olhos azuis havia um brilho que nunca tínhamos visto antes.

— É errado dar esperanças ao povo, quando não há esperança — falou. — É errado embasar a fé em desejos. Haverá guerra! Os alemães atacarão e nós cairemos.

Ele apagou seu charuto no cinzeiro ao lado do rádio e com isso, aparentemente, sua raiva também, pois sua voz voltou a ser calma.

— Ah, minhas queridas, agora lamento por todos os holandeses que não conhecem o poder de Deus. Pois seremos derrotados. Mas Ele não será.

Ele deu um beijo de boa noite em nós duas, e instantes depois escutamos os passos do homem idoso subindo a escada para ir para a cama.

Betsie e eu estávamos presas em nossas cadeiras. Papai, tão habilidoso em encontrar o lado bom de todas as situações, tão lento em acreditar no mal. Se papai viu guerra e derrota, então não haveria nenhuma outra possibilidade.

DEI UM PULO e me sentei na cama. *O que foi isso?* Isso! De novo! Um *flash* brilhante seguido, um segundo mais tarde, de uma explosão que balançou minha cama. Livrei-me das cobertas, corri para a janela e me debrucei. O pedaço de céu acima das chaminés brilhava num vermelho alaranjado.

Tateei para pegar meu roupão e o vesti enquanto descia as escadas. Encostei o ouvido contra a porta do quarto de papai. Entre as explosões de bombas, escutei sua respiração ritmada.

Desci mais alguns degraus até os cômodos da *Tante* Jans. Havia algum tempo que Betsie se mudara para esse pequeno cubículo de dormir, onde poderia estar mais próxima à cozinha e à campainha. Ela estava sentada na cama. Tateei no escuro em sua direção e nos abraçamos.

Juntas, dissemos em voz alta:

— Guerra!

Isso aconteceu cinco horas após o discurso do Primeiro Ministro. Não sei quanto tempo ficamos abraçadas, escutando. O bombardeio parecia vir principalmente da direção do aeroporto. Finalmente, fomos até a sala da frente, caminhando inseguras na ponta dos pés. O céu incandescente iluminava a sala com um estranho brilho. As cadeiras, a estante de mogno, o velho piano de armário, tudo pulsava com uma luz misteriosa.

Betsie e eu nos ajoelhamos perto do banco do piano. Durante o que pareceram horas, oramos por nosso país, pelos mortos e feridos desta noite, pela Rainha. E então, inacreditavelmente, Betsie começou a orar pelos alemães que estavam lá em cima nos aviões, capturados pelo punho do gigantesco mal que estava às soltas na Alemanha. Olhei para minha irmã ajoelhada ao meu lado à luz da Holanda em chamas.

— Oh, Senhor, — sussurrei — ouça a Betsie, não a mim, porque eu não consigo orar por aqueles homens.

E foi quando eu tive o sonho. Não podia ser um sonho de verdade, porque eu não estava dormindo. Mas a cena estava em minha mente, súbita e injustificavelmente. Vi o Grote Markt a meia quadra de distância, tão claramente como se eu estivesse lá, vi a prefeitura, a St. Bavo e o mercado de peixes com sua escadaria na fachada.

Então enquanto eu vi uma espécie de estranha carroça de fazenda, do tipo antigo e totalmente fora de lugar no meio da cidade; ela atravessou pesadamente a praça, puxada por quatro cavalos pretos enormes. Para minha surpresa, vi que eu estava sentada na carroça. E papai também! E Betsie! Lá estavam muitos outros: alguns estranhos, alguns amigos. Reconheci Pickwick e Toos, Willem e o jovem Peter. Todos nós sendo lentamente puxados pela praça por aqueles cavalos. Não podíamos descer da carroça, e isso era terrível! Ela estava nos levando para longe, muito longe, senti, mas não queríamos ir...

— Betsie! — gritei, pulando e tapando meus olhos com as mãos. — Betsie, acabei de ter um sonho terrível!

Senti seu braço em meu ombro.

— Vamos para a cozinha, onde a luz não pode ser vista de fora, e faremos um bule de café.

Quando Betsie colocou a água no bule, o barulho das bombas estava menos frequente e mais distante. Próximos estavam os alarmes de incêndio e as sirenes dos bombeiros. Tomando café, de pé em frente ao fogão, contei a Betsie o que tinha visto.

— Estou imaginando coisas por causa do medo? Mas não era assim! Era real! Ah, Betsie, foi algum tipo de visão?

O dedo de Betsie desenhou algo sobre a pia de madeira desgastada por gerações de ten Booms.

— Não sei — disse suavemente. — Mas se Deus nos mostrou tempos ruins pela frente, para mim é o suficiente saber que Ele os conhece. É por isso que Ele às vezes nos mostra coisas, sabe? Para nos dizer que isso também está em Suas mãos.

DURANTE CINCO DIAS a Holanda resistiu contra o invasor. Mantivemos a loja aberta, não porque alguém estivesse interessado em relógios, mas porque as pessoas queriam ver papai. Alguns pediam que ele orasse por maridos e filhos que estavam servindo nas fronteiras do país. Outros, era o que me parecia, vinham apenas para vê-lo sentado lá em sua bancada, como fazia há sessenta anos, e para escutar no tique-taque dos relógios um mundo de ordem e bom senso.

Não abri a minha bancada de trabalho, mas fiquei ajudando Betsie a fazer café e levá-lo para baixo. Descemos com o rádio portátil também, e o colocamos sobre o balcão de vidro. O rádio era os olhos e ouvidos de Haarlem, e até mesmo sua pulsação, pois após aquela primeira noite, embora ouvíssemos com frequência aviões passando sobre nossas cabeças, o bombardeio nunca mais chegara tão perto.

Na primeira manhã, pelo rádio vieram instruções para colocar tapumes nas janelas do andar térreo. Por toda a Barteljorisstraat, os lojistas saíram para as calçadas; houve um sentimento de comunidade, ao qual já não estávamos mais acostumados, enquanto conselhos e rolos de adesivos eram passados de porta em porta, juntamente com relatos sobre o terror da noite. Um lojista que era um antissemita declarado ajudava Weil, o judeu vendedor de peles, a colocar tábuas onde uma vidraça havia soltado. O dono da ótica que ficava ao nosso lado, um indivíduo calado e arredio, se aproximou e prendeu o topo de nossa vitrine, onde nem eu nem Betsie alcançávamos.

Algumas noites mais tarde, o rádio trouxe a notícia que temíamos: a Rainha deixara o país. Eu não chorei na noite da invasão, mas chorava agora, pois nosso país estava perdido. Na manhã seguinte, o rádio anunciava que tanques estavam avançando sobre a fronteira.

E, de repente, toda Haarlem estava nas ruas. Até papai, cuja caminhada diária era tão previsível quanto as badaladas de seus relógios, quebrou sua rotina e saiu para andar, de forma inédita, às 10h. Era como se todos quiséssemos encarar juntos o que estava para vir, toda a cidade unida, como se cada um fosse buscar força em outro holandês.

E então nós três andamos, empurrados pela multidão, sobre a ponte em Spaarne. Seguimos o caminho até a grande cerejeira selvagem cujo florescer a cada primavera exibia tal glória que era chamada de Noiva de Haarlem. Algumas pétalas murchas estavam agora presas aos galhos com folhas novas, mas a maior parte das flores da Noiva havia caído, formando um tapete murcho aos nossos pés.

Uma janela no fim da rua se abriu.

— Nós nos rendemos!

A procissão na rua parou, de repente. Cada um repetindo a quem estava ao seu lado o que todos escutamos. Um garoto com talvez uns 15 anos se virou para nós com lágrimas descendo pelo rosto.

— Eu teria lutado! Jamais teria desistido!

Papai se abaixou para pegar uma pequena pétala pisada no chão; com ternura a prendeu na lapela do garoto.

— Muito bem, meu filho, disse ao jovem. — Para a Holanda, a batalha apenas começou.

PORÉM, DURANTE os primeiros meses de ocupação, a vida não era tão insuportável. A coisa mais difícil a se acostumar, era com os uniformes alemães por todos os lados, caminhões e tanques nas ruas, alemão sendo falado nas lojas. Frequentemente soldados visitavam nossa loja, pois recebiam bons salários e relógios estavam entre as primeiras coisas que compravam. Quando se dirigiam a nós, usavam um tom de superioridade, como se fôssemos crianças sem inteligência. Mas entre eles, eu os ouvia falar animadamente sobre suas compras; pareciam jovens de férias em algum lugar. A maioria escolhia relógios femininos para suas mães ou namoradas que ficaram em casa.

Na verdade, a loja nunca deu tanto lucro quanto durante o primeiro ano da guerra. Como novos carregamentos não chegavam, as pessoas compravam tudo o que tínhamos em estoque, até os *winkeldochters*, os "filhos da loja", ou seja, mercadorias que estavam por lá há tanto tempo que pareciam parte da mobília. Vendemos até o grande relógio de mármore verde com cupidos de bronze.

O toque de recolher também não era um problema para nós. Originalmente fora marcado para as 22h e, de qualquer forma, a essa hora já estávamos em casa há muito tempo. Nossa objeção era quanto aos cartões de identidade que cada cidadão recebeu. Essas pequenas carteirinhas contendo foto e impressões digitais precisaram ser produzidas para todos. Um soldado ou um policial — a polícia de Haarlem agora estava sob o controle direto do Comandante Alemão — poderia deter um cidadão a qualquer momento e pedir seu cartão; ele tinha que ser levado o tempo todo num saquinho pendurado no pescoço. Recebemos também cartões de racionamento. Mas, pelo menos naquele primeiro ano, com os cupons podíamos obter alimento e mercadorias que realmente estavam disponíveis nas lojas. A cada semana, os jornais anunciavam o que poderia ser trocado pelos cupons.

Essa era outra questão com a qual era difícil se habituar: os jornais não estampavam mais as notícias. Traziam relatos inflamados de vitórias do exército alemão em suas diversas frentes. Elogios a líderes alemães, denúncias sobre traidores e sabotadores, apelos à união dos "povos nórdicos". Porém, nenhuma notícia na qual pudéssemos confiar.

E assim, dependíamos mais uma vez do rádio. No início da ocupação, os habitantes de Haarlem receberam ordem de entregar todos os aparelhos que possuíssem. Percebendo que pareceria estranho não termos nenhum em casa, decidimos entregar o portátil e esconder o grande, de maior alcance, em um dos muitos espaços vazios sob a velha escada em caracol.

As duas sugestões foram de Peter. Na época da invasão ele estava com 16 anos, e compartilhava incansavelmente com outros adolescentes holandeses o sentimento de raiva e impotência. Peter instalou a mesa do rádio debaixo de uma curva da escada, bem acima do quarto de papai, e habilmente, substituiu as tábuas antigas, enquanto eu levava o pequeno para a grande loja de departamentos Vroom en Dreesman, onde os rádios estavam sendo coletados.

O funcionário do exército do outro lado do balcão olhou para mim.

— Este é o seu único rádio?

— Sim.

Ele consultou uma lista à sua frente.

— ten Boom, Casper; ten Boom, Elisabeth, no mesmo endereço. Algum deles possui um rádio?

Desde criança aprendi que a terra se abriria e os céus cuspiriam fogo sobre os mentirosos, mas olhei fixo para ele.

— Não.

Foi apenas quando saí do prédio que comecei a tremer. Não porque havia dito uma mentira consciente pela primeira vez na vida, mas porque tinha sido assustadoramente fácil.

Porém eu tinha salvado nosso rádio. Todas as noites, uma de nós, Betsie ou eu, removia a tábua da escada e se agachava sobre ele, com o volume no mínimo, para ouvir as notícias da Inglaterra, enquanto a outra martelava as teclas do piano de *Tante* Jans o mais alto que podia. No início, as notícias do rádio e as de nossa imprensa dominada eram quase as mesmas. A ofensiva alemã era vitoriosa por todo lado. Durante meses, as transmissões da "Holanda Livre" apenas podiam nos conclamar a esperar, a ter coragem, a crer na contraofensiva que certamente seria organizada um dia.

Os alemães haviam consertado os estragos causados pelas bombas no aeroporto, e agora o estavam usando como base para ataques aéreos contra a Inglaterra. Noite após noite, deitávamos na cama ouvindo o ronco dos motores seguindo em direção ao oeste. Eventualmente, aviões ingleses retaliavam, e então os pilotos alemães os interceptavam bem acima de Haarlem.

Uma noite, fiquei revirando na cama durante uma hora enquanto combates aéreos aconteciam lá em cima, rasgando com fogo meu pedaço de céu. Por fim, escutei Betsie mexendo algo na cozinha e desci correndo para me juntar a ela.

Minha irmã estava fazendo chá. Ela o trouxe para a sala de jantar, onde as janelas estavam cobertas com papelão, e os serviu em nossas melhores xícaras. Durante a noite, em algum lugar houve uma explosão; os pratos do armário de louças sacudiram. Durante uma hora bebericamos nosso chá e conversamos, até que o som dos aviões se foi e o céu ficou silencioso. Dei boa noite a Betsie à porta dos cômodos de *Tante* Jans, e tateei meu caminho nas escadas escuras, até o meu quarto. A luz furiosa havia sumido do céu. No escuro, cheguei até a minha cama: lá estava o meu travesseiro. Então, na escuridão, minha mão se fechou sobre alguma coisa rígida. Afiada, também! Senti sangue escorrer pelo meu dedo.

Era um estilhaço de metal, com uns vinte e cinco centímetros.

— Betsie!

Desci correndo com o estilhaço na mão. Voltamos para a sala de jantar e o examinamos na luz, enquanto Betsie fazia um curativo em mim.

— No seu travesseiro! — ela ficava repetindo.

— Betsie, se eu não tivesse escutado você na cozinha...

Mas ela colocou o dedo na minha boca.

— Não diga isso, Corrie! Não existe "se" no mundo de Deus. E nem lugares mais seguros que outros. O centro de Sua vontade é nossa única segurança... Ah, Corrie, vamos orar para que possamos sempre nos lembrar disso!

O VERDADEIRO HORROR da ocupação só nos chegou aos poucos. Durante o primeiro ano do governo alemão, houve apenas pequenos ataques aos judeus na Holanda. Uma pedra jogada na vitrine da loja de um judeu. Um palavrão pichado no muro de uma sinagoga. Era como se eles estivessem nos provando, testando o temperamento da nação. Quantos holandeses os acompanhariam?

E, para nossa vergonha, a resposta foi: muitos. O Partido Nacional Socialista, a organização nazista na Holanda, crescia e ficava mais ousada a cada mês da ocupação. Alguns aderiam ao PNS (Partido

Nacional Socialista) apenas por causa dos benefícios: mais cupons de comida e de roupas, os melhores empregos e melhores moradias. Mas outros aderiram por convicção. O nazismo era uma doença à qual também os holandeses estavam sujeitos. E aqueles que já possuíam um traço antissemita, foram os primeiros a adoecer.

Papai e eu vimos os sintomas se espalhando em nossas caminhadas diárias. Uma placa numa vitrine: "Não servimos judeus". Na entrada de um parque público: "Proibida a entrada de judeus". Na porta da biblioteca. Em frente a restaurantes, teatros, até mesmo no grande Teatro onde aconteciam os concertos, cujo beco lateral conhecíamos muito melhor do que suas poltronas.

Uma sinagoga foi incendiada e os caminhões de bombeiro vieram. Mas apenas para evitar que as chamas se espalhassem para os prédios vizinhos.

Uma tarde, enquanto eu e papai seguíamos nosso caminho habitual, percebemos as calçadas cheias de casacos com estrelas amarelas costuradas na lapela. Homens, mulheres e crianças usavam a estrela de seis pontas com a palavra *Jood* (Judeu) no centro. Ficamos surpresos com a quantidade de pessoas judias pelas quais passávamos todos os dias. O homem que lia o *World Shipping News* na Grote Makt usava uma estrela em seu terno profissional perfeitamente passado. E também o Buldogue, com seu rosto queixudo mais enrugado do que nunca, e a voz cheia de tensão enquanto brincava com seus cães.

O pior eram os desaparecimentos. Um relógio consertado e pronto pendurado no gancho nos fundos da loja durante meses. Uma casa na quadra onde Nollie morava, misteriosamente deserta, com a grama crescendo no jardim de rosas. Um dia a loja do Sr. Kan, mais acima na rua, não abriu. Papai bateu na porta quando passávamos naquela tarde para ver se alguém estava doente, mas não houve resposta. A loja continuou fechada e as janelas acima se mantiveram escuras e silenciosas durante semanas. Então, embora a loja permanecesse trancada, uma família do PNS se mudou para o apartamento no andar superior.

Nunca soubemos se aquelas pessoas tinham sido presas pela Gestapo, ou fugido antes que isso acontecesse. Certamente, prisões em público, sem qualquer tentativa de esconder o que estava acontecendo, estavam se tornando mais frequentes. Um dia, quando papai e eu estávamos voltando de nossa caminhada, encontramos a Grote Markt cercada por uma fila dupla de policiais e soldados. Um caminhão estava estacionado em frente ao mercado de peixes; na parte traseira da carroceria, estavam subindo homens, mulheres e crianças: todos usando a estrela amarela. Não conseguíamos entender o motivo da escolha deste lugar e hora em especial.

— Papai! Aquelas pobres pessoas! — gritei.

O cerco policial se abriu e o caminhão passou. Ficamos olhando até que virasse a esquina.

— Aquelas pobres pessoas! — papai ecoou.

Mas, para minha surpresa, vi que ele olhava para os soldados, que agora estavam enfileirados para sair em marcha.

— Tenho pena dos pobres alemães. — Corrie. Eles tocaram na menina dos olhos de Deus.

PAPAI, BETSIE E EU, conversávamos com frequência sobre o que poderíamos fazer se tivéssemos a chance de ajudar alguns de nossos amigos judeus. Sabíamos que Willem havia encontrado esconderijos no início da ocupação para os judeus alemães que estavam vivendo em sua casa. Mais tarde, ele também havia levado alguns dos jovens judeus holandeses para longe do asilo.

— Não os idosos! — ele diria. — Com certeza, não tocarão nos meus idosos.

Willem tinha endereços. Conhecia fazendas nas áreas rurais onde havia poucas tropas de ocupação. Devíamos lhe inquirir.

Foi numa manhã chuvosa de novembro de 1941, um ano e meio após a invasão, quando eu saí para abrir as vitrines, que vi um grupo de quatro soldados alemães descendo a Barteljorisstraat. Usavam capacetes de combate cobrindo as orelhas, rifles pendurados nos ombros. Encolhi-me no vão da porta e observei. Estavam conferindo os números das lojas. O grupo parou na Peleteria Weil, do outro lado da rua. Um dos soldados pegou sua arma e, com a coronha, bateu na porta. Estava se afastando para bater novamente com força, quando a porta abriu e os quatro entraram, empurrando quem estava na frente.

Atravessei correndo a nossa loja e subi para a sala de jantar, onde Betsie estava arrumando os três lugares.

— Betsie! Rápido! Algo terrível está acontecendo na loja dos Weils!

Voltamos para a porta da frente a tempo de ver o Sr. Weil sendo retirado da sua loja de costas, o cano de uma arma pressionado contra sua barriga. Após haver empurrado o Sr. Weil até uma certa distância na calçada, o soldado voltou para a loja e bateu a porta. Então, não era uma prisão.

Podíamos escutar o barulho de vidro quebrando lá dentro. Os soldados começaram a sair carregados de peles. Uma multidão estava se juntando apesar de ser tão cedo. O Sr. Weil não se moveu do lugar na calçada onde o soldado o deixara.

Uma janela se abriu acima de sua cabeça e uma pequena chuva de roupas foi jogada sobre ele: pijamas, camisas, cuecas. Lenta e mecanicamente, o velho peleteiro se abaixou e começou a recolher suas roupas. Eu e Betsie atravessamos a rua correndo para ajudá-lo.

— Sua esposa! — Betsie sussurrou angustiada. — Onde está a Sra. Weil?

O homem apenas piscou.

— O senhor precisa entrar! — disse eu, catando meias e lenços da calçada. — Rápido, venha conosco!

E empurramos o homem assustado para o *Beje*. Papai estava na sala de jantar quando chegamos, e cumprimentou o Sr. Weil sem o menor sinal de surpresa. Seu comportamento natural pareceu relaxar um pouco o peleteiro. Sua esposa, contou, estava visitando uma irmã em Amsterdã.

— Precisamos achar um telefone e alertá-la a não vir para casa! — disse Betsie.

Como a maioria dos telefones particulares, o nosso fora desconectado no início da ocupação. Havia telefones públicos em diversos lugares da cidade, mas é claro que todas as ligações passavam por um centro de escuta. Seria certo envolver a família em Amsterdã com um problema daqui? E se a Sra. Weil não pudesse voltar para casa, para onde iria? Onde os Weils iriam morar? Certamente, não com a irmã, onde poderiam ser rastreados com facilidade. Papai, Betsie e eu trocamos olhares. Quase que em uníssono, dissemos:

— Willem.

Novamente, não era o tipo de problema que pudesse ser tratado por meio de nosso sistema de telefonia pública. Alguém precisava ir até lá, e eu era a escolha óbvia. Os trens holandeses haviam se tornado sujos e superlotados desde a ocupação; a viagem que normalmente era feita em menos de uma hora, levou mais de três. Willem não estava lá quando finalmente cheguei ao grande asilo, mas Kik, o filho deles de 22 anos, e Tine estavam. Contei o que acontecera na Barteljorisstraat e lhes dei o endereço de Amsterdã.

— Diga ao Sr. Weil para estar pronto assim que escurecer — disse Kik.

Mas eram quase 21h, o novo horário do toque de recolher, quando Kik bateu na porta do beco. Enfiando a trouxa de roupas do Sr. Weil sob o braço, ele levou o homem noite adentro.

Só encontrei Kik novamente duas semanas depois, e perguntei-lhe o que havia acontecido. Ele sorriu para mim, o sorriso largo e lento que eu sempre amei, desde que ele era criança.

— Se vai trabalhar com a resistência, tia Corrie, precisa aprender a não fazer perguntas.

E aquilo foi tudo o que soube dos Weils. Mas as palavras de Kik ficaram rondando a minha mente. *A resistência... Se vai trabalhar com a resistência.* Será que Kik estava trabalhando com esse grupo secreto e ilegal? Será que Willem estava?

Sabíamos, é claro, que havia um grupo de resistência na Holanda... ou suspeitávamos. A maioria dos casos de sabotagem não era divulgada por nossa imprensa censurada, mas os boatos eram abundantes. Uma fábrica havia explodido. Um trem levando prisioneiros políticos tinha sido parado e sete, ou dezessete, ou setenta, haviam fugido. Os rumores tendiam a ser mais espetaculares a cada repetição. Mas sempre relatavam coisas que acreditávamos ser erradas aos olhos de Deus. Roubos, mentiras, assassinatos. Era isso que Deus queria em tempos como esse? Como um cristão deveria agir quando o mal estava no poder?

FOI CERCA DE um mês após o ataque à loja de peles que eu e papai, durante nossa caminhada usual, vimos algo tão inesperado que ambos paramos no meio do passo. Andando em nossa direção na calçada, assim como centenas de vezes antes, vinha o Buldogue com suas pernas engraçadas. Com o passar do tempo, não estranhávamos mais a estrela amarela, então o que... e vi o que estava errado. Os cães. Não estavam com ele!

O homem passou por nós sem parecer nos ver. Com um sinal de acordo, papai e eu demos meia volta e o seguimos. Ele virou em várias esquinas, e nós estávamos cada vez mais constrangidos por seguir o homem sem nenhuma desculpa real. Embora ele e papai tivessem se cumprimentado ao longo dos anos, nunca havíamos falado com ele, nem mesmo sabíamos seu nome.

Finalmente, ele parou em frente a uma pequena loja de artigos de segunda mão, pegou um chaveiro e entrou. Olhamos por uma vitrine para o interior atravancado. Apenas uma olhada nos mostrou que aquilo era mais do que um emaranhado de quinquilharias e cadeiras com assentos furados. Alguém que amava objetos bonitos havia escolhido tudo o que estava ali.

— Precisamos trazer Betsie! — falei.

Um pequeno sino sobre a porta badalou quando entramos. Foi surpreendente ver o Buldogue sem chapéu e num ambiente interno, destrancando uma gaveta de dinheiro nos fundos da loja.

— Permita me apresentar, senhor, começou papai. — Sou Casper ten Boom, e esta é minha filha Cornelia.

O Buldogue apertou a mão de papai e notei mais uma vez os profundos vincos nas bochechas caídas.

— Harry de Vries — ele disse.

— Sr. de Vries, admiramos tantas vezes a sua... bem... afeição pelos seus buldogues. Esperamos que estejam bem.

O homenzinho atarracado olhou para cada um de nós. Lentamente, os olhos com aros pesados se encheram de lágrimas.

— Que estejam bem? — repetiu. — Creio que estão bem. Espero que estejam bem. Estão mortos.

— Mortos? — dissemos juntos.

— Eu coloquei remédio na comida deles com minhas próprias mãos, e os acariciei até dormirem. Meus bebês. Meus pequeninos. Se pudessem tê-los visto comendo! Sabem, esperei até ter cupons suficientes para a carne. Eles costumavam comer carne o tempo todo.

Olhamos para ele em silêncio.

— Foi por causa... — finalmente me aventurei — por causa do racionamento?

Com um gesto, o homenzinho nos convidou a um pequeno cômodo nos fundos da loja e nos ofereceu cadeiras para nos sentar.

— Senhorita ten Boom, eu sou judeu. Quem sabe quando eles virão para me levar? Minha esposa, embora seja gentia, também está correndo perigo por causa do casamento.

O Buldogue levantou tanto o queixo que sua papada esticou.

— Não nos preocupamos por nós. Somos cristãos, Cato e eu. Quando morrermos, estaremos com Jesus e isso é o que importa.

— Mas eu perguntei a Cato: "O que vai acontecer com os cães? Se formos levados, quem os alimentará? Quem se lembrará de sua água e caminhada? Eles ficarão esperando, nós não voltaremos, e os cães não entenderão." Não! Dessa forma, minha consciência fica tranquila.

— Meu caro amigo, — papai segurou a mão de Buldogue — agora que aqueles queridos companheiros não podem mais andar com você, nos daria, a mim e à minha filha, a honra de nos acompanhar?

Mas isso o Buldogue não faria.

— Colocaria vocês em perigo! — ficou dizendo.

Entretanto, aceitou um convite para vir nos visitar.

— Depois que escurecer... depois que escurecer — falou.

Então, numa noite da semana seguinte, o Sr. de Vries veio pela porta do beco, trazendo sua doce e tímida esposa, Cato. E logo ela e Harry se tornaram visitantes constantes no cômodo da frente de *Tante* Jans.

O grande deleite de Buldogue no *Beje*, depois das conversas com papai, eram os volumes de teologia judaica, agora guardados na grande estante de mogno da *Tante* Jans. Ele se tornara cristão uns quarenta anos antes, sem deixar de ser um judeu autêntico.

— Um judeu completo, nos dizia sorrindo. Um seguidor do Judeu perfeito.

Os livros pertenciam ao rabino de Haarlem. Ele os havia trazido para papai há mais de um ano.

— Só para o caso de eu não poder mais cuidar deles... bem... por tempo indeterminado.

E apontou, um pouco se desculpando, para a pequena procissão de garotos que vinha atrás, cada um cambaleando com o peso de diversos volumes enormes.

— Meu pequeno passatempo. Colecionar livros. E mesmo assim, querido amigo, os livros não envelhecem como nós. Eles continuarão a falar, quando morrermos, a gerações que jamais veremos. Sim, os livros precisam sobreviver!

O rabino tinha sido um dos primeiros a desaparecer de Haarlem.

Com muita frequência é um evento pequeno, quase inconsciente, que marca um momento decisivo. Como as detenções nas ruas se tornavam mais frequentes, comecei a buscar e fazer a entrega de trabalhos aos nossos clientes judeus, para que não precisassem se aventurar a ir ao centro da cidade. E então numa tarde no início da primavera de 1942, eu fui à casa de um médico e sua esposa. Eram de uma antiga família holandesa: os retratos nas paredes poderiam ter saído de um livro sobre a história da Holanda.

Os Heemstras e eu estávamos falando sobre coisas que naqueles dias, se tornavam assunto sempre que um grupo se reunia: o racionamento e as notícias da Inglaterra. Foi quando descendo as escadas, veio uma voz infantil.

— Papai! O senhor não veio nos cobrir!

O Dr. Heemstra se levantou na hora. Pedindo licença a mim e à sua esposa, correu para cima e, no minuto seguinte, escutamos uma brincadeira de esconde-esconde e o alegre riso de duas crianças.

Isso foi tudo. Nada mudou. A Sra. Heemstra continuou com sua receita para aumentar a ração de chá com folhas de rosas. Mas ainda assim, tudo havia mudado. Pois naquele instante, a realidade acordava a dormência que havia crescido em mim desde a invasão. A qualquer minuto poderiam arrombar a porta. Aquelas crianças, essa mãe e esse pai, poderiam ser colocados na carroceria de um caminhão.

O Dr. Heemstra voltou para a sala e a conversa foi retomada. Porém, escondida sob as palavras, uma oração se formava em meu coração.

Senhor Jesus, me ofereço ao Seu povo. De qualquer forma. Em qualquer lugar. A qualquer momento.

E então uma coisa extraordinária aconteceu.

Enquanto estava orando, aquele sonho de antes passou novamente perante meus olhos. Vi de novo aqueles quatro cavalos pretos e a Grote Markt. Como fiz na noite da invasão, examinei os passageiros levados à força atrás deles. Papai, Betsie, Willem, eu… deixando Haarlem, deixando tudo o que era seguro e, certo… indo para onde?

6.

O quarto secreto

Era domingo, 10 de maio de 1942. Exatamente dois anos após a rendição da Holanda. O céu ensolarado da primavera e as flores nos caixilhos dos postes, não refletiam em nada o clima da cidade. Soldados alemães vagavam sem rumo pelas ruas: alguns pareciam ainda não estar recuperados de uma animada noite de sábado; alguns já procuravam garotas; uns poucos buscavam um lugar para adoração.

A cada mês, a ocupação parecia ficar mais severa, com mais restrições. A última dor de cabeça para os holandeses foi um decreto que tornava crime cantar o "Wilhelmus", nosso hino nacional.

Papai, Betsie e eu estávamos a caminho da igreja Holandesa Reformada em Velsen, uma pequena cidade próxima a Haarlem, onde Peter havia conquistado o posto de organista ao vencer quarenta músicos mais velhos e mais experientes, num concurso. O órgão de Velsen era um dos melhores do país. E embora o trem parecesse estar mais lento a cada dia, íamos lá com frequência.

Peter já estava tocando, invisível na alta galeria do órgão, quando nos esprememos no banco lotado. Essa era uma coisa boa que a ocupação fizera pela Holanda: as igrejas estavam lotadas.

Após hinos e orações, veio o sermão: muito bom hoje, pensei. Desejei que Peter tivesse prestado bastante atenção. Ele considerava os sermões interessantes apenas para relíquias veneráveis, como sua mãe e eu. Eu completara cinquenta anos naquela primavera, o que para Peter era uma idade na qual a vida já havia passado completamente. Às vezes, eu lhe fazia lembrar que a morte e as questões vitais poderiam chegar a nós em qualquer idade, especialmente naqueles dias. Mas ele retrucava charmosamente que era um músico bom demais para morrer jovem.

As orações finais foram feitas. E então, como que num impulso elétrico, toda a congregação sentou-se com atenção. Sem preâmbulo, cada tubo a todo volume, Peter começou a tocar o "Wilhelmus"!

Papai, aos 82 anos, foi o primeiro a ficar de pé. E então todos se levantaram. De algum lugar atrás de nós, uma voz começou a cantar a letra. Outra acompanhou. E mais outra. E todos estávamos cantando juntos, a voz da Holanda cantando seu hino proibido. Cantamos a plenos pulmões; cantamos nossa unidade, nossa esperança, nosso amor pela Rainha e pela nação. Neste aniversário da derrota, por um instante quase parecia que éramos vitoriosos.

Em seguida esperamos por Peter na pequena porta lateral da igreja. Ele demorou a se liberar para vir nos encontrar: tanta gente querendo abraçá-lo, apertar sua mão e lhe dar tapinhas nas costas. Era claro que ele estava extremamente satisfeito consigo mesmo.

Mas agora que o momento havia passado, eu estava, como sempre, zangada. Certamente a Gestapo ficaria sabendo. Talvez até já soubesse: seus olhos e ouvidos estavam por toda parte. Pensei em Nollie em casa, fazendo o almoço de domingo para todos nós. Pensei nos irmãos e irmãs de Peter. E em Flip... e se ele perdesse a direção da escola por causa disso? E por que motivo Peter se arriscara tanto? Não pela vida das pessoas, mas pelo gesto. Por um insignificante momento de provocação.

Entretanto, na Rua Bos en Hoven, Peter se tornou o herói, quando cada um da família nos fez descrever novamente o que havia acontecido. Os únicos da casa que se sentiram como eu, foram as duas mulheres judias que lá estavam hospedadas. Uma delas era uma senhora austríaca mais velha, que Willem havia mandado para se esconder aqui. "Katrien," como a família a havia rebatizado, estava se passando pela empregada dos von Woerden, embora Nollie me confidenciara que ela não fazia nem a própria cama. Provavelmente nem sabia como, já que vinha de uma família rica e aristocrática.

A outra era uma jovem holandesa judia, loura e de olhos azuis, com impecáveis papéis falsos de identidade, fornecidos pela própria resistência nacional da Holanda. Os documentos eram tão bem feitos, e Annaliese era tão diferente do estereótipo judeu criado pelos nazistas, que entrava e saía livremente da casa, fazia compras, ajudava na escola, e se passava por uma amiga da família cujo marido morrera no bombardeio de Rotterdã. Katrien e Annaliese não conseguiam compreender mais do que eu, o fato de Peter fazer deliberadamente algo que atrairia a atenção das autoridades.

Passei uma tarde ansiosa, tensa com o barulho de qualquer motor, pois apenas a polícia, os alemães e os que pertenciam ao PNS tinham automóveis naqueles dias. Mas chegou a hora de voltar para casa e nada ainda havia acontecido.

Durante mais dois dias eu me preocupei, então concluí que ou ninguém havia denunciado Peter, ou a Gestapo tinha coisas mais importantes com as quais se ocupar. Foi na manhã de quarta-feira, quando papai e eu estávamos abrindo nossas bancadas, que a irmãzinha de Peter, Cocky, entrou correndo na loja.

— *Opa*! *Tante* Corrie! Eles vieram buscar Peter! Levaram ele embora!

— Quem? Onde?

Mas ela não sabia, e a família só ficou sabendo três dias depois, que ele havia sido levado para a prisão federal em Amsterdã.

ERAM 19H55, alguns minutos antes do novo toque de recolher, que agora era às 20h. Peter estava na prisão há duas semanas. Papai, Betsie e eu estávamos sentados ao redor da mesa de jantar. Papai substituindo relógios em seus bolsos e Betsie bordando, com nosso grande gato preto, ligeiramente persa, enrolado em seu colo. Uma batida na porta do beco me fez olhar pelo espelho da janela. Sob a luz do crepúsculo da primavera, estava uma mulher. Ela levava uma pequena mala e, estranho para a época do ano, usava um casaco de peles, luvas e um pesado véu.

Desci correndo e abri a porta.

— Posso entrar? — ela perguntou. Sua voz era estridente de medo.

— É claro.

Afastei-me. A mulher olhou sobre o ombro antes de passar para o pequeno vestíbulo.

— Meu nome é Kleermaker. Sou judia.

— Como está? — estiquei a mão para pegar sua mala, mas ela se agarrou ao objeto. — Não quer subir?

Papai e Betsie se levantaram quando entramos na sala.

— Sra. Kleermaker, estes são meu pai e minha irmã.

— Eu ia começar a fazer chá — disse Betsie. — A senhora chegou bem na hora de nos acompanhar!

Papai puxou uma cadeira e a Sra. Kleermaker se sentou, ainda segurando a maleta. O "chá" consistia de velhas folhas que tinham sido amassadas e reutilizadas tantas vezes, que não faziam muito mais do que dar uma certa cor à água. Mas a Sra. Kleermaker o aceitou com gratidão, mergulhando na história de como seu marido fora preso alguns meses antes, e seu filho tinha ido para um esconderijo. No dia anterior, o SD [N.E.: Sigla para serviço de segurança, em alemão.] — a polícia política que trabalhava sob o comando da Gestapo — havia ordenado que fechasse a loja de roupas da família. Agora ela estava com medo de voltar ao apartamento na sobreloja. Ouvira que tínhamos nos tornado amigos de um homem nesta rua...

— Neste lar, — disse papai — o povo de Deus é sempre bem-vindo.

— Temos quatro quartos vazios lá em cima — falou Betsie. Seu problema será escolher em qual deles quer dormir!

Então, para minha surpresa, ela completou: — Mas primeiro, me dê uma ajuda com as coisas do chá.

Mal conseguia acreditar em meus ouvidos. Betsie nunca deixava ninguém ajudá-la na cozinha:

— Sou apenas uma solteirona exigente, dizia.

Mas a Sra. Kleermaker já estava de pé com uma ansiedade patética, empilhando pratos e xícaras...

DUAS NOITES DEPOIS, a cena se repetiu. O horário era, de novo, um pouco antes das 20h em outra noite iluminada de maio. Mais uma vez houve uma furtiva batida na porta lateral. Dessa vez, um casal de idosos estava do lado de fora.

— Entrem!

A história era a mesma: o mesmo apego às posses, o mesmo olhar de medo e passo hesitante. A história de vizinhos que foram presos, o temor de que amanhã chegasse à sua vez.

Naquela noite, após o momento de oração, nós seis encaramos nosso dilema.

— Este local é perigoso demais, eu disse aos nossos três hóspedes. Estamos a meia quadra do principal quartel da polícia. E mesmo assim, não temos outro lugar para sugerir.

Claramente era hora de visitar Willem novamente. Então no dia seguinte, repeti a difícil viagem até Hilversum.

— Willem, — disse — temos três judeus hospedados no *Beje*. Você consegue lugar para eles no interior?

Willem colocou as mãos no rosto, e percebi subitamente como sua barba estava branca. — Está ficando difícil — ele falou. Mais difícil a cada mês. Até nas fazendas eles agora estão sentindo o racionamento de comida. Sim, ainda tenho endereços. Alguns. Mas eles não aceitarão ninguém sem um cartão de racionamento.

— Sem um cartão de racionamento! Mas judeus não recebem esses cartões!

— Eu sei.

Ele se virou para olhar pela janela. E pela primeira vez eu me perguntei como ele e Tine estavam alimentando os idosos de quem cuidavam.

— Eu sei, repetiu. — E cartões de racionamento não podem ser falsificados. Eles mudam com muita frequência e é fácil demais identificar os falsos. É diferente com documentos de identidade. Conheço diversas gráficas que os fazem. É claro que precisa de um fotógrafo.

Um fotógrafo? Gráficas? Do que Willem estava falando?

— Willem, se as pessoas precisam de cartões de racionamento, e não existem falsificações, o que fazem?

Meu irmão se virou lentamente. Parecia ter se esquecido de mim e de meu problema em particular.

— Cartões de racionamento? — e fez um gesto vago. — São roubados.

Olhei para aquele ministro da igreja Holandesa Reformada.

— Então, Willem, você poderia roubar… quero dizer… poderia conseguir três cartões roubados?

— Não, Corrie! Estou sendo vigiado! Não entende? Cada passo meu é monitorado!

Ele me abraçou e continuou num tom mais gentil.

— Mesmo que eu continue trabalhando por um tempo, será muito melhor que você encontre suas próprias fontes. Quanto menos ligação comigo… quanto menos ligação com qualquer um… melhor.

Enquanto era sacudida no trem lotado de volta para casa, fiquei remoendo as palavras de Willem em minha mente. *Suas próprias fontes.* Aquilo soava tão... tão profissional. Como eu conseguiria encontrar uma fonte de cartões de racionamento roubados?

Quem, no mundo, eu conhecia...

E naquele momento, um nome veio à minha mente.

Fred Koornstra.

Fred era o homem que costumava fazer a leitura de eletricidade no *Beje*. Os Koornstras tinham uma filha com retardo, agora adulta, que frequentava a "igreja" que eu conduzi por uns vinte anos para crianças especiais. E agora Fred tinha um novo emprego: estava trabalhando no Departamento de Alimentação. Não era o departamento onde os cartões de racionamento eram emitidos?

Naquela noite, depois do jantar, saí sacolejando pelas ruas de paralelepípedos até a casa dos Koornstras. Os pneus da minha velha bicicleta de confiança finalmente haviam acabado, e eu tinha me juntado às centenas de ciclistas barulhentos que circulavam pela cidade em aros de metal. Cada sacolejo me fazia lembrar de que eu estava com cinquenta anos de idade.

Fred, um homem careca com porte militar, veio até a porta e ficou me olhando sem entender quando disse que queria falar sobre o culto de domingo. Convidou-me para entrar, fechou a porta e disse:

— Então, Corrie, por que realmente veio falar comigo?

Senhor, orei silenciosamente, *se não for seguro confiar em Fred, pare esta conversa agora, antes que seja tarde demais.*

— Antes de qualquer coisa, preciso lhe dizer que temos companhia inesperada no *Beje*. Primeiro foi uma mulher sozinha, depois um casal. E quando voltei esta tarde, outro casal. — Fiz uma pausa. — São judeus.

A expressão de Fred não mudou.

— Podemos conseguir lugares seguros para essas pessoas, mas precisam também levar uma coisa. Cartões de racionamento.

Os olhos de Fred sorriram.

— Então. Agora eu sei por que veio aqui.

— Fred, há alguma forma de você nos dar cartões extras? Mais do que coloca no relatório?

— De jeito algum, Corrie. Esses cartões são contabilizados de uma dúzia de maneiras. Eles os conferem muitas vezes.

A esperança que tinha começado a crescer em mim, desabou. Mas Fred estava franzindo a testa.

— A menos que..., começou.

— A menos que?

— A menos que haja algum tipo de roubo. O Departamento de Alimentação em Utrecht foi assaltado mês passado... mas os homens foram pegos.

Ele ficou em silêncio por um tempo.

— Se acontecesse ao meio dia, falou lentamente, — quando apenas o funcionário de registro e eu estamos lá... e se nos encontrarem amarrados e amordaçados... Ele estalou os dedos. — E eu conheço o homem que poderia fazer isso! Você se lembra do...

— Não! — falei, me lembrando do alerta de Willem. — Não me diga quem. E não me diga como. Apenas consiga os cartões se for possível.

Fred ficou me encarando um instante.

— De quantos precisa?

Abri a boca para dizer "cinco". Mas o número que inesperada e surpreendentemente saiu no lugar foi, "cem".

UMA SEMANA mais tarde, quando Fred abriu a porta para mim, engoli em seco ao vê-lo. Os dois olhos estavam arroxeados, seu lábio inferior estava cortado e inchado.

— Meu amigo levou muito a sério seu papel, foi tudo o que disse.

Mas ele tinha os cartões. Sobre a mesa, dentro de um envelope pardo havia cem passaportes para a liberdade. Fred já tinha tirado o "canhoto de continuidade" de cada um deles. Esse canhoto final era apresentado no Departamento de Alimentação no último dia de cada mês na troca pelo cartão do mês seguinte. Com esses canhotos, Fred poderia continuar "legalmente" a emitir cem cartões para nós.

Concordamos que seria arriscado para mim, continuar vindo à sua casa todos os meses. E se ele fosse ao *Beje* vestido em seu velho uniforme da companhia de eletricidade?

O relógio de luz do *Beje* ficava no vestíbulo dos fundos, ao pé da escada. Quando cheguei em casa naquela tarde, soltei a tábua do primeiro degrau, assim como Peter tinha feito com a de cima para esconder o rádio, e achei um espaço vazio lá dentro. *Peter ficaria orgulhoso de mim,* pensei enquanto trabalhava. E fui inundada por uma onda de saudade daquele menino valente e convencido. *Mas até ele teria que admitir,* concluí quando me afastei para admirar o esconderijo concluído, *que as mãos e olhos de um relojoeiro valem alguma coisa.* A dobradiça estava escondida profundamente na tábua, a madeira vertical estava intacta. Eu fiquei ridiculamente satisfeita com isso.

Fizemos nosso primeiro teste no sistema em 1º de julho. Fred viria através da loja, como sempre fizera, trazendo os cartões sob a camisa. Chegaria às 17h30, quando Betsie manteria o vestíbulo dos fundos livre de seus "clientes". Para meu pânico, às 17h25, a porta da loja abriu e um policial entrou.

Era um homem alto de cabelo ruivo cortado bem rente, que eu conhecia pelo nome, Rolf van Vliet, porém não muito mais do que isso. Tinha vindo para a festa do Centenário, mas metade da força policial viera. Certamente ele não era um dos que passavam aqui para tomar café com Betsie nas manhãs de inverno.

Rolf trouxera um relógio que precisava de limpeza, e parecia com vontade de conversar. Minha garganta tinha ficado seca, mas papai conversou alegremente enquanto removia a tampa traseira do relógio e o examinava. O que faríamos? Não havia como alertar Fred Koornstra. Pontualmente, às 17h30, a porta da loja abriu e ele entrou, vestido com seu macacão azul de trabalho. A mim parecia que seu peito tinha um inchaço de uns trinta centímetros, pelo menos.

Com incrível calma, Fred cumprimentou papai, o policial e a mim.

— Boa tarde! Educado, porém um pouco entediado.

Ele passou pela porta para os fundos da loja e a fechou. Meus ouvidos se aprumaram para escutá-lo abrir a tampa secreta. *Agora! Certamente Rolf deve ter escutado também.*

A porta atrás de nós abriu novamente. O controle de Fred era tão grande, que ele não fugiu pela porta lateral, mas voltou através da loja.

— Boa tarde! — disse de novo.

— Tarde.

E saiu pela porta da rua. Tínhamos saído ilesos dessa vez, mas de alguma forma, iríamos precisar desenvolver um sistema de alerta.

Enquanto isso, nas semanas seguintes à visita inesperada da Sra. Kleermaker, muito havia acontecido no *Beje*. Munidos com cartões de racionamento, a Sra. Kleermaker e o casal de idosos, e os que chegaram depois, e depois, encontraram abrigo em lugares seguros. Mas as pessoas assombradas continuavam a chegar, e as necessidades eram frequentemente mais complicadas do que cartões de racionamento e endereços. Se uma mulher judia ficasse grávida, onde poderia ir para ter o bebê? Se um judeu morresse num esconderijo, como poderia ser enterrado?

"Encontre suas próprias fontes," Willem dissera. E desde o momento em que o nome de Fred Koornstra despontara em minha mente, uma percepção estranha vinha crescendo dentro de mim. Éramos amigos de metade de Haarlem! Conhecíamos enfermeiras na maternidade; funcionários no Cartório de Registros; conhecíamos alguém em cada negócio e repartição na cidade.

É claro que não sabíamos o ponto de vista político de todas essas pessoas. Mas... e senti uma batida estranha em meu coração... Deus sabia! Minha função era simplesmente seguir Sua orientação, um passo de cada vez, entregando cada decisão aos Seus cuidados, em oração. Sabia que eu não era esperta, astuta ou sofisticada; se a casa estava se tornando um lugar de encontro entre necessidade e oferta, era por causa de alguma estratégia muito melhor do que a minha.

Algumas noites após a primeira visita de Fred como "leitor de eletricidade", a campainha do beco tocou bem depois do toque de recolher. Desci esperando outro refugiado triste e gaguejante. Betsie e eu já tínhamos preparado camas para quatro novos hóspedes noturnos naquela tarde: uma mulher judia e seus três filhos pequenos.

Mas, para minha surpresa, encostado na parede do beco escuro, estava Kik.

— Pegue sua bicicleta, ordenou com sua usual aspereza jovem. — E coloque um suéter. Quero que conheça umas pessoas.

— Agora? Depois do toque de recolher?

Mas eu sabia que era inútil fazer qualquer pergunta. A bicicleta de Kik também estava sem pneus, mas tinha panos envoltos nos aros das rodas. Ele fez o mesmo com a minha para diminuir o barulho. E logo estávamos pedalando pelas ruas apagadas de Haarlem, a uma velocidade que teria me apavorado até durante o dia.

— Coloque uma mão no meu ombro, ele sussurrou. — Conheço o caminho.

Cruzamos ruas secundárias escuras, atravessamos pontes, contornamos esquinas invisíveis. Finalmente cruzamos um canal amplo e notei que havíamos chegado ao bairro elegante de Aerdenhout.

Viramos numa entrada de carros sob árvores frondosas. Para meu espanto, Kik pegou minha bicicleta e entrou com as duas — a minha e a dele — pela porta da frente. Uma empregada com avental branco engomado e capuz de babados abriu a porta. O *hall* de entrada estava congestionado de bicicletas.

Então o vi. Um olho sorrindo para mim, o outro olhando para a porta, sua enorme barriga chegando antes. Pickwick!

Ele conduziu a mim e a Kik até a sala de estar onde, tomando café e conversando em pequenos grupos, estava o grupo mais distinto de homens e mulheres que eu jamais vira. Mas toda a minha atenção naquele primeiro instante, foi no aroma indescritível daquela sala. Seria possível que estivessem bebendo café de verdade?

Pickwick me serviu uma xícara da cafeteira de prata da mesinha lateral. Era café. Após dois anos, café holandês rico, preto, forte. Ele serviu uma xícara também para si, com seus usuais cinco torrões de açúcar, como se o racionamento jamais fora inventado. Outra empregada de uniforme engomado estava passando uma bandeja com uma alta pilha de bolos.

Devorando e engolindo, andei pela sala atrás de Pickwick, apertando as mãos de pessoas que ele destacava. Eram apresentações estranhas, sem mencionar nomes. Apenas ocasionalmente, um endereço e "Pergunte pela Sra. Smit". Quando fui apresentada ao quarto Smit, Kik explicou com um riso:

— É o único sobrenome da clandestinidade.

Então isso era realmente a resistência! Mas… de onde vinham aquelas pessoas? Nunca havia posto os olhos em nenhuma delas. Um segundo depois compreendi, com um arrepio na espinha, que eu estava conhecendo o grupo nacional.

Seu trabalho principal, entendi por meio de partes de conversas, era a ligação com a Inglaterra e as Forças Holandesas Livres que lutavam em outro lugar no continente. Eles também mantinham uma rota clandestina através da qual, tripulantes de aviões aliados abatidos conseguiam chegar até a costa do mar do Norte.

Mas simpatizaram instantaneamente com meus esforços para ajudar judeus de Haarlem. Corei até a raiz dos cabelos ao ouvir Pickwick me descrever como "a cabeça de uma operação aqui nesta cidade". Um espaço vazio sob a escada e algumas amizades fortuitas não eram uma operação. Os outros aqui eram obviamente competentes, disciplinados e profissionais.

Porém, eles me cumprimentaram com delicadeza solene, murmurando o que tinham a oferecer enquanto apertávamos as mãos: Identidades falsas, o uso de um carro com placa oficial do governo, assinatura forjada.

Num canto mais distante da sala, Pickwick me apresentou a um homenzinho de aparência frágil com um cavanhaque ralo.

— Nosso anfitrião me informa — ele começou de um jeito formal — que seu centro de operações não tem um quarto secreto. Isso é um perigo para todos: aqueles a quem estão ajudando, assim como para vocês e aqueles que trabalham com o grupo. Com sua permissão, far-lhe-ei uma visita na próxima semana...

Anos mais tarde, descobri que ele era um dos arquitetos mais famosos da Europa. Apenas o conheci como Sr. Smit.

Na hora em que Kik e eu íamos voltar para o *Beje*, Pickwick pegou meu braço.

— Minha querida, tenho boas notícias! Soube que Peter está para ser solto.

E ASSIM FOI. Três dias mais tarde. Mais magro, mais pálido e nem um pouco intimidado pelos seus dois meses numa cela de concreto. Nollie, Tine e Betsie usaram um mês de ração de açúcar para assar bolos para sua festa de volta ao lar.

E numa manhã, pouco tempo depois, o primeiro cliente da loja era um homenzinho pequeno de barba rala, chamado Smit. Papai tirou seu monóculo de joalheiro dos olhos. Se havia uma coisa que ele amava mais do que um novo amigo, era descobrir uma ligação com um velho.

— Smit — disse animadamente. — Conheço diversos Smits em Amsterdã. Por acaso o senhor não é ligado à família que...

— Pai, — interrompi — este é o homem de quem lhe falei. Ele veio para... ah, inspecionar a casa.

— Um inspetor de edificações? Então deve ser o Smit com escritórios na Rua Grote Hout. Fico imaginando se eu não...

— Pai! — implorei. — Ele não é um inspetor de edificações, e seu nome não é Smit.

— Não é Smit?

Juntos, o Sr. Smit e eu tentamos explicar, mas papai simplesmente não conseguia entender uma pessoa ser chamada por um nome que não era o seu. Enquanto eu conduzia o Sr. Smit para o corredor dos fundos, ouvimos papai resmungando para si mesmo:

— Uma vez eu conheci um Smit na Rua Koning...

O Sr. Smit examinou e aprovou o esconderijo dos cartões de racionamento debaixo do primeiro degrau. Também declarou aceitável o sistema de alerta que tínhamos desenvolvido. Era um anúncio dos relógios Alpina estampado num triângulo de madeira, que eu coloquei na janela da sala de jantar. Enquanto o anúncio estivesse ali, seria seguro entrar.

Porém, quando eu mostrei a ele o cubículo que ficava atrás da cristaleira de canto na sala de jantar, balançou a cabeça. Um remodelamento antigo da casa havia deixado um nicho naquele canto, e vínhamos escondendo ali as joias, moedas de prata e outras coisas valiosas desde o início da ocupação. Não fora apenas o rabino que trouxera sua biblioteca, mas outras famílias judias haviam trazido seus tesouros para ficarem em segurança no *Beje*. O espaço era bem grande, então acreditávamos que uma pessoa poderia se encolher ali se fosse necessário. Mas o Sr. Smit o recusou imediatamente.

— O primeiro lugar onde olham. Contudo, não se preocupe em tirar o que está lá. É apenas prata. Estamos interessados em salvar pessoas, não coisas.

Começamos a subir pela estreita escada em espiral e, conforme ele subia, o mesmo acontecia com sua animação. Parava com prazer nos estranhos patamares, batia nas paredes tortas, e ria alto com os diferentes níveis de pisos das duas velhas casas.

— Que impossibilidade! — ele exclamava boquiaberto. — Que improvável, inacreditável, impossibilidade imprevisível! Senhorita ten Boom, se todas as casas fossem construídas como esta, teria à sua frente um homem muito menos preocupado.

Por fim, no topo da escada, ele entrou no meu quarto e deu um pequeno grito de satisfação.

— É isso! — exclamou.

— Você precisa que seu esconderijo seja o mais alto possível, prosseguiu ansiosamente. — Porque lhe permite a melhor possibilidade de chegar até ele, enquanto a busca começa lá embaixo.

Ele se debruçou na janela, virando seu pescoço fino, apontando seu pequeno cavanhaque para um lado e para o outro.

— Mas... este é o meu quarto...

O Sr. Smit não prestou atenção. Ele já estava fazendo as medições. Afastando o velho e pesado armário capenga da parede com uma facilidade surpreendente, e empurrando minha cama para o centro do quarto.

— É aqui onde ficará a parede falsa!

Animadamente tirou um lápis do bolso e desenhou uma linha no chão a quase um metro da parede dos fundos. Afastou-se e ficou olhando com ar pensativo.

— Isso é o máximo que posso ousar — falou. — Vou pegar um colchão estreito. Ah, sim. Fácil!

Novamente tentei protestar, mas o Sr. Smit havia se esquecido da minha existência. Durante os dias seguintes, ele e seus trabalhadores entravam e saíam constantemente de nossa casa. Nunca batiam. A cada visita, um homem trazia algo. Ferramentas dentro de um jornal dobrado. Alguns tijolos numa maleta.

— Madeira! — ele exclamou, quando eu me aventurei a questionar se não seria mais fácil construir uma parede de madeira. — Madeira ecoa! É descoberta num minuto. Não, não! Tijolo é o único material a ser usado em paredes falsas.

Depois que a parede foi levantada, veio o homem para fazer o reboco; então o carpinteiro e finalmente o pintor. Seis dias após o início, o Sr. Smit chamou papai, Betsie e eu para vermos.

Paramos na porta e engolimos em seco. O cheiro da tinta fresca enchia o cômodo. Porém, certamente não havia nada no quarto que estivesse recém-pintado! Todas as quatro paredes tinham aquela aparência riscada e encardida que os quartos adquirem em Haarlem por causa da fuligem do carvão queimado. A antiga sanca estava intacta lá em cima, com uma lasca aqui e um descascado ali devido, é claro, aos seus cento e cinquenta anos. Velhas manchas de infiltrações riscavam a parede dos fundos. Uma parede que até eu, que vivo neste quarto há meio século, mal poderia acreditar que não fosse original, mas que estava distante setenta e sete preciosos centímetros da verdadeira.

Estantes embutidas cobriam essa parede falsa, todas velhas, com prateleiras empenadas cuja madeira defeituosa tinha as mesmas manchas de água da parede atrás delas. Na parte debaixo, no canto esquerdo, abaixo da última prateleira, um painel de correr com sessenta centímetros de altura e sessenta de largura abria para o quarto secreto.

O Sr. Smit se abaixou e, silenciosamente, abriu o painel. Engatinhando, eu e Betsie entramos no estreito cômodo atrás dele. Lá dentro, podíamos ficar de pé, sentar, ou até mesmo deitar, uma de cada vez, no colchão de solteiro. Um respiradouro oculto, engenhosamente colocado na parede real, permitia que o ar externo entrasse.

— Mantenha uma jarra de água aqui — falou o Sr. Smit, engatinhando para dentro do cubículo. — Troque a água uma vez por semana. Bolachas e vitaminas duram tempo indeterminado. Sempre que houver alguém na casa cuja presença não seja oficial, tudo o que possuir, exceto as roupas que estiver usando, deve ser guardado aqui.

Colocamo-nos novamente de joelhos e engatinhamos em fila de volta ao meu quarto. — Volte a usar este quarto, ele continuou. — Exatamente como era antes.

Com seu punho, esmurrou a parede acima das estantes.

— A Gestapo pode procurar durante um ano, falou. — Nunca encontrarão este aqui.

7.

Eusie

Peter estava em casa, mas não estava seguro. Não mais do que qualquer homem jovem. Na Alemanha, as fábricas de munição estavam desesperadas por trabalhadores. Sem aviso, soldados subitamente cercavam uma quadra de prédios e os invadiam, arrastando qualquer homem entre 16 e 30 anos para os caminhões de transporte. Este método de busca e apreensão relâmpago era chamado de *razzia*, e todas as famílias onde havia homens jovens, viviam sob essa ameaça.

Flip e Nollie reorganizaram sua cozinha para ter um esconderijo de emergência, assim que as *razzia*s começaram. Havia um pequeno depósito de batatas debaixo do chão da cozinha: eles alargaram o alçapão do depósito, cobriram com um grande tapete, e trocaram a mesa da cozinha de lugar, para ficar por cima.

Depois do trabalho do Sr. Smit no *Beje*, percebi que esse buraco sob o chão da cozinha era um esconderijo totalmente inadequado. Primeiro porque era no térreo, e provavelmente o Sr. Smit diria: "O primeiro lugar onde eles irão procurar." Entretanto, o objetivo não se destinava a buscas constantes feitas por pessoas treinadas, mas a um rápido arrastão feito por soldados. Um lugar para se manter fora da vista durante meia hora. E para isso, pensei, provavelmente é o bastante...

Era aniversário de Flip quando a *razzia* apareceu naquela tranquila rua residencial de casas geminadas idênticas. Papai, Betsie e eu tínhamos chegado cedo com cem gramas de chá inglês de verdade, vindo de Pickwick.

Nollie, Annaliese e as duas meninas mais velhas ainda não tinham voltado quando chegamos. Um carregamento de sapatos masculinos fora anunciado por uma das lojas de departamentos, e Nollie estava determinada a conseguir um par para Flip, "Nem que precise ficar na fila o dia todo."

Estávamos conversando na cozinha com Cocky e Katrien quando Peter e o irmão mais velho, Bob, correram ao mesmo tempo para a cozinha, pálidos. "Soldados! Rápido! Estão duas casas ao lado e vindo nesta direção!

Eles afastaram a mesa e o tapete, e abriram a porta do alçapão. Bob se abaixou primeiro e se deitou, e Peter caiu por cima dele. Fechamos a porta, esticamos o tapete e colocamos a mesa de volta no lugar. Com as mãos trêmulas, Betsie, Cocky e eu jogamos uma grande toalha sobre ela e começamos a arrumar cinco lugares para o chá.

Houve um barulho no *hall*, quando a porta da frente foi aberta; e um barulhinho bem perto, quando Cocky deixou cair uma xícara. Dois alemães uniformizados correram para a cozinha com os rifles a postos.

— Fiquem onde estão. Não se mexam.

Escutamos botas subindo as escadas. Os soldados olharam com repugnância para este cômodo cheio de mulheres e de um velho. Se tivessem observado Katrien mais de perto, certamente ela teria se denunciado, pois sua expressão era uma máscara de terror. Mas eles tinham outras coisas em mente.

— Onde estão os seus homens? — o soldado mais baixo perguntou a Cocky de um jeito arrogante, num holandês com muito sotaque.

— Essas são minhas tias — ela falou — e este é o meu avô. Meu pai está na escola, e minha mãe fazendo compras, e...

— Não perguntei pela tribo inteira! — o homem explodiu em alemão. E então em holandês: — Onde estão seus irmãos?

Cocky olhou fixamente para ele durante um segundo e então baixou os olhos. Meu coração parou. Eu sabia como Nollie havia ensinado seus filhos... mas certamente, certamente, agora acima de tudo, uma mentira seria permissível!

— Você tem irmãos? — o soldado perguntou novamente.

— Sim, Cocky disse calmamente. —Tenho três.

— Que idade eles têm?

— Vinte e um, dezenove e dezoito.

Lá em cima, escutávamos o som de portas abrindo e fechando, o arrastar de mobília sendo afastada das paredes.

— Onde eles estão agora? — ele insistiu.

Cocky se abaixou e começou a recolher os cacos da xícara quebrada. O homem a puxou para cima.

— Onde estão seus irmãos?

— O mais velho está no Seminário. Ele não vem para casa na maior parte das noites porque...

— E os outros dois?

Cocky não hesitou.

— Ora, estão debaixo da mesa.

Fazendo sinal com sua arma para que todos nós afastássemos, o soldado pegou a ponta da toalha. Ao aceno dele, o homem mais alto se abaixou com a arma apontada. Então voltou.

Finalmente a tensão reprimida explodiu: Cocky estourou em espasmos de gargalhadas histéricas. Os soldados deram meia volta. Aquela garota estava rindo deles?

— Não nos faça de bobos! — o mais baixo advertiu.

Saiu furiosamente do cômodo, e minutos depois, todo o grupo foi embora... infelizmente não antes do soldado calado ter notado, e embolsado, nosso precioso pacote de chá.

Foi um estranho jantar festivo naquela noite. Passando de uma ação de graças sincera, ao mais próximo que nossa família já tivera de uma discussão acirrada. Nollie defendeu Cocky, insistindo que ela teria respondido da mesma forma.

— Deus honra quem conta a verdade com a proteção perfeita!

Peter e Bob, do ponto de vista do alçapão, não tinham tanta certeza. Nem eu. Eu nunca tivera a coragem de Nollie… não, nem a sua fé. Mas podia apontar a falta de lógica.

— E não é coerente *dizer* a verdade e *fazer* uma mentira! E os documentos falsos de Annaliese… e aquele uniforme de empregada em Katrien?

— "Põe guarda, SENHOR, à minha boca", citou Nollie. "Vigia a porta dos meus lábios. Salmo 141!", finalizou triunfantemente.

— Certo, e o rádio? Eu precisei mentir com meus lábios para mantê-lo!

— E ainda assim, Corrie, o que saiu de seus lábios, tenho certeza que foi dito em amor! — A voz suave de papai reprovava meu rosto inflamado.

Amor. Como se poderia demonstrá-lo? Como o próprio Deus poderia mostrar verdade e amor ao mesmo tempo, num mundo como aquele?

Morrendo. A resposta me ocorreu mais evidente e intimidante do que nunca, naquela noite: o formato de uma Cruz gravada na história do mundo.

ESTAVA FICANDO CADA vez mais difícil encontrar casas seguras no interior para as dezenas de judeus que passavam por nosso posto clandestino, no início de 1943. Mesmo com cartões de racionamento e documentos falsos, simplesmente não havia lugares suficientes para todos. Sabíamos que, cedo ou tarde, teríamos que começar a esconder pessoas aqui na cidade. Foi muito triste que o primeiro fosse o mais querido de todos.

No meio de uma manhã agitada na loja, Betsie passou pela porta da oficina.

— Harry e Cato estão aqui! — falou.

Ficamos surpresos. Harry jamais viera ao *Beje* durante o dia, porque temia que sua estrela amarela nos causasse constrangimento. Eu e papai subimos a escada correndo atrás de Betsie.

Harry de Vries relatou uma história conhecida. A visita de um colaborador do PNS na noite anterior. O aviso de que a loja estava confiscada. Quem se importava se Harry era cristão? Qualquer judeu poderia se converter para evitar problemas, falou o membro do partido. Esta manhã, a chegada de um alemão uniformizado tornara oficial: a loja estava fechada "pelo bem da segurança nacional".

— Mas... se eu sou um risco à segurança, disse o pobre Harry, — certamente eles não se contentarão apenas em tomar a minha loja.

Sem dúvida não se contentariam. Porém, aconteceu justamente quando não havia nenhum lugar disponível fora da cidade. Na verdade, o único endereço da resistência que tínhamos no momento, era a casa de uma mulher chamada De Boer, que ficava a menos de quatro quadras do *Beje*.

Naquela tarde, bati à porta da Sra. De Boer. Era uma senhora atarracada, vestida com uma bata de algodão azul e usando chinelos. Nós a supríamos com cartões de racionamento, e uma vez havíamos conseguido por intermédio dela, uma operação de apêndice. Ela me mostrou os cômodos do sótão. Dezoito judeus estavam lá, a maioria com vinte e poucos anos.

— Estão confinados há tempo demais, falou. — Cantam, dançam e fazem todo tipo de barulho.

— Se a senhora acha que mais um casal é demais...

— Não, não... como eu poderia recusar? Traga-os esta noite. Daremos um jeito.

E então Harry e Cato começaram sua vida na casa da Sra. De Boer, em um dos estreitos dormitórios do sótão. Betsie ia lá todos os dias levar pão caseiro, um pouco de chá, um pedaço de linguiça.

Mas sua maior preocupação, não era com o estado de ânimo de Harry e Cato, era com suas vidas.

— Você sabe que eles estão em perigo, disse a papai e a mim. — É verdade que esses jovens estão no limite. Esta tarde, estavam fazendo tanto barulho, que eu pude ouvir da rua.

Havia outras preocupações: aquele inverno rigoroso. Embora houvesse pouca neve, o frio chegou mais cedo e se estendeu por mais tempo; e o combustível era escasso. Aqui e ali, nos parques e às margens dos canais, as árvores começaram a desaparecer, pois as pessoas as cortavam para ter lenha no fogão e na lareira. Os muito jovens e os muito idosos tinham mais dificuldade em suportar os cômodos úmidos e sem aquecimento. Uma manhã, Christoffels não apareceu na sala de jantar para a leitura bíblica, nem mais tarde na oficina. Sua senhoria o encontrou morto na cama, a água da bacia estava congelada. Enterramos o velho relojoeiro com o lindo terno e colete que ele usara na festa do Centenário, há seis anos, e em outra época.

A primavera chegou lentamente. Comemoramos meu aniversário de 51 anos com uma festa bem pequena no nicho dos de Vries.

Uma semana mais tarde, dia 22 de abril, Cato chegou sozinha ao *Beje*. Lá dentro, ela explodiu em lágrimas.

— Aqueles jovens idiotas enlouqueceram! Noite passada, oito deles saíram da casa. Naturalmente, foram detidos e presos... os rapazes, sequer tinham se preocupado em tirar as costeletas. A Gestapo não teve qualquer dificuldade em arrancar informações.

A casa tinha sido invadida, ela falou, às 4h da manhã. Cato tinha sido liberada quando descobriram que não era judia.

— Mas todos os outros... Harry, a Sra. De Boer também... ah, o que acontecerá com eles?

Durante os três dias seguintes, Cato ficou na delegacia de polícia de Haarlem, chegava de manhã bem cedo, e lá permanecia até o toque de recolher, importunando tanto holandeses quando alemães, para que a deixassem ver seu marido. Quando a mandavam embora, ela atravessava a rua e esperava silenciosamente na calçada.

Na sexta-feira a loja estava cheia. Um policial abriu a porta quase na hora de fechar para o almoço. Hesitou, e então seguiu até a oficina. Era Rolf van Vliet, o oficial que estava aqui na primeira entrega dos nossos cartões de racionamento. Ele tirou seu chapéu e novamente notei aquele cabelo ruivo brilhante.

— Este relógio ainda não está funcionando direito, falou.

Tirou seu relógio de pulso, o colocou sobre minha bancada e se inclinou. Ia dizer alguma coisa? Tudo o que eu podia fazer era escutar.

— Harry de Vries será levado amanhã para Amsterdã. Se quiser vê-lo, venha pontualmente às três da tarde. — E então, — Vê? O ponteiro dos segundos ainda está parado.

Naquela tarde, às três, Cato e eu atravessamos as altas portas duplas da delegacia de polícia. Quem estava de plantão era o próprio Rolf.

— Venham comigo! — falou rispidamente.

E nos conduziu através de uma porta, e ao longo de um corredor com o teto alto. Em frente a um portão de ferro trancado, ele parou.

— Esperem aqui! — disse.

Alguém do outro lado abriu o portão, e Rolf passou. Demorou alguns minutos. Então a porta abriu novamente, e estávamos frente a frente com Harry. Rolf se afastou enquanto Harry e Cato se abraçavam.

— Vocês têm apenas alguns segundos — Rolf sussurrou.

Eles se afastaram, olhando um nos olhos do outro.

— Lamento, Rolf falou. — Ele precisa voltar.

Harry beijou sua esposa. Então pegou minha mão e a apertou solenemente. Lágrimas encheram nossos olhos. Pela primeira vez, Harry falou.

— Usarei este lugar... para onde quer que estejam nos levando — disse. — Ele será meu lugar como testemunha de Jesus.

Rolf pegou Harry pelo cotovelo.

— Vamos orar por você muitas vezes todos os dias, Harry! — gritei enquanto o portão se fechava.

Um instinto, que não compartilhei com ninguém, disse-me que era a última vez que veria nosso amigo, o Buldogue.

NAQUELA NOITE, fizemos uma reunião sobre Rolf. Betsie, eu e a quase dúzia de adolescentes que funcionavam como mensageiros neste trabalho. Se Rolf arriscara sua própria segurança para nos contar sobre o traslado de Harry, talvez pudesse trabalhar conosco.

— Senhor Jesus, — falei em voz alta — isso pode ser perigoso para todos nós e também para Rolf.

Porém, juntamente com as palavras, veio uma inundação de certeza sobre aquele homem. *Por quanto tempo,* eu me perguntava, *seríamos conduzidos por esse dom de conhecimento?*

Encarreguei um de nossos garotos mais novos da tarefa de, no dia seguinte, seguir Rolf após o trabalho até sua casa e descobrir onde morava. Os garotos mais velhos, aqueles que eram suscetíveis aos arrastões para as fábricas, agora eram enviados apenas depois de escurecer; e, com muita frequência, vestidos como garotas.

Na semana seguinte, fiz uma visita à casa de Rolf.

— Você não tem ideia do quanto foi importante ver Harry — falei quando estava em segurança lá dentro. — Como podemos retribuir essa bondade?

Rolf passou as mãos por seu cabelo brilhante.

— Bem, há uma forma. A moça da limpeza que trabalha na cadeia tem um filho adolescente, e já quase o pegaram duas vezes. Ela está desesperada para encontrar um lugar para ele.

— Talvez eu possa ajudar, falei. Você acha que ela poderia perceber que o relógio dela precisa de conserto?

No dia seguinte, Toos chegou à porta do cômodo da *Tante* Jans onde eu estava conversando com dois novos voluntários para o nosso trabalho. Cada vez mais eu estava deixando a relojoaria nas mãos dela e de papai, pois nossa "operação" clandestina demandava mais tempo.

— Tem uma senhora de aparência estranha lá embaixo, Toos disse. — Falou que seu nome é Mietje e mandou lhe dizer que "Rolf a enviou".

Encontrei Mietje na sala de jantar. A mão que eu apertei era forte e grossa dos anos que passara esfregando chão. Um tufo de cabelo crescera em seu queixo.

— Percebo — eu disse — que você tem um filho do qual tem muito orgulho.

— Ah, sim!

A face de Mietje se iluminou à simples menção dele.

Peguei o grande e velho despertador que ela trouxera.

— Venha buscar seu relógio amanhã à tarde, e espero ter boas notícias.

Naquela noite ouvimos os relatórios de nossos mensageiros. O inverno longo e cruel tinha aberto vagas em diversos endereços. Havia um lugar numa fazenda de tulipas próxima, mas o fazendeiro resolvera que precisava ser pago pelo risco que estava assumindo. Teríamos que providenciar um pagamento em moedas de prata, não em papel moeda, além de um cartão de racionamento adicional. Não era frequente um "anfitrião" demandar pagamento por seus serviços. Quando acontecia, ficávamos alegres em pagar.

Quando Mietje apareceu na manhã seguinte, peguei uma nota de valor pequeno em minha carteira e rasguei num canto.

— Isto é para o seu filho — disse. — Esta noite, ele vai para Gravenstenenbrug. Há um toco de árvore bem ao lado da ponte… eles cortaram a árvore no último inverno. Ele deve esperar ao lado dele, olhando para o canal. Um homem virá e perguntará se ele tem troco para uma nota. Seu filho deve entregar o pedaço que falta e então seguir o homem sem fazer perguntas.

Betsie entrou na sala de jantar quando Mietje estava segurando minha mão com as suas mãos ásperas.

— Eu vou retribuir! De alguma forma, algum dia, vou encontrar uma forma de retribuir!

Eu e minha irmã trocamos sorrisos. Como aquela pequena alma simples poderia ajudar com o tipo de necessidades que enfrentávamos?

E ASSIM o trabalho cresceu. A cada nova necessidade, uma nova resposta era encontrada também. Através de Pickwick, por exemplo, conhecemos o homem da central telefônica, cujo departamento cuidava de ligar e desligar as linhas. Com um pouco de malabarismo com cabos e números, logo ele colocou nosso aparelho em operação.

Que dia, quando o velho telefone de parede no corredor dos fundos tocou alegremente pela primeira vez em três anos! E como precisávamos dele! A essa altura, havia oitenta holandeses, entre senhoras idosas e homens de meia idade, além de nossos adolescentes, trabalhando na "clandestinidade de Deus", como algumas vezes nos autodenominávamos brincando. A maior parte dessas pessoas nunca se encontrou; mantínhamos ao mínimo possível o contato pessoal. Mas todos conheciam o *Beje*. Era a base, o quartel-general de uma rede que estava espalhada: o nó onde todos os fios se cruzavam.

Mas se o telefone era uma bênção, era também um novo risco, como o era qualquer novo voluntário e nova ligação. Colocamos a campainha o mais baixa possível, mas ainda audível. Porém, quem poderia estar passando pelo corredor quando tocasse?

A propósito, por quanto tempo os olhares curiosos de todos os lados da rua continuariam a acreditar que aquela pequena relojoaria era tão movimentada quanto aparentava? Era verdade que o trabalho de consertos estava em alta: muitos clientes legítimos ainda entravam e saíam. Mas havia movimento demais, juntando tudo, em especial no final da tarde. O toque de recolher agora era às 19h, o que, durante a primavera e o verão, não nos deixava muitas horas noturnas, quando nossos voluntários podiam transitar legalmente pelas ruas.

Faltava uma hora e meia para o toque de recolher em 1.º de junho de 1943, e eu estava pensando em tudo isso, sentada impacientemente em minha bancada de trabalho. Seis voluntários ainda não tinham voltado, e muitas pontas soltas precisavam ser amarradas antes das 19h. Uma das coisas era que, sendo o primeiro dia do mês, Fred Koornstra deveria chegar com os novos cartões de racionamento. Os cem cartões que pareciam um pedido extravagante um ano atrás, agora eram muito poucos para nossas necessidades. E Fred era apenas um dos nossos fornecedores; alguns dos cartões roubados vinham de longe, como Delft. *Por quanto tempo poderemos continuar assim?*, eu pensava. *Por quanto tempo poderemos continuar contando com essa estranha proteção?*

Meus pensamentos foram interrompidos pela campainha da entrada lateral. Betsie e eu chegamos ao mesmo tempo. No beco estava uma jovem judia, embalando um pacote minúsculo envolvido num cobertor. Atrás dela, reconheci um dos médicos da maternidade.

"O bebê", ele nos disse no vestíbulo, "nasceu prematuramente". Ele já mantivera a mãe e a criança no hospital por mais tempo do que o permitido, porque não tinham para onde ir.

Betsie esticou os braços para pegar o bebê, e naquele momento, Fred Koornstra abriu a porta da loja. Ele piscou um instante ao ver pessoas no vestíbulo, então, com grande convicção, voltou-se para o medidor na parede. O jovem médico, vendo que ele era realmente um leitor da companhia elétrica, ficou branco como seu uniforme. Eu queria tranquilizar a ele e a Fred, mas sabia que quanto menos membros do grupo se conhecessem, mais seguro era para todos. O pobre médico engoliu uma fria despedida, enquanto Betsie e eu levávamos a mãe e o bebê para a sala de jantar, e fechávamos a porta para Fred fazer seu trabalho.

Betsie serviu uma tigela de sopa que tinha feito para o jantar com um osso já muitas vezes cozido. O bebê começou um choro estridente; eu o balancei um pouco enquanto a mãe comia. Eis um novo perigo: um fugitivo pequenino, jovem demais para saber a loucura que era fazer barulho. Tivéramos muitas crianças judias passando uma ou mais noites na casa, e mesmo os mais novos tinham desenvolvido o misterioso silêncio de pequenos seres que estão sendo caçados. Mas com duas semanas, este ainda precisava descobrir o quanto este mundo era hostil: precisaríamos de um lugar bem distante de outras casas para colocá-los.

E na manhã seguinte, entrou na loja a solução perfeita. Era um ministro amigo nosso, pastor numa pequena cidade nos arredores de Haarlem, e sua casa ficava longe da rua, num grande parque arborizado.

— Bom dia, pastor! — falei. As peças do quebra-cabeça se juntando em minha mente. — Podemos ajudá-lo?

Olhei para o relógio que trouxera para conserto. Ele demandava uma peça muito difícil de encontrar.

— Mas para o senhor, reverendo, faremos tudo o que pudermos. E agora, tenho algo a confessar.

Os olhos do pastor ficaram confusos.

— Confessar?

O puxei para a porta dos fundos da loja e subimos para a sala de jantar.

— Eu confesso que eu também estou procurando algo.

Então, sua expressão se fechou.

— O senhor estaria disposto a levar uma mãe judia com seu bebê para casa? É quase certo que sejam presos, se isso não acontecer.

O rosto do homem perdeu a cor. Ele deu um passo para trás.

— Senhorita ten Boom! Espero que não esteja envolvida com nenhum desses esconderijos ilegais e negócios secretos. Não é apenas por segurança! Pense no seu pai! E na sua irmã… ela nunca foi forte!

Num impulso, pedi ao pastor que esperasse e subi correndo. Betsie tinha colocado os recém-chegados no antigo quarto de Willem, que ficava mais longe das janelas para a rua. Pedi licença à mãe para pegar o bebê: o pequeno ser mal pesava em meus braços.

De volta à sala de jantar, tirei o cobertor de seu rosto.

Houve um longo silêncio. O homem se inclinou contra vontade, a mão dele se esticou para acariciar a mãozinha minúscula fechada no cobertor. Durante um momento, vi compaixão e medo lutando em seu rosto. Então ele se aprumou.

— Não. Definitivamente, não! Poderíamos perder nossa vida por essa criança judia!

Sem que nenhum de nós percebesse, papai estava na porta.

— Dê-me a criança, Corrie! — ele falou.

Papai segurou o bebê. Com sua barba branca acariciando o seu rostinho, olhou para aquela pequena face com seus olhos tão azuis e inocentes quanto os da própria criança. Finalmente ergueu os olhos para o pastor.

— Você diz que poderíamos perder nossa vida por esta criança. Eu considero isso a maior honra que poderia ser dada à minha família.

O pastor virou-se bruscamente e deixou a sala.

Então tínhamos que aceitar uma solução ruim para o nosso problema. Nos limites de Haarlem havia uma chácara que escondia refugiados por curtos períodos de tempo. Não era uma boa locação, uma vez que a Gestapo já estivera lá. Mas não havia lugar algum disponível tão rapidamente. Naquela tarde, dois voluntários levaram a mulher e o bebê para lá.

Poucas semanas mais tarde, soubemos que a chácara havia sido invadida. Quando a Gestapo chegou ao celeiro onde a mulher estava escondida, não foi o bebê, mas a mãe, que começou a gritar histericamente. Ela, a criança e seus protetores foram todos levados.

Nunca soubemos o que aconteceu a eles.

EMBORA TIVÉSSEMOS um amigo na companhia telefônica, nunca tínhamos certeza se nossa linha estava ou não grampeada. Então desenvolvemos um sistema para codificar nossas mensagens clandestinas com termos de relojoaria.

— Temos aqui o relógio de uma mulher que precisa de conserto. Mas não consigo encontrar uma mola importante. Você sabe quem poderia ter uma? (Temos uma mulher judia que precisa de um esconderijo e não conseguimos encontrar um entre nossos contatos regulares.)

— Tenho um relógio aqui, cujo mostrador está com problemas. Um dos números está solto e não deixa o ponteiro andar. Você conhece alguém que faça esse tipo de conserto? (Temos um judeu aqui cujas feições são extremamente semitas. Conhece alguém que estaria disposto a correr um risco maior?)

— Lamento, mas o relógio de criança que você deixou conosco não tem conserto. Está com o recibo? (Uma criança judia morreu em uma de nossas casas. Precisamos de uma permissão para o enterro.)

Numa manhã, no meio de junho, o telefone tocou com esta mensagem.

— Temos um relógio de homem que está com defeito. Não encontramos ninguém para consertá-lo. E tem um grande problema: o mostrador é bem antigo...

Então, um judeu cujas feições o entregavam. Esse era o tipo de pessoa mais difícil de esconder.

— Mande o relógio para cá, e verei o que podemos fazer aqui na loja — respondi.

A campainha da porta lateral tocou pontualmente às 19h, naquela noite. Olhei pelo espelho da janela da sala de jantar, onde ainda estávamos sentados tomando chá de folhas de rosa e galhos de cereja. Mesmo de perfil eu podia identificar que este era nosso relógio antigo. Suas formas, roupas e sua postura pareciam ter saído de uma comédia musical judaica.

Desci correndo para abrir a porta.

— Entre.

O sorridente homem magro de trinta e poucos anos, com orelhas de abano, careca e óculos minúsculos, fez um cumprimento elaborado. Gostei dele na mesma hora.

Assim que a porta fechou, ele pegou um cachimbo.

— É a primeira coisa que preciso perguntar, falou, se eu devo ou não deixar para trás meu bom amigo cachimbo? Não é fácil separar Meyer Mossel e seu cachimbo. Mas por você, boa senhora, se o cheiro impregnar suas cortinas, diria adeus alegremente à minha amiga nicotina.

Eu ri. De todos os judeus que tinham vindo para nossa casa, este era o primeiro a entrar de bom humor, e com uma pergunta sobre o nosso bem-estar.

— É claro que pode manter seu cachimbo! — respondi. — Meu pai fuma charuto… quando consegue um nos dias de hoje.

— Ah! Os dias de hoje! — Meyer Mossel levantou os braços num enorme encolher de ombros. — O que se pode esperar, quando os bárbaros invadem o acampamento?

Levei-o para a sala de jantar. Havia sete pessoas sentadas à mesa: um casal judeu aguardando colocação, três voluntários da resistência, além de papai e Betsie. Os olhos de Meyer Mossel foram direto para papai.

— Mas, — ele falou — um dos Patriarcas!

Era exatamente a coisa certa a dizer ao meu pai.

— Porém, — ele respondeu com o mesmo bom humor — um irmão do Povo Escolhido!

— Pode recitar o Salmo 166, *Opa*? — perguntou Meyer.

Papai sorriu. É claro que não existe Salmo 166: o livro dos Salmos termina no 150. Tinha que ser uma piada, e nada agradava mais o meu pai, do que uma piada bíblica.

— O Salmo 166?

— Posso recitá-lo para vocês? — Meyer falou.

Papai deu seu consentimento com a cabeça, e Meyer começou.

— Mas esse é o Salmo 100! — papai interrompeu.

E então seu rosto se iluminou. É claro! O Salmo 66 começa com as mesmas palavras. O homem havia pedido os Salmos 100 e 66. E durante o resto da noite, eu podia escutar papai rindo: "Salmo 166!"

Às 20h45, meu pai tirou a grande Bíblia da prateleira. Abriu na leitura de Jeremias, onde havia parado na noite anterior. Então, com uma inspiração súbita, passou a Bíblia para Meyer.

— Seria uma honra se o senhor lesse para nós esta noite, falou papai.

Pegando o Livro com carinho, Meyer se levantou. De um bolso veio um pequeno solidéu. E então, do fundo de sua garganta, num meio canto, meio súplica, vieram as palavras do antigo profeta, de forma tão sentida e tão comovente, que parecíamos estar escutando o próprio lamento do exílio.

Meyer Mossel, como nos contou depois, tinha sido cantor na sinagoga de Amsterdã. Apesar de toda a sua leveza, sofrera muito. A maior parte de sua família fora presa; sua esposa e filhos estavam escondidos numa fazenda ao norte, que se recusara a aceitar Meyer.

— Por motivos óbvios, disse ele rindo de suas próprias feições inconfundíveis.

E gradualmente, ia ficando claro para todos nós que este homem cativante chegara ao *Beje* para ficar. Certamente não era o lugar ideal. Mas, naquele momento, nada seria ideal para ele.

— Pelo menos, — disse-lhe uma noite, — seu nome não precisa denunciá-lo também.

Desde a época em que Willem estudava história da igreja, me lembrava do pai da venerável igreja do quarto século, Eusébio.

— Acho que vamos chamá-lo de Eusébio, decidi.

Estávamos sentados na sala da frente dos cômodos da *Tante* Jans, com Kik e outros jovens, que tinham nos trazido um pacote de permissões de viagem falsas, e era tarde demais para chegar a casa antes do toque de recolher.

Meyer se reclinou para trás e ficou olhando para o teto pensativamente. Tirou o cachimbo da boca.

— Eusébio Mossel — disse, saboreando as palavras.

— Não. Não soa bem! Eusébio Gentile Mossel.

Todos rimos.

— Não seja teimoso! — disse Betsie. Precisa trocar os dois nomes!

Kik olhou maliciosamente para papai.

— Opa! Que tal Smit? Parece ser um nome bem popular nos dias de hoje.

— É mesmo! — meu pai respondeu, sem perceber a brincadeira. — Extraordinariamente popular!

E então ele se tornou Eusébio Smit.

A troca de nome de Meyer foi fácil... logo ele se tornou "Eusie". Mas fazer Eusie comer alimentos não-*kosher* [N.E.: Regra judaica para preparo de comida.], era outra coisa. A questão, claro, era que éramos gratos por qualquer tipo de alimento: naquele terceiro ano de ocupação, ficávamos na fila durante horas para conseguir qualquer coisa disponível.

Um dia, o jornal anunciou que o cupom número quatro podia comprar linguiça de porco. Era a primeira refeição que tínhamos em semanas. Amorosamente Betsie preparou o banquete, guardando cada gota de gordura para depois temperar outras comidas.

— Eusie! — Betsie chamou, enquanto levava o fumegante ensopado de porco com batatas para a mesa. — Chegou o dia!

Eusie tirou as cinzas de seu cachimbo e analisou sua situação em voz alta. Ele, que sempre comera *kosher*; ele, o filho mais velho de um filho mais velho de uma família respeitada. Na verdade, ele Meyer Mossel Eusébio Smit, estava sendo chamado a comer carne de porco.

Betsie colocou na frente dele uma porção de linguiça com batatas.

— *Bon appetit.*

O aroma tentador chegou aos nossos paladares famintos por carne. Eusie molhou os lábios com a língua.

— É claro — disse — que há uma disposição acerca disso no Talmud.

Pegou um pedaço de carne com o garfo, mordeu avidamente, e revirou os olhos em puro prazer.

— E vou começar a procurar por ela também, — falou — assim que acabar de jantar.

Como se a chegada de Eusie tivesse derrubado nossa última hesitação, em uma semana havia três novos residentes fixos na casa. O primeiro foi Jop, nosso atual aprendiz, cujo caminho diário para a casa de seus pais no subúrbio, por duas vezes quase acabou em apreensão pelo transporte para as fábricas. Na segunda vez que aconteceu, seus pais perguntaram se ele poderia ficar no *Beje*, e nós concordamos. Os outros dois eram Henk, um jovem advogado, e Leendert, um professor. Leendert deu uma contribuição especialmente importante para a vida secreta na casa: instalou nosso sistema elétrico de alarme.

A essa altura, eu já aprendera a fazer a viagem noturna até a casa de Pickwick quase com a mesma habilidade que Kik. Uma noite, quando eu acabara de aceitar com gratidão uma xícara de café, meu amigo vesgo sentou-se ao meu lado para me dar uma bronca.

— Cornelia, — disse, se instalando numa cadeira de veludo vermelha, pequena demais para ele — entendo que você não tem sistema de alarme na casa. Isso é a mais pura loucura. Também sou levado a crer que você não está realizando treinamentos regulares com seus hóspedes.

Pickwick sabia muito bem o que se passava no *Beje*, e isso sempre me espantava.

— Você sabe que pode acontecer uma batida a qualquer momento — continuou. — Não vejo como pode evitar. Dezenas de pessoas entram e saem... e um agente do PNS mora no apartamento dos Kans, mais acima na rua.

— Seu quarto secreto não servirá para nada se as pessoas não entrarem nele a tempo. Conheço esse Leendert. É um bom homem e um eletricista bem passável. Peça a ele para instalar uma campainha em cada cômodo que tiver uma porta ou uma janela para a rua. Então, faça treinamentos práticos, até que seu pessoal consiga desaparecer naquele quarto, sem deixar rastros, em menos de um minuto. Vou mandar alguém para lhe dar orientações.

Naquele fim de semana Leendert executou o trabalho elétrico. Instalou uma campainha no topo das escadas... alta o suficiente para ser escutada em toda a casa, mas não do lado de fora. Então instalou botões para acionar o alarme em cada lugar de onde se pudesse primeiro avistar a chegada de problemas. Um botão foi colocado sob o peitoril da janela da sala de jantar, bem abaixo do espelho de onde víamos a porta lateral. Outro ficou no corredor do térreo, perto da porta, e um terceiro, dentro da porta da frente, na Barteljorisstraat. Ele também instalou um botão atrás do balcão da loja, e um em cada bancada de trabalho, assim como sob as janelas dos cômodos da *Tante* Jans.

Estávamos prontos para nosso primeiro teste. Os quatro moradores não reconhecidos de nossa casa, já subiam ao quarto secreto duas vezes por dia: de manhã, para guardar suas roupas de dormir, de cama e artigos de higiene, e à noite, para guardar o que usavam durante o dia. Os membros de nosso grupo, que precisavam passar a noite, também colocavam naquele esconderijo, capas de chuva, chapéus, qualquer coisa que tivessem trazido. Tudo isso ocasionava um belo trânsito de entradas e saídas de meu pequeno quarto… na verdade, agora menor quase um metro. Em muitas noites, a última coisa que via antes de dormir, era Eusie com seu longo roupão e touca de dormir, passando pelo painel secreto com suas roupas na mão.

Porém, o propósito desses treinamentos era ver com que rapidez as pessoas conseguiriam chegar ao quarto a qualquer hora do dia ou da noite, sem aviso prévio. Um rapaz alto de rosto pálido veio uma manhã a mando de Pickwick, para me ensinar a conduzir os treinamentos.

— Smit! — papai exclamou quando o homem se apresentou. — Realmente é assombroso! Temos recebido aqui um Smit atrás do outro ultimamente. Mas você tem uma grande semelhança com…

O Sr. Smit se desvencilhou educadamente das perguntas genealógicas de papai, e me seguiu ao andar de cima.

— A hora das refeições, ele disse. — Essa é a hora favorita para uma batida. E também no meio da noite.

Duas mulheres judias durante um treinamento real no quarto secreto, em 1943.

Ele entrou em cada cômodo, apontando para todas as evidências de que mais de três pessoas moravam na casa.

— Cuidado com latas de lixo e cinzeiros.

Ele parou na porta de um quarto.

— Se a batida acontecer no meio da noite, eles têm o dever, não apenas de pegar seus lençóis e cobertores, mas também de virar os colchões. Esse é o teste predileto da S.D.: sentir um ponto de calor sobre uma cama.

O Sr. Smit ficou para o almoço. Éramos onze à mesa naquele dia, incluindo uma senhora judia que chegara na noite anterior, e uma gentia e sua filha pequena, membros de nosso grupo, que atuavam como "acompanhantes". As três sairiam para uma fazenda, em Brabant, logo após a refeição.

Betsie tinha acabado de passar um ensopado preparado com tanta maestria, que a carne mal fazia falta. Quando, sem aviso, o Sr. Smit se inclinou para trás em sua cadeira e acionou o botão abaixo da janela.

Acima de nós, a campainha soou. As pessoas se colocaram de pé, recolhendo copos e pratos, correndo para as escadas, enquanto que o gato arranhava a cortina consternado. Gritos de "Rápido!", "Mais baixo!" e "Você está derramando!" chegavam aos nossos ouvidos, enquanto papai, Betsie e eu rapidamente reorganizávamos a mesa e as cadeiras para parecer que estava acontecendo um almoço de três pessoas.

— Não! Deixem o meu lugar! — instruiu o Sr. Smit. Por que não poderiam ter convidados para o almoço? A senhora e a garotinha também poderiam ter ficado.

Por fim, estávamos sentados e o silêncio reinava lá em cima.

Todo o processo durara quatro minutos.

Um pouco mais tarde, estávamos todos reunidos novamente ao redor da mesa de jantar. O Sr. Smit exibiu as evidências incriminadoras que encontrara: duas colheres e um pedaço de cenoura nas escadas, cinzas de cachimbo num quarto "desocupado". Todos olharam para Eusie, que corou até a ponta de suas orelhas de abano.

— E também aquilo! — apontou para os chapéus da mãe e da filha ainda pendurados nos ganchos da parede da sala. — Se tiver que se esconder, pare e pense no que trouxe consigo. Além disso, todos foram, simplesmente, lentos demais.

Na noite seguinte, soei o alarme novamente e, dessa vez, diminuíramos um minuto e trinta e três segundos de nosso tempo. Em nosso quinto treinamento, já havíamos baixado para dois minutos. Nunca alcançamos o tempo ideal de menos de um minuto estabelecido por Pickwick, mas com a prática, aprendemos a parar o que estivéssemos fazendo e colocar os que precisavam se esconder no quarto secreto em setenta segundos. Papai, Toos e eu desenvolvemos "técnicas de retardamento", que usaríamos se a Gestapo entrasse pela porta da loja; Betsie inventou uma estratégia similar para a porta lateral. Com essas táticas de atraso, esperávamos ganhar os setenta tiques do ponteiro dos segundos, que poderia salvar vidas.

Como esses treinamentos atingiam de forma tão próxima o medo que assombrava cada um de nossos hóspedes, um temor do qual nunca falávamos, mas sempre presente, tentamos transformar aquelas horas em algo menos sério.

— Como um jogo! — dizíamos uns aos outros — uma corrida para quebrar nosso próprio recorde!

Uma pessoa de nosso grupo tinha uma padaria na rua seguinte. No início do mês, eu deixava com ele os cupons para um suprimento de açúcar. Então, quando eu achava que era hora de um treinamento, ia lá buscar um saco de bolinhos de creme — um deleite indescritível naqueles dias amargos — que ficava escondido em minha bancada de trabalho e revelado como prêmio por um treinamento bem-sucedido.

A cada vez, a encomenda de bolinhos ficava maior. Pois agora, além dos voluntários a quem queríamos iniciar no sistema, tínhamos mais três hóspedes permanentes: Thea Dacosta, Meta Monsanto e Mary Itallie.

Mary Itallie, com 76 anos, era a mais velha de nossos hóspedes, e também a que trouxera o maior problema. No instante em que Mary entrou por nossa porta, ouvi o chiado asmático que fez com que os outros hóspedes não se dispusessem a aceitá-la.

Como sua doença comprometia a segurança dos outros, levamos a questão para votação. Os sete mais preocupados, Eusie, Jop, Henk, Leendert, Meta, Thea e a própria Mary, se reuniram com papai, Betsie e eu na sala da *Tante* Jans.

— Não há sentido em fingir — comecei. — Mary tem um problema, especialmente após subir as escadas, que poderia colocar a todos nós em perigo.

No silêncio que se seguiu, a dificuldade de Mary para respirar pareceu especialmente barulhenta.

— Posso falar? — Eusie perguntou.

— Claro.

— Parece-me que todos estamos aqui em sua casa por causa de uma ou outra dificuldade. Somos os filhos órfãos: aqueles que ninguém mais quer. Cada um de nós está colocando todos os outros em risco. Eu voto para Mary ficar.

— Bom, — disse o advogado Henk — vamos colocar em votação.

As mãos começavam a se erguer, mas Mary estava lutando para falar.

— Voto secreto! — finalmente conseguiu. Ninguém deveria ficar constrangido.

Henk trouxe uma folha de papel da escrivaninha do cômodo ao lado e a rasgou em nove pequenas tiras.

— Vocês também! — falou, entregando papéis para Betsie, papai e eu. — Se formos descobertos, vocês sofrerão o mesmo que nós.

Distribuiu os lápis.

— Escrevam "Não", se for um risco grande demais; "Sim", se acharem que ela pertence ao grupo.

Os lápis trabalharam durante alguns segundos. Então Henk recolheu os papéis dobrados. Abriu-os em silêncio. Então os colocou no colo de Mary.

Nove pequenos pedaços de papel, nove vezes a palavra "Sim".

E ASSIM NOSSA "família" se formou. Outros ficaram conosco por um dia ou uma semana, mas esses sete permaneceram. O núcleo de nosso lar feliz.

Se esse tempo pôde ser feliz numa época e em circunstâncias como aquelas, foi em grande parte devido à Betsie. Como a vida física de nossos hóspedes era tão restrita, as noites sob o comando de Betsie se tornaram a porta para o mundo inteiro. Algumas vezes, tínhamos concertos com Leendert ao violino e Thea, uma musicista realmente comprometida, ao piano. Ou Betsie anunciava "uma noite de Vondel" (o Shakespeare holandês), com cada um de nós lendo as falas de um personagem. Uma noite por semana, ela convenceu Eusie a dar aulas de hebraico, e em outra noite, Meta ensinava italiano.

As atividades noturnas tinham que ser rápidas, porque agora a cidade tinha eletricidade apenas por um curto período a cada noite, e as velas precisavam ser economizadas para emergências. Quando as lâmpadas começavam a piscar e diminuir, voávamos para a sala de jantar, onde minha bicicleta estava montada num suporte. Um de nós subia nela, e os outros se sentavam nas cadeiras, e então, enquanto o ciclista pedalava furiosamente para manter o farol aceso,

A família do Beje em 1943, incluindo Corrie, papai, Betsie (terceira a partir da direita), hóspedes judeus e voluntários holandeses da resistência.

alguém retomava a leitura onde havia parado na noite anterior. Revezávamos o ciclista e o leitor sempre que as pernas ou a voz ficavam cansadas. Dessa forma lemos histórias, romances, peças.

Papai sempre subia após as orações, às 21h15. Mas o resto de nós permanecia, relutando em romper o ciclo, lamentando ver a noite chegar ao fim.

— Ah, bem! — Eusie dizia esperançoso, quando finalmente subíamos para nossos quartos. — Talvez haja um treinamento esta noite! Não como um bolinho de creme há quase uma semana.

8.

Nuvens de tempestade se aproximam

Se as noites eram agradáveis, os dias estavam cada vez mais tensos. Tornamo-nos grandes demais; o grupo também era muito amplo, a rede muito espalhada. Fazia um ano e meio que conseguíamos escapar de nossa vida duplas. Exteriormente, ainda éramos um velho relojoeiro vivendo com as duas filhas solteironas em cima de sua lojinha. Na verdade, o *Beje* era o centro de uma rede clandestina que agora se espalhava até os cantos mais remotos da Holanda. Diariamente, por aqui passavam voluntários, relatórios, pedidos. Cedo ou tarde cometeríamos um erro.

Era especialmente nos horários das refeições que eu mais me preocupava. Agora eram tantos a cada vez, que tínhamos que organizar as cadeiras em torno da mesa em sentido diagonal. O gato amava essa arrumação. Eusie tinha lhe dado o nome hebraico de *Maher Shalal Hashbaz*, que significava bem apropriadamente, "se apressando para os despojos, correndo para a presa". Com as cadeiras tão próximas, M. S. Hashbaz podia circular ao redor de toda a mesa sobre os nossos ombros, ronronando avidamente, dando voltas e voltas.

Mas eu estava incomodada por sermos tantos. A sala de jantar ficava apenas cinco degraus acima do nível da rua; um transeunte alto poderia vê-la diretamente da janela com facilidade. Penduramos uma cortina branca formando uma espécie de tela, mas deixando entrar a luz. Ainda assim, só quando as pesadas cortinas eram fechadas à noite, eu realmente sentia termos privacidade.

Um dia no almoço, olhando através da fina cortina, pensei ter visto uma figura de pé lá fora no beco. Quando olhei novamente um minuto mais tarde, ela ainda estava lá. Não havia motivo para alguém se demorar ali, a menos que estivesse curioso sobre o que acontecia na casa. Levantei-me e abri um pouquinho a cortina.

Em pé, a alguns centímetros de distância, aparentemente imobilizada por alguma emoção terrível, estava Katrien, da casa de Nollie!

Desci correndo, abri a porta e a puxei para dentro. Embora o dia de agosto estivesse quente, as mãos da senhora estavam frias como gelo.

—Katrien! O que está fazendo aqui? Por que estava de pé ali?

— Ela enlouqueceu! — soluçou a pobre mulher. — Sua irmã enlouqueceu!

— Nollie? Como, o que aconteceu?

— Eles vieram! — ela disse. — A SD! Não sei o que sabiam ou quem contou. Sua irmã e Annaliese estavam na sala de estar e eu escutei!

Ela voltou a soluçar.

— Eu ouvi!

— Ouviu o quê? — eu quase gritei.

— Ouvi o que ela disse! Eles apontaram para Annaliese e perguntaram: "Ela é judia?" E sua irmã disse, "Sim".

Senti meus joelhos enfraquecerem. Annaliese, loura, jovem, linda, com os documentos perfeitos. E tinha confiado em nós! *Ah, Nollie, Nollie, o que sua honestidade rígida fez!*

— E então? — perguntei.

—Não sei. Saí correndo pela porta dos fundos. Ela enlouqueceu!

Deixei Katrien na sala de jantar, desci os degraus com minha bicicleta e pedalei o mais rápido que podia os dois quilômetros até a casa de minha irmã. Hoje o céu não parecia mais amplo acima de Wagenweg. Encostei minha bicicleta contra um poste de luz na esquina da Rua Bos em Hoven. Eu estava ofegante, meu coração batia na garganta. Então, tão calmamente quanto conseguia, segui a calçada em direção a casa. Com exceção do carro estacionado no meio-fio bem em frente, tudo parecia enganosamente normal. Passei direto. Nem um som vinha detrás das cortinas brancas. Nada que distinguisse essa casa das outras iguais de ambos os lados.

Quando cheguei na esquina, dei meia volta. Naquele momento, a porta abriu e Nollie saiu. Atrás dela vinha um homem com um terno marrom. Um minuto depois, um segundo homem apareceu, meio empurrando, meio segurando Annaliese. O rosto da jovem estava branco como cera; por duas vezes, antes de chegarem ao carro, pensei que ela fosse desmaiar. As portas do carro bateram, o motor foi ligado, e partiram.

Pedalei de volta para casa lutando contra as lágrimas de ansiedade. Nollie, como logo descobrimos, tinha sido levada para a delegacia de polícia da esquina, para uma das celas dos fundos. Mas Annaliese tinha sido enviada a um velho teatro judaico em Amsterdã, de onde judeus eram transportados para campos de extermínio na Alemanha e Polônia.

Foi Mietje: a pequena encurvada e acabada Mietje, cuja oferta de retribuição havíamos desprezado, que nos manteve em contato com Nollie. Ela estava com o humor maravilhoso, disse a faxineira, cantando hinos e cânticos com sua melodiosa voz de soprano.

Como ela podia cantar, quando havia traído outro ser humano! Mietje entregava o pão que Betsie assava para Nollie todas as manhãs, e o casaco azul que ela pediu; o seu favorito, com flores bordadas nos bolsos.

Mietje trouxe outra mensagem de Nollie, uma especialmente para mim:

— Nada de mal acontecerá a Annaliese. Deus não permitirá que a levem para a Alemanha. Ele não a deixará sofrer porque eu o obedeci.

Seis dias após a prisão de Nollie, o telefone tocou. A voz de Pickwick do outro lado:

— Estava imaginando, minha querida, se seria um incômodo você mesma fazer a entrega daquele relógio?

Então, era uma mensagem que não poderia ser transmitida por telefone. Pedalei direto até Aerdenhout levando um relógio masculino como medida de segurança.

Pickwick esperou até que estivéssemos dentro da sala de estar com as portas fechadas.

— O teatro judaico em Amsterdã foi invadido ontem à noite. Quarenta judeus foram resgatados. Um deles, uma jovem, insistiu muito nesse recado para Nollie: "Annaliese está livre."

Ele me olhou fixamente com um de seus olhos.

— Você entende essa mensagem?

Confirmei com a cabeça, demasiadamente tomada por alívio e alegria para falar. Como Nollie ficara sabendo? Como ela tinha tanta certeza?

DEPOIS DE DEZ dias na cadeia de Haarlem, Nollie foi transferida para a prisão federal em Amsterdã.

Pickwick disse que o médico alemão responsável pelo hospital da prisão era um homem humanitário, que eventualmente arranjava uma dispensa médica. Fui logo a Amsterdã encontrá-lo. *Mas o que eu poderia dizer*, questionava-me enquanto esperava no *hall* de entrada de sua casa. Como eu poderia cair nas boas graças daquele homem?

Relaxado no vestíbulo, de vez em quando, cheirando minhas pernas e mãos, estavam três Dobermans enormes. Lembrei-me de um livro que estávamos lendo em voz alta à luz da bicicleta. *Como fazer amigos e influenciar pessoas.* Uma das técnicas defendidas por Dale

Carnegie era: descubra o passatempo do homem. *Passatempo, cães... eu imagino...*

Finalmente a empregada voltou e me levou para uma pequena sala de estar.

— Como o senhor é inteligente, doutor! — falei em alemão ao homem de cabelos grisalhos no sofá.

— Inteligente?

— Sim, por trazer esses adoráveis cães com o senhor. Eles devem ser uma boa companhia enquanto está longe da família.

A expressão do médico se iluminou.

— Então você gosta de cães?

Os únicos cães que eu conhecera foram os buldogues de Harry de Vries.

— Buldogues são os meus prediletos. Gosta deles?

— As pessoas não percebem — ele respondeu animadamente — os buldogues são muito afetuosos.

Durante uns dez minutos talvez, enquanto fazia uma busca em meu cérebro por qualquer coisa que já tivesse escutado ou lido sobre o assunto, falamos sobre cães. Então, bruscamente o médico se levantou.

— Mas tenho certeza de que não veio aqui conversar sobre cachorros. O que tem em mente?

Olhei em seus olhos.

— Tenho uma irmã na prisão em Amsterdã. Eu estava imaginando se... não creio que ela esteja bem.

O médico sorriu.

— Então você não tem interesse algum em cães.

— Agora me interesso — falei sorrindo também. — Porém estou muito mais interessada em minha irmã.

— Qual o nome dela?

— Nollie van Woerden.

O doutor saiu da sala e voltou com um caderno marrom.

— Sim. Uma que chegou recentemente. Conte-me algo sobre ela. Por que está na prisão?

Arriscando-me, contei que o crime de Nollie tinha sido esconder um judeu. Também lhe disse que ela era mãe de seis crianças que, se fossem deixadas sem supervisão, se tornariam um fardo para o Estado (Não mencionei que a mais nova dessas crianças tinha agora 17 anos).

— Bem, vamos ver.

Ele andou até a porta da sala.

— Agora, você precisa me dar licença.

Quando voltei de trem para Haarlem, estava mais encorajada do que nunca desde a prisão de Nollie. Mas se passaram dias, então uma semana, duas... sem qualquer notícia. Voltei a Amsterdã.

— Vim ver como estão aqueles dobermans, disse ao médico.

Ele não achou engraçado.

— Você não pode me incomodar. Sei que não veio para falar sobre cães. Precisa me dar tempo.

Então, não havia nada a fazer além de esperar.

Era um dia claro de setembro, quando dezessete de nós nos espremíamos ao redor da mesa de jantar. De repente, Nils, sentado à minha frente, ficou pálido. Nils era um de nossos voluntários, e viera reportar que Katrien havia chegado em segurança numa fazenda ao norte de Alkamaar. Então começou a falar numa voz normal, porém baixa.

— Não se vire. Alguém está olhando por cima da cortina.

Por cima da cortina! Mas... era impossível. Precisaria ter três metros de altura. A mesa ficou em silêncio.

— Ele está numa escada, lavando a janela, disse Nils.

— Eu não mandei lavar as janelas, falou Betsie.

Quem quer que fosse, não deveríamos estar aqui neste silêncio gélido e culpado! Eusie teve uma inspiração.

— Parabéns pra você! — cantou.

— Parabéns pra você! — todos entendemos e acompanhamos alegremente.

— Parabéns querido *Opa*...! — a música ainda estava ecoando pela casa, quando saí pela porta lateral e parei ao lado da escada, olhando para o homem acima, que segurava um balde e uma esponja.

— O que está fazendo? Não queremos as janelas lavadas. Principalmente durante a festa!

O homem tirou um pedaço de papel do bolso traseiro e o consultou.

— Não é a loja dos Kuiper?

— Fica do outro lado da rua. Mas... já que está aqui, entre e comemore conosco.

O homem balançou a cabeça. Agradeceu-me, mas tinha trabalho a fazer. Fiquei observando ele atravessar a Barteljorisstraat com sua escada, até confeitaria dos Kuiper.

— Funcionou? — perguntou o coro de vozes, quando voltei para a sala. — Acha que ele estava espionando?

Não respondi. Eu não sabia.

ISSO ERA O pior. Nunca saber. E uma das maiores incógnitas era meu próprio desempenho sob interrogatório. Sentia-me muito segura, desde que estivesse acordada. Mas se viessem à noite... Repetidas vezes o grupo trabalhou comigo — Nils, Henk, Leendert — invadindo meu quarto sem aviso, me sacudindo para acordar, jorrando perguntas sobre mim.

Na primeira vez que aconteceu, eu tinha certeza de que era uma invasão real. Bateram forte na minha porta, então jogaram o feixe da luz de uma lanterna nos meus olhos.

— Levante! De pé! — eu não conseguia ver o homem que estava falando.

— Onde está escondendo seus nove judeus?

— Agora temos apenas seis judeus.

Um silêncio terrível. A luz do quarto foi acesa para mostrar Rolf com as mãos na cabeça.

— Ah não! Não! — ficou dizendo. — Não pode ser tão ruim!

— Pense! — disse Henk bem atrás dele. — A Gestapo está tentando fazer você cair numa armadilha. A resposta é "Que judeus? Não tem judeu nenhum aqui!"

— Posso tentar de novo?

— Agora não! — respondeu Rolf. — Agora você está muito acordada.

Eles tentaram novamente algumas noites depois.

— Os judeus que você está escondendo, de onde vêm?

Sentei-me sonolenta.

— Não sei. Simplesmente aparecem na porta.

Rolf jogou seu chapéu no chão.

— Não, não, não! — gritou. "Que judeus?", "Não tem judeus!" — Não consegue aprender?

— Vou aprender! — prometi. — Vou melhorar.

E, da vez seguinte, acordei um pouco mais preparada.

Meia dúzia de vultos enchiam o quarto.

— Onde esconde os cartões de racionamento? — uma voz gritou.

Sob o primeiro degrau da escada, é claro. Mas, dessa vez eu não cairia na armadilha de dizer isso. Uma resposta mais engenhosa me ocorreu:

— No relógio frísio perto da escada!

Kik sentou-se ao meu lado na cama e me abraçou.

— Essa foi melhor, tia Corrie! — falou. — Dessa vez você tentou. Mas lembre-se: você não tem cartões além dos três para Opa, você e tia Betsie! Não existe atividade clandestina aqui! Você não sabe do que estão falando…

Gradualmente, com treinamentos repetidos, melhorei. Ainda assim, quando chegasse a hora de verdade, quando fossem mesmo agentes da Gestapo, realmente treinados para arrancar a verdade, como eu me sairia?

O TRABALHO CLANDESTINO de Willem o trazia frequentemente a Haarlem. Agora havia uma expressão de algo parecido com desespero, misturado às rugas de preocupação em seu rosto. Os soldados haviam estado no asilo duas vezes e, embora ele tivesse conseguido enganá-los com relação a maior parte dos judeus que ainda permaneciam lá, uma senhora idosa doente e cega tinha sido levada.

— Noventa e um! — Willem ficava repetindo. — Ela nem podia andar... tiveram que carregá-la até o carro.

Até então, a posição de Willem como pastor evitara uma ação direta contra ele e Tine. Mas estava sendo vigiado, dizia, mais atentamente do que nunca. Para ter um motivo oficial para suas visitas a Haarlem, ele começou a dirigir uma reunião de oração semanal no *Beje*, todas as manhãs de quarta-feira.

Mas meu irmão não podia fazer nada regularmente, especialmente orar, que logo dúzias de pessoas de Haarlem estavam frequentando a reunião, famintos por algo em que acreditar neste quarto ano da ocupação. A maior parte dos que vinham para as reuniões não tinham ideia da vida dupla da casa. De certa forma, eles traziam um novo perigo, pois passavam por voluntários e mensageiros de outros grupos clandestinos que entravam e saiam pelas estreitas escadas. Mas por outro lado, pensávamos, poderia ser uma vantagem ter esses grupos de pessoas obviamente inocentes entrando e saindo. Pelo menos, esta era nossa esperança.

ESTÁVAMOS SENTADOS À mesa de jantar uma noite após o toque de recolher, os três ten Booms, os sete "hóspedes permanentes" e dois judeus para quem estávamos procurando casas, quando a campainha da loja tocou.

Um cliente depois de fechar? E um com coragem suficiente para estar na Barteljorisstraat após o toque de recolher? Tirando as chaves do meu bolso, desci correndo, destranquei a porta da oficina e tateei através da loja escura. Na porta da frente, escutei por um instante.

— Quem está aí? — chamei.

— Lembra de mim?

A voz de um homem falando alemão.

—Quem é? — perguntei na mesma língua.

— Um velho amigo que veio visitar. Abra a porta!

Atrapalhei-me com a tranca e entreabri a porta ligeiramente. Era um soldado alemão uniformizado. Antes que eu pudesse alcançar o botão de alarme, ele empurrou a porta e entrou. Então tirou seu quepe, e no crepúsculo de outubro, reconheci o jovem relojoeiro alemão que papai havia dispensado quatro anos atrás.

— Otto! — gritei.

— Capitão Altschuler, ele me corrigiu. Nossas posições estão ligeiramente invertidas, não é, senhorita ten Boom?

Olhei para sua insígnia. Não era capitão, nem mesmo parecido, mas não disse nada. Ele olhou ao redor da loja.

— O mesmo lugarzinho abafado, falou.

Esticou o braço para ligar a luz, mas coloquei a minha mão sobre o interruptor.

— Não! Não temos persianas na loja!

— Bem, vamos subir, onde possamos conversar sobre os velhos tempos. Aquele velho limpador de relógios ainda está por aí?

— Christoffels? Ele morreu pela falta de combustível do inverno passado.

Otto deu de ombros.

— Boa viagem então! E o velho piedoso leitor de Bíblia?

Eu estava me aproximando do balcão de vendas, onde havia outro botão de campainha. — Papai está muito bem, obrigada.

— Bem, você não vai me convidar para subir e cumprimentar?

Por que ele estava tão ansioso para subir? O desgraçado tinha vindo aqui só para tripudiar, ou suspeitava de alguma coisa? Meu dedo encontrou o botão.

— O que foi isso? — Otto rodopiou desconfiado.

— O que foi o quê?

— Esse barulho! Escutei um tipo de zumbido.

— Não ouvi nada.

Mas Otto se dirigia para a oficina.

— Espere! — gritei. — Deixa eu trancar a porta da frente e subo com você! Eu… quero ver quanto tempo eles levarão para reconhecê-lo.

Enrolei na porta o máximo que me atrevi: definitivamente suas suspeitas aumentaram. Então o segui pela porta dos fundos, para o corredor. Nem um som da sala de jantar ou das escadas. Passei correndo por ele para subir os degraus e bati na porta.

— Papai! Betsie! — gritei com uma voz que esperava parecer uma brincadeira.

— Vou dar três… não, hum… seis chances para adivinhar quem está aqui!

— Sem brincadeiras de adivinha! — Otto passou por mim e escancarou a porta.

Papai e Betsie levantaram os olhos de suas refeições. A mesa estava posta para três, meu prato pela metade do outro lado. Estava tão perfeito, que nem eu, que tinha acabado de ver sete pessoas comendo aqui, poderia vagamente acreditar que isso não passava de um velho inocente jantando com suas filhas. O anúncio do Alpina estava na mesinha lateral: tinham se lembrado de tudo.

Sem ser convidado, Otto puxou uma cadeira.

— Bem! — ele se vangloriou. — As coisas aconteceram bem como eu disse, não foi?

— É o que parece — papai falou calmamente.

— Betsie, — eu disse, — ofereça um pouco de chá ao Capitão Altschuler!

Otto tomou um gole da infusão que Betsie servira e olhou para nós.

— Onde conseguiram chá de verdade? Ninguém na Holanda tem chá.

Como fui idiota. O chá tinha vindo de Pickwick.

— Se quer saber, — falei — vem de um oficial alemão. — Mas você não deve perguntar mais nada.

Tentei deixar implícitas relações clandestinas com um alto oficial da ocupação.

Otto permaneceu mais quinze minutos. E então, talvez sentindo que salientara sua vitória o bastante, saiu para as ruas vazias.

Somente meia hora depois é que ousamos dar o sinal de que estava tudo bem àquelas nove pessoas espremidas e trêmulas.

NA SEGUNDA SEMANA de outubro, durante uma manhã particularmente agitada com problemas da resistência, o telefone secreto tocou lá embaixo no vestíbulo. Desci correndo para atender; apenas papai, Betsie ou eu atendíamos.

— Bem! — disse a voz. — Você não vem me buscar?

Era Nollie.

— Nollie! Quando... Como... Onde você está?

— Na estação de trem em Amsterdã! Só que não tenho dinheiro para a passagem.

— Fique onde está! Ah, Nollie, estamos chegando!

Pedalei até a Rua Bos en Hoven, e então, com Flip e as crianças que estavam em casa, corremos para a estação de Haarlem. Vimos Nollie mesmo antes de nosso trem parar em Amsterdã... seu suéter azul brilhante era como um pedaço de céu no grande galpão escuro.

Sete semanas no presídio a tinham deixado pálida, mas continuava sendo a Nollie radiante de sempre. Um médico da prisão, ela disse, havia declarado que sua pressão arterial baixa era um problema sério, que poderia deixá-la incapacitada permanentemente, e seus seis filhos se tornariam um fardo para a sociedade. Seu rosto fez uma careta de perplexidade ao dizer aquilo.

O NATAL DE 1943 estava se aproximando. A neve suave que havia caído era o único elemento festivo da estação. Parecia que cada família tinha alguém na prisão, num campo de trabalhos, ou num esconderijo. Pela primeira vez, o lado religioso da festa estava predominante em cada mente.

Em casa, não tínhamos apenas o Natal para comemorar, mas também o *Hanukkah*, o "Festival das Luzes" judaico. Betsie encontrou um candelabro *Hanukkah* entre os tesouros guardados conosco atrás da cristaleira da sala de jantar, e o colocou em cima do piano. Cada noite acendíamos mais uma vela, enquanto Eusie lia a história dos Macabeus. Então cantávamos os cânticos assombrados e melancólicos do deserto. Éramos todos muito judeus naquelas noites.

Na quinta noite do Festival, enquanto estávamos reunidos em volta do piano, a campainha da porta do beco tocou. Abri e me deparei com a Sra. Beukers, esposa do oculista da porta ao lado, de pé sob a neve. A Sra. Beukers era tão gorda e calma, como seu marido era magro e preocupado. Mas naquela noite, seu rosto redondo estava transtornado pela ansiedade.

— Você acha — ela sussurrou — que seus judeus poderiam cantar um pouco mais baixo? Podemos escutá-los através das paredes e... bem, tem todo tipo de gente nesta rua...

De volta aos cômodos da *Tante* Jans, consternados, analisamos aquela informação. Se a família Beukers sabia tudo sobre nossas atividades, quantas pessoas mais em Haarlem também sabiam?

E não demorou muito para descobrirmos que um dos que sabia era o próprio chefe da polícia. Numa manhã escura de janeiro, quando começava novamente a nevar, Toos entrou correndo no “quartel general” da operação, o quarto dos fundos da *Tante* Jans, segurando uma carta. O envelope tinha o selo da polícia de Haarlem.

Rasguei para abrir. Dentro, no papel timbrado do chefe de polícia, havia um bilhete escrito à mão. Li silenciosamente primeiro, depois em voz alta.

— Você deverá vir ao meu gabinete esta tarde, às quinze horas.

Durante vinte minutos tentamos analisar aquele bilhete. Alguns acharam que não era o prenúncio de uma prisão. Por que a polícia lhe daria a chance de escapar? Ainda assim, era mais seguro se preparar para uma busca e apreensão. Os voluntários foram saindo da casa, um de cada vez. Os residentes esvaziaram latas de lixo e recolheram pedaços de costura, se aprontando para uma rápida retirada para o quarto secreto. Queimei papéis incriminadores na lareira de carvão da sala de jantar, há muito tempo vazia. O gato sentiu a tensão no ar, e se escondeu debaixo do aparador.

Então tomei um banho, talvez o último dos próximos meses, e arrumei uma bolsa, seguindo o que Nollie e outros tinham aprendido: uma Bíblia, um lápis, agulha e linha, sabão, ou pelo menos o que chamávamos de sabão naqueles dias, escova de dente e um pente. Vesti minhas roupas mais quentes, com diversas camadas de roupas íntimas e um segundo suéter por baixo do casaco. Um pouco antes das 15h, abracei papai e Betsie bem forte, e caminhei pela lama cinzenta até a Smedestraat.

O policial de plantão era um velho conhecido. Ele olhou para a carta e para mim com uma expressão curiosa.

— Por aqui — disse.

Bateu na porta do chefe. O homem sentado atrás da mesa tinha cabelos ruivos meio grisalhos penteados para frente, escondendo uma pequena careca. Um rádio estava ligado. O chefe esticou a mão e aumentou o volume.

— Senhorita ten Boom — falou. — Bem-vinda!

— Como vai, senhor?

O chefe tinha se levantado para fechar a porta.

— Sente-se! — disse. — Sei tudo sobre você, sabe? Sobre o seu trabalho.

— Quer dizer, a relojoaria. Provavelmente o senhor deve estar falando mais sobre o trabalho de meu pai, do que sobre o meu.

O chefe sorriu.

— Não! Quero dizer seu "outro" trabalho.

— Ah, então está se referindo ao meu trabalho com crianças especiais? Sim. Deixe-me lhe contar sobre…

— Não, Senhorita ten Boom! — o chefe baixou a voz. — Não estou falando de seu trabalho com crianças deficientes. Estou falando sobre outro trabalho. E quero que saiba que alguns de nós aqui simpatizamos com ele.

Agora o chefe sorria mais amplamente. Tentei sorrir para ele.

— Então, senhorita ten Boom, — ele continuou — tenho um pedido.

Sentou-se na ponta de sua mesa e olhou fixamente para mim. Baixou tanto a voz que apenas eu poderia ouvir. Disse que também estava trabalhando para a resistência. Mas que um informante dentro do departamento de polícia vinha vazando informações para a Gestapo.

— Não há outra forma de lidar com esse homem, a não ser matando-o.

Um frio correu pela minha espinha.

— Que alternativa temos? — ele prosseguiu sussurrando. — Não podemos prendê-lo... todas as prisões são controladas pelos alemães. Mas se ele continuar por aqui, muitos irão morrer. É por isso que me pergunto, senhorita ten Boom, se no seu trabalho, *você* talvez conheça alguém que poderia...

— Matá-lo?

— Sim.

Encostei-me na cadeira. Será que isso era uma armadilha para me fazer admitir a existência do grupo, dar nomes?

— Senhor, — finalmente disse, vendo que os olhos do chefe estavam piscando impacientemente — sempre acreditei que o meu papel era salvar vidas, não destruí-las. Entretanto, entendo o seu dilema e tenho uma sugestão. O senhor é um homem de oração?

— Nos dias de hoje, não somos todos?

— Então vamos orar juntos agora para que Deus toque o coração desse homem, para que ele não continue a trair seus compatriotas.

Houve uma longa pausa. Então o chefe concordou.

— Eu gostaria muito de fazer isso.

E então ali, no coração da delegacia de polícia, com o rádio dando as últimas notícias sobre o avanço alemão, oramos. Pedimos para que aquele holandês percebesse seu valor perante Deus, e o valor de cada ser humano na Terra.

Ao final da oração, o chefe se levantou.

— Obrigado, senhorita ten Boom! — E apertou minha mão. — Obrigado, novamente! Agora sei que foi errado lhe pedir aquilo.

Ainda agarrada a minha bolsa de prisão, atravessei o *hall* de entrada e segui para casa.

No andar de cima, todos se amontoaram ao meu redor para saber o que acontecera. Mas eu não contei. Não tudo... não queria que papai e Betsie soubessem que haviam nos pedido para matar. Seria um fardo desnecessário para eles.

O EPISÓDIO COM o chefe de polícia deveria ter sido encorajador. Aparentemente tínhamos amigos em altos postos. Na verdade, a notícia causou o efeito contrário sobre nós. Aquilo foi mais um exemplo de como o nosso segredo não era segredo algum. Parecia que toda Haarlem tinha conhecimento do que estávamos fazendo.

Sabíamos que deveríamos parar o trabalho, mas como? Quem manteria aberta a rede de suprimentos e informação da qual dependia a segurança de centenas? Se um refúgio tivesse que ser abandonado, como acontecia o tempo todo, quem coordenaria a mudança para outro endereço? Tínhamos que prosseguir, porém sabíamos que um desastre poderia não demorar a acontecer.

Na verdade, aconteceu primeiro a Jop, o aprendiz de 17 anos, que tinha buscado um lar seguro no *Beje*.

Num fim de tarde do final de janeiro de 1944, Rolf entrou furtivamente na oficina. Ele olhou para Jop. Eu acenei: Jop tinha conhecimento de tudo o que acontecia na casa.

— Haverá uma batida esta noite numa casa clandestina em Ede. Tem alguém que possa ir lá?

Porém, eu não tinha. Naquele fim de tarde, nenhum mensageiro ou acompanhante estava na casa.

— Eu vou! — disse Jop.

Abri minha boca para dizer que ele era inexperiente, e que estava sujeito a ser levado pelo transporte para as fábricas caso colocasse o pé na rua. Então pensei nas pessoas inocentes em Ede. Tínhamos um guarda-roupa de vestidos e cachecóis femininos lá em cima...

— Então, rápido, garoto! — Rolf falou. — Você tem que sair imediatamente!

Ele deu os detalhes e foi embora. Momentos depois, Jop reapareceu na forma de uma linda morena de casaco longo e lenço, um protetor de pele para esconder as mãos. Será que o garoto tivera algum tipo de premonição? Para minha surpresa, ele se virou na porta e me deu um beijo.

Jop deveria estar de volta às 7h da noite por causa do toque de recolher. O horário das sete chegou e passou. Talvez tenha se atrasado e voltaria de manhã.

Tivemos uma visita no dia seguinte bem cedo, mas não era Jop. Soube no instante em que Rolf atravessou a porta, que más notícias pesavam sobre ele.

— É Jop, não é?

— Sim.

— O que aconteceu?

Rolf soubera da história por um sargento do plantão noturno. Quando Jop chegou ao endereço em Ede, a Gestapo já estava lá. O garoto tocou a campainha; a porta abriu. Fingindo ser o dono da casa, o homem da SD o convidou para entrar.

— E Corrie, — disse Rolf — você precisa se preparar! A Gestapo vai arrancar informações de Jop. Já o levaram para Amsterdã. Por quanto tempo ele conseguirá segurar a língua?

Mais uma vez pensamos em parar o trabalho. Uma vez mais, concluímos que não podíamos.

Naquela noite, papai, Betsie e eu oramos muito, depois que os outros foram para cama. Sabíamos que apesar dos riscos cada vez maiores, não tínhamos escolha a não ser seguir em frente. Aquele era o momento das trevas: não podíamos fugir. Talvez, apenas quando os esforços humanos tivessem realizado o possível e falhado, estaria o poder de Deus livre para agir.

9.

A batida

Com o barulho de alguém no meu quarto, abri os olhos com esforço. Era Eusie levando suas roupas de cama e pijama para guardar no quarto secreto. Depois dele vieram Mary e Thea com suas trouxas.

Fechei novamente meus olhos. Era a manhã de 28 de fevereiro de 1944. Há dois dias eu estava na cama com *influenza*. Minha cabeça latejava e minhas juntas queimavam. Cada pequeno ruído, a respiração de Mary, o deslizar do painel secreto, me faziam querer gritar. Ouvi Henk e Meta entrarem, em seguida a risada de Eusie ao entregar as coisas do dia para os outros através da pequena porta.

Mordi meus lábios para não dizer: *Vão embora todos vocês! Me deixem em paz!*

Por fim pegaram suas roupas e pertences e saíram, fechando a porta. *Onde estava Leendert? Por que não subiu?* Então me lembrei de que Leendert ficaria fora por alguns dias, instalando sistemas elétricos de alarme como o nosso, em diversas de nossas casas para hóspedes. Voltei a mergulhar num sono febril.

No momento seguinte de consciência que tive, Betsie estava aos pés da cama com uma xícara fumegante de chá de ervas em sua mão.

— Lamento acordá-la, Corrie. Mas tem um homem lá embaixo na loja que insiste em falar apenas com você.

— Quem é?

— Ele diz que é de Ermelo. Nunca o vi antes.

Sentei-me trêmula.

— Tudo bem. Preciso me levantar de qualquer forma. Amanhã chegam os novos cartões de racionamento.

Beberiquei o chá escaldante, então fiz um esforço para me levantar. Lá, ao lado da cama, estava minha bolsa de prisão, arrumada e pronta como se encontrava desde a convocação do chefe de polícia. Na verdade, eu tinha acrescentado coisas. Além da Bíblia, roupas e artigos de higiene, continha agora vitaminas, aspirinas, pastilhas de ferro para a anemia de Betsie, e muito mais. Havia se tornado um tipo de talismã para mim, uma proteção contra os horrores da prisão.

Vesti-me lentamente e saí do quarto. A casa parecia girar ao meu redor. Arrastei-me para baixo agarrada ao corrimão. Na porta dos aposentos da *Tante* Jans, fiquei surpresa ao ouvir vozes. Espiei. É claro, eu tinha esquecido. Era manhã de quarta-feira, pessoas estavam reunidas para o encontro semanal de Willem. Vi Nollie servindo "café da ocupação", como chamávamos a atual infusão de raízes e figos secos. Peter já estava ao piano, como em quase todas as semanas, para prover a música. Continuei descendo, passando por pessoas que vinham para a reunião.

Quando cheguei à loja, tinha os joelhos trêmulos, um homenzinho ruivo saltou à frente para me encontrar.

— Senhorita ten Boom!

— Sim?

Há uma antiga expressão holandesa que diz: Você conhece um homem pela forma como olha em seus olhos. Este homem parecia se concentrar em algum ponto entre meu nariz e meu queixo.

— É sobre um relógio? — perguntei.

— Não, senhorita ten Boom, algo muito mais sério! — Seus olhos pareciam circular pelo meu rosto. — Minha esposa foi presa. Estávamos escondendo judeus, sabe. Se ela for interrogada, a vida de todos nós estará em perigo.

— Não sei como *eu* posso ajudar, disse.

— Preciso de seiscentos florins. Há um policial na delegacia de Ermelo que pode ser subornado por essa quantia. Sou um homem pobre... e me disseram que a senhorita tem certos contatos.

— Contatos?

— Senhorita ten Boom! É uma questão de vida e morte! Se eu não conseguir logo o dinheiro, ela vai ser levada para Amsterdã, e então será tarde demais.

Algo no comportamento daquele homem me fez hesitar. E ainda assim, como eu poderia correr o risco de estar errada? Disse-lhe:

— Volte em meia hora e lhe darei o dinheiro.

Pela primeira vez o homem me olhou nos olhos.

— Nunca esquecerei isto — ele falou.

A quantia era maior do que a que tínhamos na *Beje*, então enviei Toos ao banco com instruções de entregar o dinheiro ao homem, mas não fornecer qualquer outra informação.

Em seguida, lutava para subir novamente as escadas. Dez minutos antes eu estava queimando em febre, agora estava tremendo de frio. Parei nos aposentos de *Tante* Jans o tempo suficiente para pegar uma pasta com papéis na escrivaninha. Então, me desculpando com Willem e os outros, segui para o meu quarto. Troquei de roupa, reabasteci o vaporizador que sibilava sobre o pequeno fogareiro, e voltei para a cama. Durante um tempo tentei me concentrar nos nomes e endereços da pasta. *Cinco cartões este mês em Zandvoort. Nenhum em Overveen. Vamos precisar de dezoito em...* A gripe vociferava por trás de meus olhos, os papéis flutuavam à minha frente. A pasta escorregou da minha mão e eu adormeci.

EM MEU SONHO febril, uma sirene tocava. E não parava. Por que ela não para? Pés correndo, vozes sussurrando.

— Rápido! Rápido!

Sentei-me. Pessoas passavam correndo por minha cama. Virei-me a tempo de ver os calcanhares de Thea desaparecerem pela portinhola. Meta veio logo atrás dela, então Henk.

Mas... eu não planejei um treinamento para hoje! Quem no mundo, a menos que, a menos que não fosse um treinamento.

Eusie passou desiludido por mim, pálido, batendo seu cachimbo no cinzeiro que levava nas mãos trêmulas.

E, por fim, meu cérebro entorpecido percebeu que a emergência chegara. Uma, duas, três pessoas já estão no quarto secreto; quatro, quando os sapatos pretos e meias vermelhas de Eusie desapareceram. *Mas Mary... onde está Mary?* A idosa senhora apareceu esbaforida na porta do cômodo, tentando respirar. Saltei de minha cama, puxei-a e a empurrei para o outro lado do quarto.

Estava fechando o painel secreto atrás dela, quando um homem magro de cabelos brancos irrompeu no quarto. Reconheci-o da casa de Pickwidk. Era alguém do alto escalão da Resistência nacional. Não tinha ideia de que estava na casa. Ele mergulhou depois de Mary. *Cinco, seis. Sim, está certo, pois Leendert está fora.*

As pernas do homem desapareceram, baixei o painel e voltei para cama. Ouvi portas batendo no piso inferior, passos pesados nas escadas. Porém, era outro som que fez meu sangue gelar: a difícil e sufocante respiração de Mary.

— Senhor Jesus! — orei. — Tens o poder de curar! Cure Mary agora!

E então meus olhos se voltaram para a pasta, repleta de nomes e endereços. Agarrei-a rapidamente, empurrei a porta novamente deslizando-a para cima, joguei a pasta para dentro, puxei a porta para baixo e coloquei minha bolsa de prisão contra ela. Tinha acabado de voltar para a cama quando a porta do quarto se abriu.

— Qual o seu nome?

Sentei-me lentamente e esperava... sonolenta.

— O quê?

— Seu nome!

— Cornelia ten Boom.

O homem era alto e corpulento, com um rosto estranho e pálido. Usava um terno azul comum. Ele se virou e gritou para baixo:

— Temos mais um aqui em cima, Willemse.

Ele voltou-se para mim.

— Levante-se! Vista-se!

Enquanto eu me arrastava para fora dos cobertores, o homem tirou um pedaço de papel do bolso e o consultou.

— Então você é a líder da rede! — E olhou para mim com um interesse novo. — Diga-me, onde está escondendo os judeus?

— Não sei do que você está falando.

O homem riu.

— E você também não sabe nada sobre uma rede clandestina. Veremos!

Ele não tirava os olhos de mim, então comecei a colocar minhas roupas sobre o pijama com os ouvidos atentos a ruídos do quarto secreto.

— Mostre-me seus documentos!

Puxei o saquinho que usava pendurado no pescoço. Quando tirei minha identidade, um rolo de notas saiu com ela. O homem parou, abaixou-se, pegou o dinheiro no chão e colocou em seu bolso. Então pegou meus documentos e os verificou. Por um momento o quarto ficou silencioso. *O resfôlego de Mary Itallie... por que não o estou escutando?*

O homem jogou os papéis em mim.

— Rápido!

Mas ele não estava com a metade da pressa que eu estava para sair daquele quarto. Na pressa, abotoei o meu casaco todo trocado, enfiei os pés nos sapatos, sem me incomodar de amarrá-los. Então, estava prestes a pegar minha bolsa de prisão.

Espere!

Ela estava onde eu a jogara em meu momento de pânico: exatamente em frente ao painel secreto. Se eu a pegasse embaixo da prateleira, com este homem observando cada um dos meus movimentos, sua atenção não seria atraída para o último lugar na Terra que eu queria que ele olhasse?

A coisa mais difícil que eu jamais fiz foi me virar e sair do quarto, deixando a bolsa para trás.

Desci as escadas tropeçando; meus joelhos tremiam tanto de medo quanto da gripe. Um soldado uniformizado estava parado em frente aos aposentos da *Tante* Jans; a porta estava fechada. Questionei-me se a reunião de oração havia terminado, se Willem, Nollie e Peter tinham ido embora. Ou será que ainda estavam lá dentro? Quantas pessoas inocentes poderiam estar envolvidas?

O homem atrás de mim me deu um pequeno empurrão e desci mais rápido para a sala de jantar. Papai, Betsie e Toos estavam sentados em cadeiras encostadas contra a parede. Ao lado deles, estavam três trabalhadores clandestinos que devem ter chegado depois que eu subi. No chão abaixo da janela, quebrado em três pedaços, estava o sinal indicativo do *Alpina*. Alguém conseguira derrubá-lo da soleira.

Um segundo agente da Gestapo à paisana vasculhava ansiosamente a pilha de moedas de prata e joias amontoada sobre a mesa de jantar. Eram as coisas escondidas no espaço atrás da cristaleira de canto: de fato, fora o primeiro lugar onde olharam.

— Aqui está a outra listada neste endereço — disse o homem que me trouxera para baixo. — Minha informação diz que ela é a líder de toda a operação.

O homem a mesa, que se chamava Willemse, olhou para mim, então voltou-se para o lote à sua frente.

— Você sabe o que fazer, Kapteyn.

Kapteyn me pegou pelo cotovelo e me empurrou à frente dele, descendo os últimos cinco degraus e me levou para os fundos da loja. Outro soldado uniformizado montava guarda do lado de dentro desta porta. Kapteyn me acotovelou até a sala da frente e me empurrou contra a parede.

— Onde estão os judeus?

— Não há judeus aqui.

O homem bateu forte em meu rosto.

— Onde você esconde os cartões da ração?

— Não sei do que está...

Kapteyn me bateu novamente. Cambaleei contra o relógio astronômico. Antes que pudesse me recuperar, ele me bateu de novo, e de novo, e mais uma vez. Eram golpes tão fortes que jogavam minha cabeça para trás.

— Onde estão os judeus?

Outro golpe.

— Onde é seu quarto secreto?

Senti o gosto de sangue na boca. Minha cabeça girava, meus ouvidos zuniam... estava perdendo a consciência.

— Senhor Jesus, me proteja! — clamei.

A mão de Kapteyn parou no ar.

— Se disser esse nome novamente, mato você!

Porém, ao invés disso, seu braço lentamente baixou.

— Se você não vai falar, aquela magrinha vai.

Eu cambaleava a sua frente na escada. Ele me empurrou para uma das cadeiras contra a parede na sala de jantar. Com a visão embaçada, vi-o tirando Betsie da sala.

Acima de nós, marteladas e som de madeira partindo indicavam onde a treinada equipe procurava pelo quarto secreto. Então, no beco, a campainha tocou. Mas o sinal! Não viram que o sinal do *Alpina* não estava lá e...? Olhei de relance para a janela e prendi a respiração. Lá na soleira, com os pedaços quebrados cuidadosamente colados, estava o triângulo de madeira.

Era tarde demais. Quando olhei para cima e vi Willemse olhando atentamente para mim.

— Foi o que eu pensei! — ele disse. — Era o sinal, não era?

Ele desceu correndo. Acima de nós, as marteladas e os passos de botas pararam. Ouvi a porta do beco ser aberta e a voz de Willemse, suave e cativante.

— Não vai entrar?

— Vocês souberam? — uma voz de mulher. — Pegaram Oom Herman!

Pickwick? Não Pickwick!

— Como? — ouvi Willemse dizer. — Quem estava com ele?

Ele a sondou o máximo que pôde, então a aprisionou. Piscando de medo e confusão, a mulher foi colocada ao nosso lado, sentada contra a parede. Eu a reconhecia apenas como uma pessoa que, eventualmente, levava mensagens para nós pela cidade. Fiquei olhando angustiada para o sinal na janela que anunciava ao mundo que tudo estava como de costume no *Beje*. Nossa casa tinha se transformado numa armadilha: quantos mais cairiam nela antes deste dia terminar? E Pickwick! Será que realmente tinham pego Pickwick?

Kapteyn apareceu com Betsie na sala de jantar. Estava ofegante e com os lábios inchados; uma contusão começava a aparecer em sua bochecha. Ela meio que caiu na cadeira ao meu lado.

— Ah, Betsie! Ele machucou você!

— Sim — ela limpou o sangue da boca. — Sinto tanto pesar por ele.

Kapteyn girou, seu rosto branco estava ainda mais pálido.

— Prisioneiros devem ficar em silêncio! — gritou.

Dois homens estavam descendo a escada, e entraram na sala levando algo entre eles. Haviam descoberto o velho rádio sob o degrau.

— Cidadãos cumpridores da lei, não são? — Kapteyn continuou. — Você! O homem velho ali. Vejo que acredita na Bíblia. — Ele apontou com o polegar para o belo livro na prateleira.

— Conte-me, o que ele diz sobre obedecer ao governo?

— "Temei a Deus" — papai citou, e de seus lábios, naquela sala, as palavras soaram como benção e conforto. — "Temei a Deus, honrai a rainha."

Kapteyn olhou fixo para ele.

— Não diz isso! A Bíblia não diz isso!

— Não — papai admitiu. — Ela diz, "Temei a Deus, honrai o rei." Mas no nosso caso, é a rainha.

— Não é rei ou rainha! — berrou Kapteyn. — Agora somos o governo, e vocês são infratores da lei!

A campainha tocou novamente. E, de novo, houve perguntas e prisão. O jovem, um de nossos voluntários, mal tinha sentado numa cadeira e, mais uma vez, a campainha tocou. Parecia que nunca tivéramos tantos visitantes: a sala de jantar estava ficando lotada. Senti-me desolada por aqueles que tinham vindo simplesmente para uma visita social. Um missionário idoso aposentado foi trazido para dentro com o queixo tremendo de medo. Pelo menos, pelas batidas e arrastos acima, ainda não tinham descoberto o quarto secreto.

Um novo som me fez pular. O telefone no vestíbulo estava tocando.

— Isso é um telefone! — gritou Willemse.

Ele olhou em volta da sala, então, me agarrando pelo pulso, me puxou escada abaixo atrás dele. Colocou o auscultador sobre a minha orelha, mas manteve sua mão sobre ele.

— Atenda! — disse com os lábios.

— Residência e loja dos ten Boom — disse o mais secamente que ousei.

Porém, a pessoa do outro lado da linha não captou a rispidez.

— Senhorita ten Boom, vocês estão terrivelmente em perigo! Prenderam Herman Sluring! Sabem de tudo! Precisa ter cuidado!

A voz da mulher continuava tagarelando, e o homem ao meu lado ouvindo tudo.

Ela mal havia desligado, quando o telefone tocou novamente. A voz de um homem, e, mais uma vez a mensagem:

— Oom Herman foi levado para a delegacia de polícia. Isso significa que sabem de tudo…

Por fim, na terceira vez que repeti minha saudação formal e atípica, houve um *click* do outro lado. Willemse arrancou o auscultador da minha mão.

— Alô! Alo! — gritou. Ele sacudiu a base da parede. A linha foi desligada. Ele me puxou de volta para cima, novamente para minha cadeira. — Nossos amigos ficaram espertos — ele disse a Kapteyn. — Mas ouvi o suficiente.

Aparentemente Betsie tinha recebido permissão para sair da cadeira: estava fatiando pão no aparador. Surpreendi-me ao perceber que já era hora do almoço. Betsie distribuiu o pão pela sala, mas eu não quis. A febre tinha subido de novo. Minha garganta doía e minha cabeça latejava.

Um homem apareceu na porta.

— Vasculhamos o local inteiro, Willemse — falou. — Se há um quarto secreto aqui, foi construído pelo próprio demônio.

Willemse olhou para Betsie, para papai, para mim.

— Tem um quarto secreto aqui — disse calmamente. — E pessoas o estão usando, ou já teriam confessado. Tudo bem. Montaremos guarda ao redor da casa até que se transformem em múmias.

Na quietude do horror que se seguiu, senti uma suave pressão em meus joelhos. Maher Shalal Hashbaz havia pulado no meu colo para se esfregar em mim. Acariciei seu pelo preto brilhante. O que seria dele agora? Não queria pensar sobre as seis pessoas lá em cima.

Já se passara meia hora desde a última vez que a campainha tocara. Quem quer que tenha entendido minha mensagem ao telefone, deve ter dado o alarme. A notícia se espalhara: ninguém mais cairia na armadilha do *Beje*.

Aparentemente, Willemse havia chegado à mesma conclusão, porque, bruscamente, mandou que ficássemos de pé e descêssemos para o vestíbulo com nossos casacos e chapéus. Ele manteve a mim, papai e Betsie na sala de jantar até o final. À nossa frente, descendo as escadas, passavam as pessoas que vinham dos aposentos da *Tante* Jans. Prendi a respiração olhando para elas. Ao que parecia, a maioria dos que estavam na reunião de oração havia saído antes da batida. Mas não todos. Lá vinham Nollie, atrás dela, Peter. Por último na fila, Willem.

Então toda a família. Papai, seus quatro filhos, um neto. Kapteyn me deu um empurrão.

— Mexam-se!

Papai pegou seu chapéu no cabide da parede. Do lado de fora da sala de jantar, parou para puxar os pesos do antigo relógio Frísio.

— Não devemos deixar o relógio parar — disse.

— Papai: o senhor realmente acredita que estaremos de volta a casa quando a próxima corrente terminar?

Na rua, havia parado de nevar; poças de água suja se acumulavam nas sarjetas, enquanto marchávamos pelo beco, a caminho de Smedestraat. A caminhada levou apenas um minuto, mas quando passamos pelas portas duplas da delegacia de polícia, eu estava tremendo de frio. No saguão de entrada, procurei ansiosamente por Rolf e outros que conhecíamos, mas não vi ninguém. Uma tropa de soldados alemães parecia estar reforçando o contingente policial regular.

Fomos levados por um corredor e passamos pelo pesado portão de ferro onde vi Harry de Vries pela última vez. Ao final daquele corredor, havia um grande salão que, obviamente, antes fora um ginásio. Janelas altas nas paredes, cobertas com telas de arame; aros e tabelas de basquete estavam amarrados no teto. Agora, no centro do ambiente havia um oficial do exército alemão sentado atrás de uma mesa. Esteiras enroladas estavam espalhadas, cobrindo parte do chão, e eu desabei sobre uma delas.

Durante duas horas, o oficial anotou nomes, endereços e outros dados. Contei quantos haviam sido presos juntamente conosco: 35 pessoas na batida no *Beje*.

Pessoas presas anteriormente também estavam sentadas ou deitadas nas esteiras. Alguns daqueles rostos nós conhecíamos. Procurei por Pickwick, mas não estava entre eles. Um deles, um colega relojoeiro que vinha com frequência ao *Beje* a negócios, parecia estar especialmente aflito com o que acontecera conosco. Ele se aproximou e se sentou ao meu lado e de papai.

Por fim, o oficial saiu. Pela primeira vez desde que o alarme havia disparado, pudemos conversar entre nós. Esforcei-me para sentar.

— Rápido! — eu disse com a voz baixa. — Temos que combinar o que falar! A maioria pode simplesmente dizer a verdade, mas... minha voz embargou na garganta. Ao meu cérebro entorpecido pela gripe, parecia que Peter estava me lançando o olhar mais furioso que eu já vira.

— Mas se eles souberem que tio Willem estava falando esta manhã sobre o Antigo Testamento, isso pode trazer problemas a ele. — Peter terminou a frase por mim.

Ele acenou com a cabeça para um lado, e me firmei cambaleante sobre os meus pés.

— *Tante* Corrie! — sussurrou quando estávamos no outro canto do salão. — Aquele homem, o relojoeiro! Ele é um informante da Gestapo. Peter bateu em minha cabeça com carinho, como se eu fosse uma criança doente. — Deite de novo, *Tante* Corrie. E, pelo amor, não fale nada.

Acordei com o barulho das pesadas portas do ginásio sendo abertas. Rolf entrou a passos largos.

— Façam silêncio aqui! — gritou. Inclinou-se perto de Willem e disse alguma coisa que não consegui escutar. — Os banheiros ficam lá atrás — continuou em voz alta. — Podem ir. Um de cada vez, mas escoltados.

Willem sentou-se ao meu lado.

— Ele diz que podemos jogar papéis incriminadores no vaso e dar descarga, se os rasgarmos bem picadinhos.

Apalpei os bolsos do meu casaco. Havia diversos pedados de papéis e uma carteira com algum dinheiro. Examinei cada um, tentando pensar em como poderia explicá-los num processo judicial. Ao lado da fila de banheiros externos, havia uma bacia com uma caneca de metal presa a ela por uma corrente. Com gratidão, bebi bastante água, a primeira desde o chá que Betsie me trouxera naquela manhã.

Ao entardecer, um policial entrou no ginásio com uma grande cesta de pães quentes e frescos. Não consegui engolir o meu. Para mim, apenas água estava caindo bem, embora estivesse começando a ficar envergonhada de pedir para ser levada lá fora diversas vezes.

Quando voltei pela última vez, um grupo havia se reunido ao redor de papai para as orações da noite. Todos os dias da minha vida haviam terminado assim: com aquela voz profunda e firme, que, com certeza e prontidão, nos confiava a todos aos cuidados de Deus. A Bíblia estava em casa, em sua prateleira, porém a maior parte dela estava guardada em seu coração. Seus olhos azuis pareciam estar olhando para além do salão trancado e cheio, além de Haarlem, além da própria Terra, quando citou de cor: — Tu és o meu refúgio e o meu escudo; na tua palavra, eu espero... Sustenta--me, e serei salvo...

Nenhum de nós dormiu muito. Cada vez que alguém saía do ginásio, tinha que pular por cima de uma dúzia de pessoas. Finalmente a luz começou a entrar pelas janelas altas e gradeadas do salão. A polícia trouxe pãezinhos novamente. Enquanto a longa manhã se arrastava, eu cochilava com minhas costas contra a parede; a pior dor agora parecia ser no meu peito. Era meio dia quando soldados entraram e mandaram que ficássemos em pé. Apressadamente vestimos nossos casacos e novamente seguimos em fila pelos corredores frios.

Na Smedestraat, uma parede de gente se comprimia contra as barricadas da polícia colocadas do outro lado da rua. Quando Betsie e eu saímos, com papai entre nós duas, um murmúrio de horror foi ouvido, ao verem "O bom velhinho de Haarlem sendo levado para a prisão." Em frente ao portão havia um ônibus verde da cidade com soldados ocupando os bancos traseiros. Pessoas subiam nele, enquanto amigos e parentes na multidão choravam, ou simplesmente olhavam. Betsie e eu seguramos os braços de papai para começar a descer os degraus. Então congelamos. Passando por nós, tropeçando entre dois soldados, sem chapéu e sem casaco, vinha Pickwick. O alto de sua cabeça calva era uma mistura de hematomas; sangue seco prendia a barba em seu queixo. Ele não olhou para cima enquanto era arrastado para dentro do ônibus.

Papai, Betsie e eu nos apertamos num acento duplo quase na frente. Pela janela, vi Tine no meio da multidão. Era um daqueles radiantes dias de inverno, quando o ar parece brilhar com a luz. O ônibus tremeu e deu a partida. A polícia abriu caminho e começamos a avançar lentamente. Eu olhava avidamente pela janela, segurando-me a Haarlem com meus olhos. Agora estávamos cruzando o Grote Markt, as paredes da grande catedral resplandecendo milhares de tons de cinza nas luzes de cristal. De uma forma estranha, me parecia que já vivenciara este momento antes.

Então lembrei.

A visão. A noite da invasão. Vi tudo isso. Willem, Nollie, Pickwick, Peter, todos nós aqui, sendo levados através desta praça, contra nossa vontade. Tudo estava no sonho... todos nós deixando Haarlem, incapazes de voltar. Indo para onde?

10.

Scheveningen

Saindo de Haarlem, o ônibus tomou a estrada que seguia para o sul, paralela ao mar. À nossa direita se erguiam as baixas dunas de areia do interior, e silhuetas de soldados apareciam nos cumes. Claramente não estávamos sendo levados para Amsterdã.

Ao invés disso, uma viagem de duas horas nos levou para as ruas de Hague. O ônibus parou em frente a um prédio novo e funcional; nos bancos de trás sussurraram que este era o quartel general da Gestapo na Holanda. Todos nós fomos conduzidos, exceto Pickwick que parecia incapaz de se levantar do assento, para uma grande sala, onde o infindável processo de anotar nomes, endereços e ocupações, começou novamente.

No outro lado do balcão que percorria todo o cumprimento da sala, eu me surpreendi ao ver Willemse e Kapteyn. E à medida em que os prisioneiros de Haarlem se aproximavam do balcão, um ou outro se inclinava e falava algo com o homem sentado atrás da máquina de escrever, e começava o som das teclas da máquina.

De repente, os olhos do chefe do interrogatório, recaíram sobre papai.

— Aquele velho! — ele gritou. — Precisava ser preso? Você, velho!

Willem conduziu papai até o balcão. O chefe da Gestapo se inclinou para frente.

— Gostaria de mandá-lo para casa, meu camarada — falou. — Aceitarei sua palavra de que não causará mais problemas.

Eu não conseguia ver o rosto de papai, apenas a postura ereta de seus ombros e o tufo de cabelos brancos acima deles. Mas ouvi sua resposta.

— Se eu for para casa hoje, — ele disse segura e claramente, — amanhã abrirei a minha porta novamente a qualquer homem necessitado que bater.

A amabilidade foi drenada da face do outro homem.

— Volte para a fila! — gritou. — *Schnell*! [N.T.: Rápido em alemão.] Esta corte não irá tolerar mais atrasos!

Porém, atrasos parecia ser a razão para existência desta corte. Conforme nos aproximávamos do balcão, havia infindáveis repetições de perguntas, infindáveis consultas de documentos, infindáveis idas e vindas de oficiais. Do lado de fora da janela, o curto dia de inverno estava escurecendo. Não comíamos desde os pãezinhos e água fornecidos ao amanhecer.

Na fila, à minha frente, Betsie respondia:

— Solteira — pela vigésima vez naquele dia.

— Número de filhos? — perguntava monotonamente, o interrogador.

— Sou solteira — Betsie repetiu.

O homem nem levantou os olhos de seus papéis.

— Número de filhos! — disse bruscamente.

— Sem filhos — Betsie falou resignadamente.

Ao anoitecer, um homenzinho corpulento, usando uma estrela amarela, passou por nós, sendo levado para o canto mais remoto da sala. Um som de discussão fez com que todos nós olhássemos. O pobre homem estava tentando manter algo agarrado em suas mãos.

— É minha! — gritava. — Vocês não podem tirá-la! Não podem tirar minha bolsa!

Que loucura o havia possuído? Que bem imaginou, que o dinheiro poderia fazer por ele agora? Porém, continuava a lutar para a evidente satisfação dos homens ao seu redor.

— Ei, judeu! — escutei um deles dizer. Ele levantou sua bota, e chutou o homenzinho por trás dos joelhos. — É assim que tomamos coisas de um judeu.

Era tanto barulho. Foi tudo em que consegui pensar enquanto continuavam a chutá-lo. Segurei no balcão para não cair, enquanto o som continuava. Descontrolada e irracionalmente, odiava o homem que estava sendo chutado, o odiava por estar tão indefeso e tão machucado. Por fim, escutei o som dele sendo arrastado para fora.

Então, finalmente, eu estava em frente ao interrogador chefe. Levantei os olhos e encontrei os olhos de Kapteyn, bem atrás dele.

— Esta mulher era a líder da rede — ele disse.

Senti uma agitação dentro de mim. Percebi que era importante que os outros acreditassem nele.

— O que o Sr. Kapteyn diz é verdade — afirmei. — Os outros... não sabem de nada sobre isso. É tudo minha...

— Nome? — o interrogador inquiriu calmamente.

— Cornelia ten Boom, e eu sou...

— Idade?

— Cinquenta e dois. O restante dessas pessoas não têm nada a ver...

— Ocupação?

— Mas eu já disse uma dúzia de vezes! — explodi em desespero.

— Ocupação? — ele repetiu.

Era noite escura quando, por fim, saímos do prédio. O ônibus verde tinha ido embora. No lugar dele, fomos colocados na carroceria coberta por uma lona de um grande caminhão do exército. Dois soldados precisaram ajudar papai a subir. Não havia sinal de

Pickwick. Papai, Betsie e eu achamos lugares para sentar num banco estreito que contornava as laterais.

O caminhão não tinha molas, e balançava pesadamente pelas ruas esburacadas pelas bombas do Hague. Coloquei meu braço nas costas de papai, para evitar que batesse na lateral. Willem, de pé perto dos fundos, sussurrava o que conseguia ver da cidade apagada. Tínhamos deixado o centro da cidade, e parecíamos estar seguindo em direção ao subúrbio de Scheveningen. Então, esse era o nosso destino: a penitenciária federal denominada, depois disso, de cidade costeira.

O caminhão parou num solavanco; ouvimos o ranger do ferro. Avançamos mais uns metros, e paramos novamente. Atrás de nós, enormes portões foram fechados.

Desembarcamos num enorme pátio cercado por um alto muro de tijolos. O caminhão se afastara para um prédio longo e baixo; soldados nos empurraram para dentro. Pisquei com a luz clara das luminárias no telhado brilhante.

— *Nasen gegen Mauer!* [N.T.: "Narizes para a parede" em alemão.]

Senti um empurrão atrás de mim, e me encontrei olhando para um gesso rachado. Virei meus olhos o máximo que pude primeiro para a esquerda, depois para a direita. Lá estava Willem. Dois lugares depois dele, Betsie. Próximo a mim, do outro lado, estava Toos. Todos, como eu, com o rosto virado para a parede. Onde estava papai?

Foi uma espera infindável, enquanto que as marcas da parede diante dos meus olhos se tornavam rostos, paisagens, formas de animais. Então, em algum lugar à direita, uma porta abriu.

— Mulheres, sigam-me!

A voz da matrona soava tão metálica quanto o ranger da porta. Quando me afastei da parede, olhei em volta da sala, procurando papai. Lá estava ele... a alguns passos afastado da parede, sentado numa cadeira de encosto reto. Um dos guardas deve tê-la trazido para ele.

De imediato a matrona estava seguindo pelo longo corredor, como pude ver através da porta. Porém, fiquei para trás, olhando desesperadamente para papai, Willem, Peter, todos os nossos bravos voluntários da resistência.

— Pai! — gritei subitamente. — Fique com Deus!

Ele virou sua cabeça em minha direção. A forte luz do teto refletiu em seus óculos.

— E com vocês, minhas filhas! — falou.

Voltei-me para a fila e segui as outras. Atrás de mim, a porta bateu. *E com vocês! E com vocês! Ó, papai, quando o verei de novo?*

A mão de Betsie pegou a minha. Havia uma esteira de palha estendida no centro do amplo corredor. Andamos por cima dela, evitando o concreto úmido.

— Prisioneiras para as laterais! — Era a voz entediada do guarda atrás de nós. — Prisioneiras não devem pisar na esteira.

Com culpa, saímos do caminho privilegiado.

À nossa frente, no corredor, havia uma mesa: atrás dela, uma mulher uniformizada. Cada prisioneira que lá chegava, dizia seu nome pela milésima vez aquele dia, e colocava sobre a mesa qualquer coisa de valor que levasse consigo. Nollie, Betsie e eu tiramos nossos belos relógios de pulso. Quando entreguei o meu para a oficial, ela apontou para a aliança de ouro que pertencera à mamãe. Eu a tirei do meu dedo e coloquei sobre a mesa, juntamente com minha carteira e algumas notas de florins.

A procissão pelo corredor continuou. As paredes dos dois lados tinham portas estreitas de metal, uma após a outra. A fila de mulheres parou: a matrona estava colocando uma chave numa das portas. Ouvimos o barulho da tranca destravando, o ranger das dobradiças. A matrona consultou a lista em sua mão, então chamou o nome de uma senhora que eu nem conhecia, uma das que estavam na reunião de oração de Willem.

Seria possível que tudo acontecera apenas ontem? Ainda era noite de quinta? Os acontecimentos do *Beje* pareciam parte de uma outra vida. A porta foi fechada; a fila prosseguiu. Outra porta destravada, outro ser humano trancado atrás dela. Duas de Haarlem não eram colocadas na mesma cela.

Entre os primeiros nomes lidos, estava o de Betsie. Ela entrou; antes que pudesse se virar ou se despedir, a porta fechou. Duas celas depois, Nollie me deixou. O som daquelas duas portas se fechando, ecoava em meus ouvidos enquanto a lenta marcha continuava.

Agora o corredor ramificava, e viramos à esquerda. Então à direita, e à esquerda novamente. Um mundo interminável de aço e concreto.

— Ten Boom, Cornelia!

Outra porta abriu. A cela era profunda e estreita, quase tão estreita quanto a porta. Uma mulher estava deitada no único catre, outras três em esteiras no chão.

— Deem o catre para essa aí! — disse a matrona. — Está doente.

E realmente, assim que a porta bateu atrás de mim, um espasmo de tosse subiu pelo meu peito e garganta.

— Não queremos uma mulher doente aqui! — alguém gritou. Elas estavam tropeçando em seus pés, se afastando de mim, o máximo que o estreito cubículo permitia.

— Eu... eu... me desculpem... — comecei, mas outra voz me interrompeu.

— Não se desculpe. Não é culpa sua. Venha, Frau Mikes, dê o catre a ela! — A jovem se virou para mim. — Deixe-me pendurar seu chapéu e casaco.

Agradecida, entreguei meu chapéu, que ela acrescentou a uma fila de roupas penduradas em ganchos numa das paredes. Mas mantive o casaco enrolado em mim. O catre já estava vago e, tremendo, me dirigi para ele, tentando não espirrar ou respirar ao passar por minhas colegas de cela. Sentei-me na estreita cama, então comecei um novo ataque de tosse quando uma nuvem de poeira negra subiu do imundo colchão de palha. Finalmente o ataque passou e me deitei. O cheiro azedo da palha encheu minhas narinas. Sentia cada ripa de madeira através do fino colchão.

Nunca conseguirei dormir numa cama dessas, pensei. E quando dei por mim, era de manhã, e havia uma batida ruidosa na porta.

— Comida — minhas companheiras de cela me disseram.

Esforcei-me para ficar de pé. Abriu-se um quadrado de metal na porta, formando uma pequena prateleira. Sobre ela, alguém no corredor estava colocando pratos de metal cheios de um mingau fumegante.

— Tem uma nova aqui! — a mulher chamada Frau Mikes gritou pela abertura.

— Precisamos de cinco porções! — Outro prato de metal foi jogado na prateleira.

— Se não estiver com fome, ajudo você com isso — Frau Mikes acrescentou.

Peguei meu prato, olhei para a aguada papa cinza e entreguei a ela silenciosamente. Logo depois, os pratos foram recolhidos e a portinhola foi fechada.

Mais tarde, naquela manhã, uma chave foi colocada na fechadura, o parafuso se mexeu e a porta abriu o suficiente para passar o balde sanitário. A bacia também foi esvaziada e retornada com água limpa. As mulheres pegaram suas esteiras de palha do chão e as empilharam num canto, levantando uma nova nuvem de poeira, que me fez começar a tossir novamente, sem parar.

Então, estabeleceu-se na cela o tédio da prisão, que logo aprendi a temer acima de tudo. No início, tentei aliviá-lo conversando com as outras, mas como eram tão gentis quanto pode ser alguém que está vivendo literalmente amontoado, rejeitaram minhas perguntas e nunca soube muita coisa sobre elas.

A jovem que tinha falado gentilmente comigo na noite anterior, descobri que era uma baronesa com apenas 17 anos. Essa garota constantemente andava pela cela, desde a manhã até que a luz se apagasse à noite: seis passos até a porta, seis passos de volta esquivando-se das que estavam sentadas no chão, de um lado para o outro, como um animal numa jaula.

Frau Mikes era uma austríaca que tinha trabalhado como diarista num edifício comercial. Com frequência chorava por seu canário.

— Pobre coisinha! O que será dele? Jamais se lembrarão de alimentá-lo.

Isso me fez começar a pensar em nosso gato. Será que Maher Shalal Hashbaz tinha fugido para as ruas... ou estava morrendo de fome dentro da casa fechada? Imaginava-o rondando entre as pernas das cadeiras da sala de jantar, sentindo falta dos ombros sobre os quais amava passear. Tentei não permitir minha mente se aventurasse pela parte superior da casa, que subisse os degraus para ver se Thea, Mary, Eusie... não! Aqui nesta cela, não podia fazer nada por eles. Deus sabia que estavam lá.

Uma das minhas colegas de cela estava em Scheveningen há três anos. Ela podia ouvir o barulho do carrinho de comida muito antes do restante de nós e dizer, pelo ritmo do passo, quem estava andando pelo corredor.

— Essa é a encarregada dos medicamentos. Alguém está doente.

— Esta é a quarta vez que alguém na 316 foi levado para interrogatório.

Seu mundo consistia naquele cubículo e no corredor lá fora... e logo comecei a perceber a sabedoria dessa visão estreitada, e porque as prisioneiras, instintivamente, se esquivavam de perguntas sobre suas vidas. Durante os primeiros dias de meu encarceramento, eu fiquei numa ansiedade frenética com relação a papai, Betsie, Willem, Pickwick. Papai seria capaz de comer esta comida? Será que o cobertor de Betsie é tão fino como este aqui?

Esses pensamentos me levavam a tal desespero, que logo aprendi a não me entregar a eles. Num esforço para fixar minha mente em alguma coisa, pedi a Frau Mikes para me ensinar o jogo de cartas que ela jogava durante horas. Ela mesma tinha confeccionado as cartas com os quadrados de papel higiênico que eram entregues às prisioneiras: cada uma recebia dois por dia. Ela passava o dia todo sentada num canto do catre, posicionando as cartas à sua frente, e então as recolhendo, num movimento sem fim.

Demorei a aprender, já que cartas de qualquer tipo jamais eram jogadas no *Beje*. Agora, quando começava a entender o jogo de paciência, questionava-me qual o motivo da resistência de papai a elas... certamente, nada poderia ser mais inocente do que essa sucessão de formas chamadas paus, espadas, ouros...

Porém, com o passar dos dias, comecei a descobrir o sutil perigo. Quando as cartas iam bem, meu humor subia. Era um presságio: alguém de Haarlem tinha sido solto! Mas se eu perdia... Talvez alguém estivesse doente. As pessoas no quarto secreto tinham sido encontradas...

Por fim, precisei parar de jogar. De qualquer forma, estava tendo dificuldades em ficar sentada tanto tempo. Cada vez mais eu passava os dias, como as noites, me virando no colchão fino, tentando, em vão, achar uma posição na qual todas as dores fossem aliviadas de uma só vez. Minha cabeça latejava continuamente, a dor corria nos meus braços de cima abaixo, minha tosse veio com sangue.

Uma manhã, eu estava me debatendo febrilmente no catre, quando a porta da cela abriu e lá estava a voz metálica da matrona que eu vira na noite em que entrara na cela, duas semanas antes.

— Ten Boom, Cornelia!

Esforcei-me para me levantar.

— Traga seu chapéu e casaco, e venha comigo!

Olhei para as outras buscando uma pista do que estava acontecendo.

— Você vai lá fora — disse nossa especialista em prisão. — Quando leva seu chapéu, sempre vai lá fora.

Enquanto vestia meu casaco, peguei meu chapéu no gancho e saí para o corredor. A matrona trancou novamente a porta e saiu tão rapidamente, que meu coração martelava enquanto a seguia, tendo o cuidado de pisar fora da preciosa passadeira. Olhava ansiosamente para as portas trancadas dos dois lados; não conseguia lembrar atrás de quais delas minhas irmãs desapareceram.

Por fim, saímos para o grande pátio murado. Céu! Pela primeira vez em duas semanas, céu azul! Como as nuvens estavam altas aqui, como eram indescritivelmente brancas e claras. Subitamente, lembrei-me do quanto o céu significava para mamãe.

— Rápido! — gritou a matrona.

Corri para o automóvel preto brilhante, ao lado do qual ela estava. Ela abriu a porta traseira e eu entrei. Outros dois já estavam no assento detrás: um soldado e uma mulher com um rosto magro e cinzento. Na frente, ao lado do motorista, entrou um homem de aparência desesperadamente doente, cuja cabeça caiu estranhamente para trás. Quando o carro começou a andar, a mulher ao meu lado levou uma toalha manchada de sangue até a boca, e tossiu nela. Entendi: nós três estávamos doentes. Talvez estivéssemos indo para um hospital!

O espesso portão da prisão abriu, e saímos para o mundo exterior, rodando pelas ruas da cidade grande. Eu olhava maravilhada pela janela. Pessoas andando, olhando as vitrines das lojas, parando para falar com amigos. Eu realmente estava tão livre assim duas semanas atrás?

O carro estacionou na frente de um prédio de escritórios; foi preciso o soldado e o motorista para levar o homem doente pelos três lances de escadas. Entramos numa sala de espera lotada de pessoas e sentamos sob os olhares vigilantes do soldado. Após passar quase uma hora, pedi permissão para usar o banheiro. O soldado falou com a enfermeira de uniforme branco engomado atrás do balcão da recepção.

— Por aqui! — ela disse secamente. Então me levou por um corredor pequeno, entrou no banheiro comigo e fechou a porta. — Rápido! Posso ajudar em alguma coisa?

Pisquei para ela.

— Sim. Ah, sim! Uma Bíblia! Será que conseguiria uma Bíblia para mim? E uma agulha e linha! E uma escova de dente! E sabão!

Ela mordeu o lábio em dúvida.

— Tantos pacientes hoje... e o soldado... farei o que for possível. E foi embora.

Sua gentileza brilhou no pequeno cômodo, tanto quanto o brilho dos ladrilhos brancos e das torneiras reluzentes. Meu coração disparou enquanto eu esfregava a sujeira do meu pescoço e rosto.

A voz de um homem na porta:

— Anda! Já está aí tempo suficiente!

Rapidamente tirei o sabão e segui o soldado de volta para a sala de espera. A enfermeira estava de volta ao seu lugar, friamente eficiente como antes; ela não levantou o olhar. Após outra longa espera, meu nome foi chamado. O médico me pediu para tossir, mediu minha temperatura e pressão sanguínea, usou seu estetoscópio e declarou que eu tinha pleurisia com derrame, pré-tuberculose.

Ele escreveu alguma coisa numa folha de papel. Então, com uma mão na maçaneta, colocou a outra no meu ombro por um instante.

— Espero, estar lhe fazendo um favor com este diagnóstico — disse baixinho.

Na sala de espera, o soldado estava de pé me esperando. Enquanto eu cruzava a sala, a enfermeira se levantou bruscamente de sua mesa e passou correndo por mim. Na minha mão, senti algo pequeno cheio de nós embrulhado em papel.

Deslizei o pacote para dentro do bolso do meu casaco enquanto seguia o soldado escada abaixo. A outra mulher já estava no carro; o homem doente não voltou. Durante todo o caminho de volta, minha mão ficou mexendo no objeto em meu bolso, acariciando-o, traçando seu contorno.

— Ah, Senhor, é tão pequeno, mas ainda assim poderia ser... permita que seja uma Bíblia!

Os altos muros estavam à frente, o portão foi fechado atrás de nós. Por fim, na extremidade dos longos corredores que ecoavam, cheguei à minha cela e tirei o pacote do meu bolso. Minhas colegas me cercaram, enquanto eu desembrulhava o jornal com mãos trêmulas. Até a baronesa parou sua caminhada para assistir.

Quando duas barras do preciso sabão pré-guerra apareceram, Frau Mikes colocou a mão sobre a boca para abafar seu grito de alegria. Nada de escova de dente, nem de agulha, mas... riqueza inaudita... um pacote inteiro de alfinetes de segurança! E, a maior maravilha de todas, não uma Bíblia inteira, mas em quatro pequenos livretos, os quatro Evangelhos.

Compartilhei o sabão e os alfinetes entre nós, mas, embora tenha também oferecido para dividir os livros, elas recusaram.

— Se eles pegam você com isso, — falou a entendida, — e é sentença dobrada, e *kalte kost* também.

Kalte kost... apenas a ração de pão, sem o prato diário de comida quente, era a punição que constantemente pendia sobre nossas cabeças. Se fizéssemos muito barulho, teríamos *kalte kost*. Se fôssemos lentas demais com o balde, seria *kalte kost*. Mas mesmo *kalte kost* seria um pequeno preço a pagar pelos livros preciosos que apertava entre minhas mãos, pensei enquanto alongava meu corpo dolorido na palha rala.

DUAS NOITES DEPOIS, perto da hora em que a lâmpada normalmente piscava para apagar, a porta da cela abriu e uma guarda entrou.

— Ten Boom, Cornelia! — falou rispidamente. — Pegue suas coisas.

Olhei para ela, com uma insana esperança crescendo em mim.

— Quer dizer...

— Silêncio! Calada!

Não demorei a juntar as minhas "coisas": meu chapéu e uma camisa interna que estava secando após uma vã tentativa de limpá-la na água muito usada da bacia. Meu casaco com o precioso conteúdo de seus bolsos nunca saiu do meu corpo. *Por que um silêncio tão rigoroso?* Imaginava. Por que não me era permitido me despedir das minhas colegas de cela? Seria tão errado uma guarda dar um sorriso de vez em quando, ou algumas palavras de explicação?

Dei adeus às outras com os olhos e segui a mulher aprumada para fora da cela. Ela parou para trancar a porta, então seguiu marchando pelo corredor. Mas… para o lado errado! Não estávamos indo para a saída, mas adentrando ainda mais no labirinto de corredores da prisão.

Ainda sem dizer uma palavra, ela parou em frente a outra porta e a abriu com uma chave. Entrei. A porta fechou atrás de mim. A tranca girou.

A cela era idêntica àquela de onde tinha acabado de sair: seis passos de profundidade, dois de largura, um único catre nos fundos. Mas esta estava vazia. Quando os passos da guarda silenciaram no corredor, inclinei-me contra o metal frio da porta. S*ozinha. Sozinha atrás destas paredes…*

Não posso deixar meus pensamentos correrem descontroladamente; preciso ser muito madura e prática. Seis passos. Sentar no catre. Este fedia ainda mais do que o outro: a palha parecia estar fermentando. Estiquei a mão para pegar o cobertor: alguém vomitara nele. Joguei-o longe, mas era tarde demais. Corri para o balde perto da porta e me inclinei sem forças sobre ele.

E naquele momento a lâmpada do teto apagou. Tateei de volta para o catre, e me encolhi ali no escuro, cerrando meus dentes contra o fedor da roupa de cama, apertando meu casaco ao redor do meu corpo. A cela era amargamente fria, o vento batendo contra a parede. Esta deve ser próxima ao limite externo da prisão: o vento nunca uivava assim na outra.

O que eu tinha feito para ser separada das pessoas desse jeito? Será que tinham descoberto a conversa com a enfermeira no consultório médico? Ou talvez alguns dos prisioneiros de Haarlem havia sido interrogado e a verdade sobre o nosso grupo se tornou conhecida? Talvez minha sentença fosse confinamento na solitária durante anos…

De manhã minha febre estava pior. Não consegui nem ficar de pé tempo o suficiente para pegar minha comida na prateleira da porta, e após mais ou menos uma hora, o prato fora levado intacto.

Ao anoitecer, o passador foi aberto novamente, e o pedaço de pão tosco apareceu. A essa hora, eu estava desesperada por comida, porém menos capaz ainda de andar. Quem quer que estivesse no corredor deve ter percebido o problema. Uma mão pegou o pão e o atirou em minha direção. Ele caiu no chão, ao lado do catre, onde me agarrei a ele e o roí avidamente.

Durante vários dias, enquanto a febre assolava, meu jantar foi entregue dessa maneira. Nas manhãs, a porta rangia para abrir, e uma mulher usando um guarda-pó azul trazia o prato de mingau quente até o catre. Eu estava tão faminta pela visão de um rosto humano, quanto pela comida, e tentei, numa voz rouca, iniciar uma conversa. Mas a mulher, obviamente uma companheira de prisão, apenas balançava a cabeça com um olhar temeroso em direção ao corredor.

A porta também abria uma vez ao dia para a entrada do responsável pela enfermaria, com uma dose de um líquido amarelo, que era aplicado com uma ampola imunda e ardia muito. Na primeira vez que ele entrou na cela, agarrei sua manga.

— Por favor! — falei com a voz áspera. — Você viu um homem de 84 anos... cabelo branco, barba longa? Casper ten Boom! Você deve ter levado remédio para ele!

O homem se soltou.

— Não sei! Não sei de nada!

A porta da cela foi escancarada, emoldurando a guarda.

— Prisioneiros em solitária não têm permissão para falar! Se disser mais uma palavra a um dos prisioneiros que estão trabalhando, ficará *kalte kost* pela duração de sua sentença! E a porta fechou depois que os dois saíram.

Esse mesmo funcionário também fora encarregado de medir minha temperatura cada vez que viesse. Eu precisava tirar a minha blusa e colocar o termômetro entre o braço e a lateral do corpo. Aquilo não me parecia um sistema confiável: certamente, no final da semana, uma voz irritada chamou através do passador de comida:

— Levante-se e pegue a comida sozinha! Sua febre passou... não será servida de novo!

Eu tinha certeza de que a febre não baixara, mas não tinha nada a fazer a não ser rastejar, tremendo, até a porta para pegar meu prato. Quando colocasse meu prato de volta, eu deitaria novamente na palha fedorenta, me preparando para o escárnio que eu sabia que viria a seguir.

— Olha só a grande dama, de volta na cama! Vai ficar aí deitada o dia todo?

Por que deitar era um crime tão grande, eu nunca entendi. Nem mesmo o que alguém poderia realizar se levantasse...

Os pensamentos, agora que estava sozinha, eram um problema ainda maior. Eu nem mesmo podia orar pela família e amigos citando seus nomes, tão grande era o medo e a saudade de cada um.

— Aqueles a quem amo, Senhor, — eu dizia — o Senhor os conhece. Tu os vês. Ó... abençoa-os a todos!

Pensamentos eram inimigos. Aquela bolsa de prisão... quantas vezes a abri em minha mente, e apalpei todas as coisas que deixei para trás. *Uma blusa limpa. Aspirina: um vidro inteiro. Pasta de dente com um sabor de menta, e...*

Então eu percebia o que estava fazendo. Que pensamentos ridículos! Se tivesse que fazer de novo, realmente eu colocaria esses pequenos confortos pessoais na frente de vidas humanas? Claro que não! Porém nas noites escuras, enquanto o vento uivava e a febre pulsava, eu buscava aquela bolsa em algum canto obscuro da minha mente, e a vasculhava de novo. *Uma toalha para cobrir esta palha áspera. Uma aspirina...*

ESTA NOVA CELA tinha apenas uma vantagem sobre a primeira. Uma janela. Sete barras de ferro na horizontal, quatro na vertical.

Ficava no alto da parede, alto demais para olhar para fora, mas através daqueles vinte e oito quadrados, eu podia ver o céu.

O dia todo eu mantinha meus olhos fixos naquele pedaço de paraíso. Algumas vezes nuvens passavam pelos quadrados, brancas, cor de rosa, ou contornadas de ouro; e quando o vento vinha do Oeste, eu podia ouvir o mar. Melhor de tudo, todos os dias, durante quase uma hora, gradualmente se alongando conforme o sol da primavera ficava mais alto, um raio de luz quadrada penetrava no pequeno cômodo escuro. Quando o clima aqueceu e eu fiquei mais forte, passei a me levantar para pegar a luz do sol no meu rosto e peito, me movendo pela parede, juntamente com a luz, subindo finalmente no catre, na ponta dos pés, para não perder os últimos raios.

Com o retorno da minha saúde, fui capaz de fixar meus olhos por mais tempo. Eu me sustentava com as Escrituras, um versículo de cada vez. A agora, como um homem faminto, devorei os Evangelhos inteiros numa leitura, vendo todo o magnífico drama da salvação.

E quando o fiz, um incrível pensamento me fez arrepiar. Seria possível que isso... tudo isso que parecia tão imoral e tão inútil... esta guerra, a prisão Scheveningen, esta cela; será que nada disso fora imprevisto ou acidental? Poderia ser parte de um padrão, primeiramente revelado nos Evangelhos? Não teria Jesus sido... e aqui minha leitura se tornou deveras significativa... derrotado, tão completa e indiscutivelmente, como foram o nosso pequeno grupo e os nossos pequenos planos?

Mas... se os Evangelhos realmente eram o padrão da atividade de Deus, então a derrota foi apenas o começo. Eu deveria olhar ao redor daquela pequena cela vazia, e me perguntar que vitória concebível poderia vir de um lugar como aquele.

A especialista em prisão da primeira cela havia me ensinado a fazer um tipo de faca, esfregando uma barbatana de espartilho contra o chão de cimento áspero. Pareceu-me estranhamente importante não perder a noção de tempo. E então, com uma barbatana afiada, desenhei um calendário na parede atrás do catre. À medida que cada longo e inexpressivo dia chegava ao fim, eu marcava outro quadrado. Também comecei a registrar datas especiais abaixo do calendário:

28 de fevereiro de 1944... Prisão
29 de fevereiro de 1944... Transporte para Scheveningen
16 de março de 1944... Início na solitária

E agora uma nova data:
15 de abril de 1944... Meu aniversário na prisão

UM ANIVERSÁRIO TINHA que significar uma festa, mas busquei em vão por um único objeto alegre. Na outra cela, pelo menos, havia alegres peças de roupas: o chapéu vermelho da baronesa, a blusa amarela de Frau Mikes. Como me arrependia agora de minha própria falta de gosto para roupas.

Pelo menos teria uma música em minha festa! Escolhi uma sobre a árvore "Noiva de Haarlem"... ela estaria completamente florida agora. A música infantil trouxe tudo para perto: os galhos florindo, as pétalas caindo como neve sobre a calçada de tijolos...

— Silêncio aí! — uma saraivada de batidas soou na minha porta de ferro. — Prisioneiros na solitária devem ficar em silêncio!

Sentei-me no catre, abri o Evangelho de João, e li até que a dor em meu coração fosse embora.

DOIS DIAS APÓS meu aniversário fui levada pela primeira vez à grande e ecoante sala de chuveiros. Uma guarda de expressão carrancuda marchava ao meu lado; seu mau humor me proibia de ter qualquer prazer nessa expedição. Mas nada poderia diminuir a maravilha de pisar naquele corredor depois de tantas semanas de confinamento.

Diversas mulheres estavam esperando na porta da sala de chuveiros. Mesmo no rigoroso silêncio, essa proximidade humana significava alegria e força. Examinei os rostos daquelas que saíam, mas nem Betsie nem Nollie estavam lá, nem ninguém de Haarlem. *E ainda assim, pensei, elas todas são minhas irmãs. Como alguém é rico por simplesmente ver rostos humanos!*

O banho também foi glorioso: água limpa e morna sobre minha pele inflamada, água escorrendo através de meus cabelos emaranhados. Voltei para a minha cela com uma nova resolução: da próxima vez que me fosse permitido um banho, levaria comigo três dos meus evangelhos. A solitária estava me ensinando que não era possível ser rica sozinha.

E eu não fiquei muito mais tempo só: na solitária... minha cela... entrou uma formiga preta pequena e trabalhadora. Uma manhã, quando estava levando meu balde para a porta, quase coloquei meu pé sobre ela, quando percebi a honra que eu estava recebendo. Agachei-me e admirei o lindo desenho de suas pernas e corpo. Pedi desculpas pelo meu tamanho e prometi que não andaria tão descuidadamente de novo.

Depois de um tempo, ela desapareceu através de uma rachadura no chão. Mas quando meu pedaço de pão noturno apareceu na prateleira da porta, espalhei algumas migalhas e, para minha alegria, ela surgiu quase que imediatamente. Levantou um heroico pedaço, esforçou-se para passar pela fresta com ele, e voltou para buscar mais. Era o início de um relacionamento.

Agora, além da visita diária do sol, eu tinha a companhia dessa corajosa e linda visitante... na verdade, logo era um pequeno comitê inteiro. Se eu estivesse lavando roupas na bacia ou afiando a ponta da minha faca artesanal, quando as formigas apareciam eu parava na hora para lhes dar minha total atenção. Seria impensável desperdiçar duas atividades no mesmo espaço de tempo!

UMA NOITE, QUANDO eu estava marcando mais um longo, longo dia no calendário desenhado na parede, escutei gritos ao longe no corredor. Foram respondidos por um grito próximo. Agora as vozes barulhentas vinham de todas as direções. Como era incomum os prisioneiros fazerem barulho! Onde estariam as guardas?

A portinhola da prateleira não fora fechada desde a chegada do pão, duas horas atrás. Encostei meu ouvido nela para escutar, mas era difícil entender o sentido do tumulto lá fora. Nomes estavam sendo passados de cela em cela. Pessoas estavam cantando, outras batendo em suas portas. Todas as guardas deveriam ter saído!

— Por favor! Vamos ficar quietas! — uma voz próxima implorou. — Vamos usar esse tempo antes que voltem!

— O que está acontecendo? — gritei através da abertura na porta. — Onde estão as guardas?

— Na festa, a mesma voz respondeu. — É o aniversário de Hitler.

Então... deve ser as pessoas gritando seus próprios nomes pelo corredor. Esta era nossa oportunidade de dizer onde estávamos, e conseguir informações.

— Sou Corrie ten Boom! — falei através da abertura do passa comida. — Minha família inteira está em algum lugar aqui! Ah, alguém sabe de Casper ten Boom? Betsie ten Boom? Nollie van Woerden? Willem ten Boom? — gritei os nomes até ficar rouca e ouvi-los sendo repetidos de boca em boca pelo longo corredor. Também passei nomes, para a direita e para a esquerda, conforme desenvolvíamos um tipo de sistema.

Após um tempo, respostas começaram a voltar.

— A Sra. van der Elst está na cela 228...

— O braço de Pietje está muito melhor... — Era difícil retransmitir algumas das mensagens:

— O interrogatório foi muito ruim: ele está sentado na cela sem falar nada.

— Para meu marido Joost: nosso bebê morreu semana passada...

Juntamente com as mensagens pessoais, vinham rumores do mundo lá fora, cada uma mais freneticamente otimista do que a última.

— Tem uma revolução na Alemanha!

— Os Aliados invadiram a Europa!

— A guerra não deve durar mais três meses!

Por fim, alguns dos nomes que eu gritei, começaram a retornar.

— Betsie ten Boom está na cela 312. Ela manda dizer que Deus é bom.

Ah, aquilo era Betsie! Era cada centímetro de Betsie!

Então:

— Nollie van Woerden estava na cela 318, mas foi solta há mais de um mês. Solta! Ah, obrigada Senhor!

Toos, também, solta!

As notícias do pavilhão masculino demoravam mais a voltar, mas quando chegaram, fizeram meu coração pular de alegria:

Peter van Woerden. Solto!

Herman Sluring. Solto!

Willen ten Boom. Solto!

Até onde pude descobrir, cada um que fora preso na batida do *Beje*... com exceção de Betsie e eu... tinha sido libertado. Apenas não consegui descobrir nada sobre papai, embora tenha gritado seu nome diversas vezes no corredor. Ninguém parecia tê-lo visto. Ninguém parecia saber.

FOI, TALVEZ, uma semana mais tarde, que a porta da minha cela foi aberta e um agente penitenciário jogou um pacote embrulhado em papel pardo, no chão. Peguei o pacote, o levantei, e o virei diversas vezes. O papel de embrulho tinha sido aberto e rasgado, e cuidadosamente reembalado. Porém mesmo no desconserto, pude perceber o toque amoroso de Nollie. Sentei-me no catre e o abri.

Ali, familiar e acolhedor como uma visita ao lar, estava o suéter azul claro bordado. Quando o vesti, senti como se os braços de Nollie estivessem abraçando meus ombros. Dentro do pacote também havia biscoitos e vitaminas, agulha e linha, e uma fulgurante toalha vermelha. Como Nollie havia compreendido a fome de cor da prisão! Ela embrulhara os biscoitos num alegre papel celofane vermelho.

Estava dando uma mordida no primeiro, quando me veio uma inspiração. Afastei o catre da parede para baixo da lâmpada. Subi nele, envolvi a lâmpada com o papel celofane e criei um abajur: o vibrante brilho... vermelho cereja... imediatamente impregnou a pequena cela sombria.

Estava embrulhando de volta os biscoitos no papel pardo externo, quando meu olhar recaiu sobre o endereço escrito pelas mãos cuidadosas de Nollie, com as letras inclinadas em direção ao selo de postagem. Mas... a caligrafia de Nollie não era inclinada... O selo! Não tínhamos recebido mensagens no *Beje* escritas naquele ínfimo quadrado debaixo do selo? Rindo da minha própria exagerada imaginação, umedeci o papel na bacia de água, e retirei cuidadosamente o selo.

Palavras! Definitivamente havia algo escrito ali... mas era tão pequeno, que precisei subir novamente no catre e segurar o papel bem próximo à lâmpada.

— Todos os relógios de seu armário estão seguros.

Seguros. Então... então Eusie, Henk, Mary... eles saíram do quarto secreto! Eles escaparam! Estão livres!

Explodi em soluços barulhentos, então ouvi passos pesados se aproximando no corredor. Rapidamente desci do catre e o empurrei de volta contra a parede. O passador de comida abriu ruidosamente.

— Qual é a comoção aqui?

— Não é nada. Eu... não farei de novo.

A portinhola fechou. *Como conseguiram isso? Como passaram pelos soldados? Não importa, Senhor amado, o Senhor estava lá, e isso era tudo o que importava...*

A PORTA DA cela abriu e um oficial alemão entrou, seguido da própria matrona chefe. Corri avidamente os olhos pelo impecável uniforme adornado por condecorações de cores brilhantes.

— Senhorita ten Boom, — o oficial começou num excelente holandês — tenho algumas dúvidas sobre as quais, acredito que você possa me ajudar.

A matrona carregava um pequeno banquinho, que posicionou para o oficial. Olhei fixamente para ela. Era essa criatura servil, a horrível voz de terror da ala feminina?

O oficial sentou-se, fazendo sinal para eu me sentar no catre. Havia alguma coisa naquele gestual que pertencia ao mundo externo à prisão. Enquanto ele pegava um pequeno caderno e começava a ler nomes escritos nele, subitamente tomei consciência de minhas roupas amarrotadas e de minhas longas unhas ásperas.

Para meu alívio, honestamente não conhecia nenhum dos nomes que mencionara... agora entendia a sabedoria do onipresente "Sr. Smit" O oficial se levantou.

— Estará sentindo-se bem o bastante para em breve ir ao seu interrogatório?

De novo, aquele comum comportamento humano.

— Sim... eu... eu espero.

O oficial saiu para o corredor, a matrona sacolejando e correndo atrás dele com o banquinho.

ERA O TERCEIRO dia de maio; eu estava costurando, sentada em meu catre. Desde que o pacote de Nollie me fora entregue, eu tinha uma nova ocupação maravilhosa: um a um, eu puxava os fios da toalha vermelha e, com eles, bordava belas figuras no pijama, que apenas recentemente parara de usar por baixo das minhas roupas. Uma janela com cortinas franzidas. Uma flor com um número impossível de pétalas e folhas. Tinha acabado de começar a trabalhar numa cabeça de gato sobre o bolso direito, quando a prateleira de comida da porta foi aberta e fechada num único movimento.

E, ali no chão da cela, estava uma carta.

Larguei o pijama e saltei em direção a ela. A letra de Nollie. Por que minha mão deveria estremecer quando peguei o envelope?

A carta tinha sido aberta pelos censores... retida também por eles: a data de postagem no canto já tinha uma semana. Mas era uma carta. Uma carta de casa... e a primeira! Por que esse temor súbito?

Desdobrei o papel.

— Corrie, você consegue ser forte?

Não! Não! Eu não podia ser forte! E forcei meus olhos a lerem.

— Tenho notícias muito difíceis de serem escritas para você. Papai sobreviveu apenas a dez dias de prisão. Agora ele está com o Senhor...

Fiquei tanto tempo com aquele papel entre minhas mãos, que o raio diário de sol entrou na cela e recaiu sobre ele. Papai... papai... a carta brilhava na luz quadriculada enquanto eu lia o restante. Nollie não tinha detalhes, nem como ou onde ele havia morrido, nem mesmo onde estava enterrado.

Ouvi passos sobre a passadeira de palha. Corri para a porta e encostei meu rosto na portinhola fechada.

— Por favor! Ó, por favor!

Os passos pararam. A portinhola abriu.

— Qual o problema?

— Por favor! Recebi notícias ruins... por favor, não vá embora!

— Espere um minuto. — Os passos se afastaram, então voltaram com um molho de chaves. A porta da cela abriu.

— Aqui.

A jovem me entregou uma pílula e um copo de água.

— É um sedativo.

— Esta carta acabou de chegar, expliquei. — Diz que meu pai... ela diz que meu pai está morto.

A garota olhou fixamente para mim.

— Seu pai! — falou num tom surpreso.

Percebi o quanto eu deveria ser velha e decrépita para aquela jovem. Ela ficou por um instante parada no vão da porta, obviamente constrangida pelas minhas lágrimas.

— Não importa o que acontecer, você causou isso ao infringir as leis! — falou por fim.

— Amado Jesus, — sussurrei quando ela bateu a porta, e seus passos desapareceram — como fui tola por pedir ajuda humana quando o Senhor está aqui. E pensar que agora papai pode vê-lo face a face! E pensar que ele e mamãe estão juntos novamente, andando naquelas ruas brilhantes…

Afastei o catre da parede e, abaixo do calendário, escrevi outra data:

9 de março de 1944… Papai. Libertado.

II.

O tenente

Eu estava andando com uma guarda por um corredor que jamais vira; seguia atrás dela e um pouco à sua direita, de modo que meus pés não tocassem a esteira sagrada. Viramos à direita, alguns passos, direita novamente... essa prisão era um labirinto interminável. Por fim chegamos a um pequeno pátio interno. Caía uma garoa. Era uma manhã fria no final de maio: após três meses na prisão, eu fora chamada para o meu primeiro interrogatório.

Grades nas janelas se mostravam em três lados do grande prédio que cercava o pátio. O quarto lado, tinha um alto muro, contra o qual havia uma fileira de pequenas salas. Então era ali que aconteciam os famigerados interrogatórios. Minha respiração se tornou ofegante quando pensei nas informações que transmitira na noite do aniversário de Hitler.

Senhor Jesus, foste também chamado a um interrogatório. Mostre-me o que fazer.

Então vi uma coisa. Quem usava a quarta sala, plantara um canteiro de tulipas na lateral. Agora estavam secas, com apenas talos altos e folhas amareladas, porém... *Senhor querido, permita que eu vá para a sala número quatro!*

A guarda parou para desamarrar a longa capa militar de seu uniforme. Protegida da chuva, ela seguiu pelo caminho de cascalho. Passou a primeira sala, a segunda, a terceira. Deteve-se na frente da quarta, que tinha o canteiro de flores, e bateu na porta.

— *Ja! Herrein!* [N.T.: "Sim! Entre!", em alemão.] — chamou uma voz masculina.

Ela abriu a porta, fez uma continência militar e entrou elegantemente. O homem tinha uma arma no coldre de couro e um uniforme condecorado. Ele tirou o quepe, e eu olhava para o rosto masculino gentil que me visitara na cela.

— Sou o Tenente Rahms — falou, se aproximando para fechar a porta. — Você está tremendo! Venha, deixe-me acender o fogo.

Ele pegou o carvão de um pequeno balde e o colocou num pequeno fogão de ferro, parecia um amigável anfitrião alemão recebendo uma visita. E se isso tudo fosse uma sutil armadilha? Essa gentileza, educação... talvez ele simplesmente acreditasse que esse era um método mais eficaz, do que a brutalidade, para extrair a verdade de pessoas carentes de afeto. *Ó Senhor, não permita que qualquer fraqueza de minha parte coloque a vida de outro em risco.*

— Espero, o oficial dizia, — que não tenhamos mais dias assim tão frios nesta primavera. Ele puxou uma cadeira para que eu me sentasse.

Cautelosamente, aceitei. Depois de três meses, como era estranho sentir as costas de uma cadeira atrás de mim, seus braços sob os meus! O calor do fogão, rapidamente aquecia o pequeno ambiente. Apesar de toda a cautela, comecei a relaxar. Aventurei um tímido comentário sobre as tulipas:

— Tão altas, deviam ser lindas.

— Ah, eram! — ele parecia absurdamente satisfeito. — As melhores que já cultivei. Em casa, sempre tínhamos bulbos holandeses.

Conversamos um pouco sobre flores, então ele falou:

— Eu gostaria de ajudá-la, senhorita ten Boom. Mas você precisa me contar tudo. Talvez eu possa fazer alguma coisa, mas apenas se não esconder nada de mim.

Então, lá estava. Toda a amabilidade, a gentil preocupação na qual eu quase acreditara... tudo uma manobra para extrair informações. Bem, por que não? Esse homem era um profissional com um trabalho a fazer. Mas eu, também, numa escala menor, era uma profissional.

Durante uma hora ele me interrogou, usando cada artifício psicológico no qual aquele jovem de nosso grupo havia me treinado. Na verdade, me sentia como uma aluna que havia estudado para uma prova difícil, e que agora estava sendo testada apenas com relação à matéria mais elementar. Logo ficou claro que acreditavam que o *Beje* era o quartel-general que engendrava as invasões às agências de racionamento de alimentos em todo o país. De todas as atividades ilegais das quais tinha consciência, esta, provavelmente, era a que eu tinha menos conhecimento. Além de receber e distribuir cartões roubados todos os meses, não conhecia detalhes da operação. Aparentemente, minha verdadeira ignorância começou a ficar explícita; depois de um tempo, o Tenente Rahms parou de anotar minhas respostas tolas e inúteis.

— Suas outras atividades, senhorita ten Boom. O que gostaria de me contar sobre elas?

— Outras atividades? Ah, quer dizer... o senhor quer saber sobre meu trabalho religioso com pessoas menos avançadas mentalmente! E iniciei um ansioso relato sobre meus esforços na pregação aos deficientes mentais.

A expressão do tenente foi ficando cada vez mais espantada.

— Que perda de tempo e energia! — finalmente explodiu.

— Se quer convertidos, certamente uma pessoa normal vale todos os débeis mentais do mundo!

Olhei para os inteligentes olhos azuis acinzentados do homem: verdadeira filosofia Nacional-Socialista, pensei, apesar do canteiro de tulipas. E então, para minha surpresa, ouvi minha própria voz falando ousadamente:

—Posso lhe dizer a verdade, Tenente Rahms?

— Este interrogatório, senhorita ten Boom, é baseado na suposição de que me dará essa honra.

— A verdade, senhor, disse engolindo em seco, — é que o ponto de vista de Deus, às vezes, é diferente do nosso. Tão diferente que sequer poderíamos ter imaginado, até Ele ter nos dado um Livro que nos fala sobre tais coisas.

Eu sabia que era loucura falar desse jeito com um oficial Nazista. Mas ele não disse nada, então prossegui.

— Na Bíblia aprendi que Deus nos valoriza, não por nossa força ou inteligência, mas simplesmente porque Ele nos criou. Quem sabe, aos olhos dele, um débil mental pode valer mais do que uma relojoeira? Ou... um tenente?

O tenente Rahms se levantou abruptamente.

— Isso é tudo por hoje! — Caminhou ligeiramente até a porta.

— Guarda!

Escutei os passos no caminho de cascalho.

— A prisioneira retornará à sua cela.

Seguindo a guarda pelos longos corredores frios, eu soube que tinha cometido um erro. Falara demais. Arruinara qualquer chance daquele homem se interessar pelo meu caso.

Ainda assim, na manhã seguinte, foi o próprio tenente Rahms quem destrancou minha cela e me acompanhou até o interrogatório. Aparentemente ele não conhecia a regra que proibia prisioneiros de pisarem na passadeira, pois indicou para que eu andasse à sua frente, pelo meio do corredor. Evitei os olhares dos guardas pelo caminho, culpada, como um cachorro adestrado flagrado sobre o sofá da sala.

Dessa vez o sol brilhava no pátio.

— Hoje, ele falou, — ficaremos aqui fora. Você está pálida. Não está tomando sol suficiente.

Agradecida, segui-o até o canto mais afastado do pequeno jardim, onde o ar era calmo e quente. Encostamo-nos contra a parede.

— Não consegui dormir essa noite pensando sobre aquele Livro onde você leu ideias tão diferentes, disse o tenente. — O que mais é dito lá?

O sol brilhava e resplandecia sobre minhas pálpebras fechadas.

— Diz — comecei lentamente, — que uma Luz veio a este mundo para que não precisássemos mais andar nas trevas. Há trevas em sua vida, tenente?

Houve um silêncio bem longo.

— Há grandes trevas, ele disse finalmente. — Não aguento o trabalho que faço aqui.

Então, em seguida, estava falando sobre sua esposa e filhos em Bremen; sobre seu jardim, seus cães, suas caminhadas nas férias de verão.

— Bremen foi bombardeada novamente semana passada. Todas as manhãs eu me pergunto: será que ainda estão vivos?

— Existe Aquele que sempre os tem sob Seu cuidado, tenente Rahms. Jesus é a Luz que a Bíblia me mostra, a Luz que pode brilhar mesmo em trevas como a sua.

O homem puxou a viseira sobre seus olhos; a caveiras com os ossos cruzados, brilhou à luz do sol. Quando falou, foi tão baixo que mal consegui escutar.

— O que você pode saber sobre trevas como a minha...

Os interrogatórios continuaram por mais duas manhãs. Ele havia parado de fingir estar me interrogando sobre minhas atividades clandestinas, e parecia gostar em especial de saber sobre minha infância. Mamãe, papai, as tias... ele queria escutar as histórias sobre elas repetidas vezes. Ficara indignado em saber que papai morrera bem aqui, em Scheveningen; não havia menção sobre isso nos meus arquivos.

Aqueles documentos respondiam uma pergunta: o motivo de meu confinamento na solitária. "As condições da prisioneira podem contagiar outras na cela." Olhei fixamente para as palavras datilografadas que o dedo do tenente Rahms indicava. Pensei nas longas noites assombrada pelo vento, nas guardas carrancudas, na ordem de silêncio.

— Mas, se não era uma punição, por que estavam tão zangadas comigo? Por que eu não podia falar?

O tenente arrumou as bordas dos papéis à sua frente.

— Uma prisão é como qualquer instituição, senhorita ten Boom, determinadas regras, determinadas formas de fazer as coisas...

— Mas agora eu não sou contagiosa! Já estou melhor há semanas, e minha própria irmã está tão perto! Tenente Rahms, se eu apenas pudesse ver Betsie! Se pudesse apenas falar com ela por alguns minutos!

Ele ergueu o seu olhar da mesa e vi nele angústia.

— Senhorita ten Boom, é possível que, para você eu possa parecer uma pessoa poderosa. Uso um uniforme, tenho certa autoridade sobre meus subordinados. Mas eu estou numa prisão, querida senhora de Haarlem, uma prisão mais forte do que esta.

Foi o quarto e último interrogatório, e tínhamos voltado para a pequena sala, para a assinatura do *depoimento*. Ele reuniu a transcrição completa e saiu com ela, deixando-me sozinha. Estava triste por dizer adeus àquele homem que estava buscando tão ardentemente a verdade. A coisa mais difícil para ele parecia ser a razão dos cristãos sofrerem.

— Como você pode crer em Deus agora? — ele perguntara. — Que tipo de Deus teria deixado aquele homem velho morrer aqui em Scheveningen?

Levantei-me da cadeira e estiquei minhas mãos para o pequeno fogão. Também não tinha entendido por que papai morrera num lugar daqueles. Eu não entendia muita coisa.

E, de repente, estava pensando nas próprias respostas do meu pai para perguntas difíceis: *Certos conhecimentos são pesados demais... não poderá suportá-los... seu pai os levará até que você seja capaz.* Sim!

Eu contaria ao tenente Rahms sobre a pasta do trem... ele sempre gostava das histórias sobre papai.

Mas quando o tenente voltou à sala, uma guarda da ala feminina estava com ele.

— A prisioneira ten Boom completou seu interrogatório e retornará à sua cela, disse.

A jovem bateu continência. Quando eu saía pela porta, o tenente Rahms se inclinou para frente e disse:

— Ande lentamente no Corredor F.

Andar lentamente? O que ele quis dizer? A guarda atravessou tão rapidamente os longos corredores cheios de portas, que eu quase tive que correr para acompanhá-la. À nossa frente, um agente penitenciário estava destrancando a porta de uma cela. Diminui o passo atrás da guarda o máximo que tive coragem, meu coração batia aceleradamente. Era a cela de Betsie... eu sabia!

Então, eu estava de frente para porta. Betsie estava de costas para o corredor. Pude ver apenas a beleza da ponta seus cabelos compridos, amarrados num coque. As outras mulheres da cela olhavam curiosamente para o corredor; a cabeça dela continuava inclinada olhando alguma coisa em seu colo. Mas eu vira o lar que Betsie fizera em Scheveningen.

Inacreditavelmente, contra qualquer lógica, aquela cela era charmosa. Meus olhos captaram apenas alguns detalhes enquanto eu avançava relutantemente. As esteiras não estavam empilhadas, estavam enroladas, de pé, como pequenos pilares contra a parede, cada uma com um chapéu feminino por cima. De alguma forma, um lenço fora pendurado na parede. As embalagens de diversos pacotes de comida estavam arrumadas numa pequena prateleira; apenas pude escutar Betsie dizendo:

— A lata vermelha de biscoito, aqui no centro! Até mesmo os casacos pendurados nos ganchos eram parte do aconchego daquele cômodo: cada manga posicionada sobre o ombro do casaco ao lado, como uma fila de crianças dançando...

— *Schneller! Aber schnell!* [N.T.: "Rápido! Mais rápido!", em alemão.]

Dei um pulo e corri para alcançar minha escolta. Fora apenas uma olhada, dois segundos no máximo, mas andei pelos corredores de Scheveningen com a graça de Betsie cantando ao meu lado.

DURANTE TODA A manhã escutei portas abrindo e fechando. Agora, um molho de chaves do lado de fora da minha: uma guarda muito jovem, com um uniforme muito novo e ajustado.

— Prisioneira, posição de sentido! — ela gritou.

Olhei para seus olhos arregalados e piscando; a garota estava com medo mortal de algo ou alguém. Então, uma sombra preencheu o vão da porta, e a mulher mais alta que jamais vira entrou na cela. Suas feições eram de uma beleza clássica, o rosto e a estatura de uma deusa, porém de uma esculpida em mármore. Seus olhos não sinalizavam uma fagulha de sentimento.

— Vejo que aqui também não tem lençóis — a alemã falou para a guarda. — Providencie para que ela tenha dois até sexta-feira. Um deve ser trocado a cada duas semanas.

Os olhos gélidos me analisaram exatamente da mesma forma como fizeram com a cama.

— Quantos banhos a prisioneira toma?

A guarda mordeu os lábios.

— Cerca de um por semana, *Wachtmeisterin*. [N.T.: "Sargento", em alemão.]

Um por semana! Um banho por mês estaria mais próximo da verdade!

— Ela irá duas vezes por semana.

Lençóis! Banhos regulares! Será que as condições iriam melhorar? A nova matrona chefe deu dois passos para dentro da cela; não precisou do catre para alcançar a lâmpada. Rasgado! Meu abajur de celofane vermelho fora tirado. Ela apontou para uma caixa de biscoitos que viera num segundo pacote enviado por Nollie.

— Nada de caixas nas celas! — gritou a guardinha em holandês, com tanta indignação, como se fosse uma ordem antiga.

Sem saber o que fazer, virei o conteúdo da caixa no catre. Ao comando silencioso da matrona, esvaziei, da mesma forma, a embalagem de vitaminas e um saco de balas de menta.

Diferente da antecessora, que gritava e repreendia continuamente com sua voz estridente, aquela mulher trabalhava num silêncio aterrorizante. Com um gesto, ela mandou a guarda inspecionar debaixo do colchão. Meu coração quase saiu pela boca; meu precioso evangelho remanescente estava escondido ali. A guarda se ajoelhou e correu as mãos pela extensão do colchão. Porém, se foi porque estava nervosa demais para fazer um bom trabalho, ou se por alguma explicação mais misteriosa, ela se levantou de mãos vazias.

E então foram embora.

Atordoada, fiquei olhando para o monte de comida em meu catre. Pensei naquela mulher chegando à cela de Betsie, reduzindo-a novamente a quatro paredes e um catre de prisão. Um vento gelado soprava em Scheveningen, limpando, colocando ordem, matando.

FOI ESSA MULHER alta e aprumada que destrancou a porta da minha cela numa tarde, na segunda quinzena de junho, e abriu caminho para o tenente Rahms. Frente à expressão severa em seu rosto, engoli a saudação que quase escapou.

— Você virá à minha sala, o tabelião chegou. — Disse ele rapidamente.

Poderíamos muito bem ser completamente estranhos.

— Tabelião? — perguntei tolamente.

— Para a leitura do testamento de seu pai. Ele fez um gesto impaciente; obviamente, aquele assunto insignificante tinha interrompido seu dia atarefado.

— É a lei: presença da família quando um testamento é aberto.

Ele já saíra da minha cela e seguia pelo corredor. Saí correndo desajeitadamente, para acompanhar o passo da silenciosa mulher ao meu lado. *A lei? Que lei? E desde quando o governo de ocupação alemã se preocupava com procedimentos legais holandeses? Família. Família presente... Não, não se permita pensar nisso!*

Da porta do pátio a matrona, ereta e impassível, voltou para o corredor. Segui o tenente Rahms no início de tarde deslumbrante de verão. Ele abriu a porta para eu entrar na sala número quatro. Antes que meus olhos se ajustassem à penumbra, estava sendo puxada pelo abraço de Willem.

— Corrie! Corrie! Irmãzinha! — Há cinquenta anos ele não me chamava assim.

Agora, um braço de Nollie também estava ao redor de mim, o outro ainda estava agarrado a Betsie; e pela força de seu abraço, ficaria nos segurando para sempre. Betsie! Nollie! Willem! Não sabia que nome gritar primeiro. Tine também estava naquela pequena sala... e Flip! E outro homem; quando tive tempo para olhar, reconheci o tabelião de Haarlem que fora chamado à relojoaria para algumas consultas legais. Seguramos uns aos outros para nos olhar, balbuciamos perguntas todos ao mesmo tempo.

Betsie estava magra e pálida por causa da prisão. Mas foi Willem quem mais me chocou. Seu rosto estava magro, amarelo, assombrado pela dor. Tine me disse que ele voltara assim de Scheveningen. Dois dos oito homens amontoados numa cela mínima haviam morrido de icterícia enquanto ele estava lá.

Willem! Eu não suportava vê-lo daquela maneira. Pendurei meu braço no seu, ficando ao seu lado para não precisar olhar para ele; amando o som de sua potente voz. Willem parecia não estar ciente de sua própria doença: sua preocupação era com Kik. Aquele lindo filho louro fora preso no mês anterior quando ajudava um paraquedista americano a chegar ao mar do Norte. Eles acreditavam que fora enviado num dos recentes trens de prisioneiros para a Alemanha.

Quanto a papai, haviam descoberto mais alguns fatos sobre seus últimos dias. Aparentemente, ele ficara doente em sua cela e fora mandado de carro para o hospital municipal em Hague. Lá, não havia leito disponível. Papai havia morrido num corredor, de alguma forma separado de seus documentos ou de qualquer indicação de sua identidade. As autoridades do hospital tinham enterrado o senhor idoso desconhecido num cemitério para indigentes. A família acreditava que havia localizado seu túmulo.

Olhei para o tenente Rahms. Enquanto falávamos, ele ficara de costas para nós, olhando para o pequeno fogão apagado e frio. Rapidamente abri o pacote que Nollie havia colocado em minha mão no primeiro abraço. Era o que meu disparado coração me dizia: uma Bíblia, o Livro inteiro, num volume compacto, dentro de uma pequena bolsa com um cordão, para ser usada no pescoço da mesma forma como levávamos nossos documentos. Logo o passei pela minha cabeça e o coloquei por baixo da blusa. Não conseguia sequer encontrar palavras para agradecê-la: no dia anterior, na fila do chuveiro, eu havia dado meu último evangelho.

— Não sabemos todos os detalhes, apenas que após alguns dias, os soldados que guardavam o *Beje* se retiraram, e a polícia assumira a posição. Willem estava dizendo em voz baixa para Betsie. Na quarta noite, ele acreditava, o chefe conseguira colocar Rolf e outro de nosso grupo no mesmo turno. Encontraram todos os judeus bem, embora com câimbras e com fome, e os enviaram a novos esconderijos.

— E agora? Agora estão bem? — sussurrei.

Willem desviou seu olhar do meu. Ele nunca fora bom para ocultar verdades difíceis. — Estão bem, Corrie... todos, exceto Mary. Ele contou que a senhora Mary Itallie certo dia fora presa andando por uma rua da cidade. Para onde estava indo, ou por que havia se exposto daquela forma em plena luz do dia, ninguém sabia.

— O tempo acabou. — O tenente terminou sua análise do fogão e acenou para o tabelião. — Prossiga com a leitura do testamento.

Era um documento rápido e informal. O Beje deveria ser o meu lar e de Betsie enquanto quiséssemos; se, em algum momento, fosse arrecadado dinheiro com a venda da casa ou da relojoaria, ele sabia que nos lembraríamos que seu amor era igual por cada um de nós; ele nos colocava, com alegria, sob o cuidado constante de Deus.

No silêncio que se seguiu, subitamente todos inclinamos nossas cabeças e Willem disse: — Senhor Jesus, nós o louvamos por este momento juntos sob a proteção deste bom homem. Como podemos agradecer-lhe? Não temos nenhum poder para prestar algum serviço a ele. Senhor, permita-nos compartilhar esta herança de nosso pai com ele também. Tome-o e à sua família, sob o Seu constante cuidado.

Do lado de fora, ouvimos os passos de um guarda sobre o caminho de cascalho crepitante.

12.

Vught

— Juntem suas coisas! Aprontem-se para deixarem este local! Coloquem todos os seus pertences em fronhas!

Os gritos dos guardas ecoavam pelo longo corredor.

Coloquei-me em pé no meio da minha cela num frenesi de animação. Esvaziar o local! Então... então algo estava acontecendo! Estávamos deixando a prisão! A invasão dos Aliados devia ter começado!

Tirei o pequeno chumaço de palha que havia posto na minha fronha. Que riquezas esse grosseiro pedaço de musselina entregue há duas semanas, havia trazido: um escudo para minha cabeça contra a dureza e mau cheiro da cama. Quase não importou que os prometidos lençóis nunca tivessem chegado.

Com as mãos trêmulas, joguei ali dentro meus poucos pertences: o suéter azul, o pijama agora coberto com figuras bordadas, escova de dente, pente, alguns poucos biscoitos restantes embrulhados num papel higiênico. Minha Bíblia estava em sua bolsinha nas minhas costas, onde permanecia exceto quando eu a estava lendo.

Vesti meu casaco e chapéu, e me pus na porta da cela, agarrando a fronha com as duas mãos. Ainda era muito cedo, o prato de metal do café da manhã não fora retirado da prateleira da porta. Não levou tempo algum para me aprontar.

Uma hora se passou. Sentei-me no catre. Duas horas. Três. Neste último dia de junho, estava quente dentro da cela. Tirei meu chapéu e casaco, e os coloquei ao meu lado, dobrados, sobre o catre.

Passou ainda mais tempo. Mantive os olhos numa das frestas na parede esperando por uma última visita de minhas pequenas amigas formigas, mas elas não apareceram. Provavelmente eu as havia assustado com a correria. Coloquei a mão dentro da fronha, peguei um dos biscoitos e o esfarelei no entorno do pequeno orifício. Nada de formigas. Estavam escondidas em segurança.

E, de repente, percebi que isso também era uma mensagem, uma última comunicação silenciosa entre vizinhos. Pois eu também tinha um refúgio quando as coisas estavam ruins. Jesus era esse lugar, a fenda da Rocha para mim. Pressionei o dedo no pequeno refúgio.

O sol da tarde apareceu na parede e se moveu lentamente pela cela. E então, recomeçou o barulho no corredor lá fora. Portas abertas. Trancas destravadas.

— Saiam! *Schnell*! Todas para fora! Sem conversa!

Peguei meu chapéu e casaco.

Minha porta abriu.

— Formem filas de cinco! — A guarda já estava na próxima cela.

Saí para o corredor. Estava lotado de parede a parede: jamais imaginara que tantas mulheres ocupassem aquele corredor. Trocamos olhares.

— In-va-são! — dissemos umas às outras em silêncio. A palavra sem som passava pela massa de mulheres como uma carga elétrica. Certamente havia começado a invasão da Holanda! Por qual outro motivo estariam esvaziando a prisão?

P*ara onde seremos levadas? Para onde seguiremos? Não para dentro da Alemanha! Senhor Jesus, não para a Alemanha.*

Foi dado o comando e seguimos pelos longos e frios corredores, cada qual levando uma fronha com seus pertences, como uma pequena trouxa. Por fim chegamos ao enorme pátio interno, em frente ao portão da prisão, e outra longa espera começou. Mas essa foi agradável, com o sol de final de tarde em nossas costas. Longe, à direita, pude ver as filas da ala masculina. Porém estiquei o pescoço ao máximo, e não consegui ver Betsie em lugar algum.

Finalmente o enorme portão abriu, e um comboio de ônibus de transporte cinza entrou. Fui colocada no terceiro. Os assentos haviam sido removidos, as janelas pintadas. O ônibus balançou terrivelmente quando foi ligado, mas estávamos próximas demais para cair. Quando finalmente parou, estávamos num pátio de carga em algum lugar nos arredores da cidade.

Novamente nos mandaram formar filas. As vozes dos guardas eram tensas e estridentes. Tínhamos que manter nossas cabeças e olhos virados para frente. Atrás de nós, podíamos escutar a chegada e saída de vários ônibus. Ainda estava claro, mas pela dor do meu estômago eu sabia que tinha passado, há muito, a hora do jantar.

E então, à frente à minha esquerda, no mais recém-chegado grupo de prisioneiros, avistei um coque. Betsie! De alguma forma, eu ia chegar até ela! Agora, ao invés de querer que o dia acabasse, eu orava para que ficássemos onde estávamos até escurecer.

Lentamente o longo dia de junho terminou. Um trovão retumbou e algumas gotas de chuva caíram. Finalmente um longo comboio de vagões apagados lentamente chegou aos trilhos à nossa frente. Fizeram uma parada súbita, avançaram um pouco, e pararam novamente. Após um tempo, começaram a dar ré. Durante uma hora ou mais, o trem andou para frente e para trás.

Quando chegou a ordem de subir a bordo, estava bem escuro. As filas de prisioneiros avançavam. Atrás de nós os guardas gritavam e praguejavam: era óbvio que estavam nervosos por transportar tantos prisioneiros de uma só vez. Desviei um pouco e andei para a esquerda. Cotovelos e ombros estavam em meu caminho, mas me esquivei para passar. Quando cheguei aos degraus do trem, me estiquei e peguei a mão de Betsie.

Juntas, subimos; juntas encontramos assentos num compartimento lotado; juntas choramos lágrimas de gratidão. Os quatro meses em Scheveningen tinham sido nossa primeira separação em cinquenta e três anos; parecia-me que poderia suportar qualquer coisa com Betsie ao meu lado.

Mais horas se passaram com o trem carregado, parado no desvio. Para nós, elas voaram; tínhamos tanto a compartilhar. Betsie me falou de cada uma de suas colegas de cela... e contei a ela sobre as minhas, e o pequeno orifício para onde corriam a qualquer emergência. Como sempre, Betsie havia dado às outras tudo o que tinha. A Bíblia que Nollie contrabandeara para ela, havia sido desmembrada e, livro a livro, compartilhada.

Devia ser 2h ou 3h da manhã, quando finalmente o trem começou a se mover. Colamos nossos rostos no vidro, mas não havia luzes acesas, e nuvens cobriam a lua. O questionamento principal em cada mente era: isso é Alemanha? Num ponto, conseguimos ver uma torre que Betsie tinha certeza ser da catedral de Delft. Depois de uma hora ou mais, o barulho das rodas do trem mudou: estávamos cruzando algum tipo de armação. Mas... uma muito longa! Como os minutos passavam e ainda não tínhamos chegado ao outro lado, Betsie e eu trocamos olhares. A Ponte Moerdijk! Então estávamos indo para o sul. Não para o leste, para dentro da Alemanha; mas para o sul, para Brabant. Pela segunda vez naquela noite, vertemos lágrimas de alegria.

Inclinei-me para trás, contra as travas de madeira do assento, e fechei meus olhos, revivendo outra viagem de trem para Brabant. A mão de mamãe segurava a de papai quando, na época, o trem balançava. Então, novamente, era junho... o junho do primeiro sermão, do jardim da casa dos ministros, de Karel...

Devo ter caído no sono lá naquele outro junho, porque quando abri meus olhos, o trem havia parado. Vozes gritavam para que nos movêssemos:

— *Schneller! Aber schnell!* [N.T.: Rápido! Mais rápido!]

Um brilho misterioso iluminava as janelas. Betsie e eu tropeçamos junto com as outras pelo vagão, e na descida dos degraus de ferro. Parecíamos ter parado no meio de uma floresta. Holofotes montados em árvores iluminavam uma trilha malfeita, ladeada por soldados com armas apontadas.

Motivadas pelos gritos dos guardas, eu e Betsie começamos a seguir o caminho entre os canos das armas.

— *Schneller*! Cerrar fileiras! Continuem! Filas de cinco!

A respiração de Betsie estava ficando ofegante, e ainda assim eles gritavam para que andássemos mais rápido. Chovera muito ali, pois havia poças profundas no caminho. À nossa frente, uma mulher de cabelos brancos deu um passo para o lado para evitar uma poça; o soldado a atingiu nas costas com a coronha da arma. Juntei a fronha de Betsie com a minha, enganchei meu outro braço no dela, e puxei--a para perto.

O pesadelo da marcha durou aproximadamente um quilômetro e meio. Finalmente chegamos a uma cerca de arame farpado que contornava uma fila de barracões de madeira. Não havia camas no barracão onde entramos, apenas longas mesas com bancos sem encosto. Betsie e eu desabamos num desses. Sob meu braço, podia sentir o batimento irregular de seu coração. Caímos num sono de exaustão, com nossas cabeças sobre a mesa.

O sol estava brilhando nas janelas da construção quando acordamos. Estávamos com sede e com fome: não tínhamos comido ou bebido nada desde a primeira refeição em Scheveningen, na manhã anterior. Porém durante aquele dia inteiro, nenhum guarda ou oficial apareceu dentro do barracão. Por fim, quando o sol estava baixo no céu, um prisioneiro da unidade chegou com um grande barril de alguma substância fumegante, que devoramos avidamente.

E assim começou nossa estadia nesse lugar que, soubemos depois, se chamava Vught por causa do pequeno vilarejo próximo. Diferente de Scheveningen, que antes era uma prisão holandesa normal,

Vught fora construído pela ocupação especialmente para ser um campo de concentração para prisioneiros políticos. Ainda não estávamos no campo propriamente dito, mas em um tipo de complexo de quarentena externo. Nosso maior problema era a ociosidade, todas encurraladas em torno de longas filas de mesas, sem nada para fazer. Éramos vigiadas pelas mesmas jovens que patrulhavam os corredores de Scheveningen. Eram adequadas enquanto estávamos atrás de portas trancadas; aqui elas pareciam perdidas. Sua única técnica para manter a disciplina era gritar obscenidades e aplicar punições iguais para todo o grupo. Meia ração para o barracão inteiro. Uma rígida chamada de atenção extra. Proibição de falar por 24 horas.

Apenas uma de nossas vigias nunca fazia ameaças ou levantava a voz. Era a alta e silenciosa matrona chefe de Scheveningen. Ela apareceu em Vught na terceira manhã, durante a chamada da madrugada, e logo a ordem foi colocada em nossas fileiras indisciplinadas e desarrumadas. Filas se alinhavam, mãos eram coladas nas laterais do corpo, sussurros cessavam quando aqueles frios olhos azuis nos esquadrinhavam de cima a baixo.

Entre nós, a apelidamos de "a General". Durante uma longa chamada, uma mulher grávida de nossa mesa desmaiou no chão, batendo com a cabeça contra a borda do banco. Tudo o que a General fez, foi uma pausa na seca leitura de nomes que realizava.

Estávamos nesse campo externo a Vught há quase duas semanas, quando Betsie, eu e uma dúzia de outras mulheres fomos chamadas pelo nome durante a contagem matinal. Quando o restante foi dispensado, a General distribuiu entre nós formulários batidos a máquina, e nos instruiu a apresentá-los no galpão da administração às 9h.

Um trabalhador da equipe de alimentação, prisioneiro há muito tempo do campo principal, sorriu encorajadoramente quando servia nosso café da manhã.

— Vocês estão livres! Esses formulários cor-de-rosa significam soltura! — sussurrou ele.

Betsie e eu olhamos incrédulas para as folhas de papel em nossas mãos. Livres? Livres para sair... livres para ir para casa? Outras se amontoaram ao nosso redor, nos congratulando, nos abraçando. As mulheres da cela de Betsie em Scheveningen choravam abertamente. Como era cruel ter que deixar todas elas para trás!

— Certamente a guerra acabará logo — dissemos a elas. Esvaziamos nossas fronhas, distribuindo nossos poucos pertences entre aquelas que iam ficar.

Muito antes das 9h estávamos de pé na grande antessala de madeira da Administração. Por fim, fomos chamadas para uma sala interna, onde nossos formulários foram examinados, carimbados e entregues a um guarda. Seguimos aquele homem por um corredor até outra sala. O processo continuou por horas, enquanto éramos levadas de uma sala para outra. Faziam-nos perguntas, coletavam nossas impressões digitais, e nos enviavam ao posto seguinte. O grupo de prisioneiras cresceu até que éramos quarenta ou cinquenta, alinhadas ao lado de uma alta cerca com arame farpado por cima. Do outro lado da cerca, uma floresta de bétula branca, acima de nossas cabeças, o céu azul de Brabant. Nós também pertencíamos àquele mundo livre e selvagem.

O próximo barracão onde entramos tinha uma fila de mesas com mulheres sentadas atrás delas. Numa delas, me entregaram um envelope de papel pardo. Esvaziei-o na minha mão, e no instante seguinte olhava sem acreditar para meu relógio *Alpina*. A aliança de mamãe. Até mesmo minhas notas de florim. Não via aquelas coisas desde a noite em que chegamos a Scheveningen. *Dinheiro... por que, isso pertencia ao mundo de lojas e bondes, poderíamos ir a uma estação de trem com esse dinheiro. Duas passagens para Haarlem, por favor...*

Marchamos por um caminho entre filas de espirais de arame farpado, e passamos por um amplo portão, entrando num complexo de barracões baixos com telhado de zinco. Mais filas, mais esperas, mais procissão de mesa em mesa, porém o campo e seus procedimentos já haviam se tornado irreais para mim.

Então estávamos de pé, perante um balcão mais alto, e um jovem funcionário dizia:

— Deixem todos os seus objetos pessoais na janela de letra *C*.

— Mas acabaram de me devolver!

— Relógios, bolsas, joias...

Mecanicamente, como uma máquina que não tem vontade própria, entreguei o relógio, a aliança e o dinheiro através da pequena janela gradeada. Uma mulher uniformizada os jogou dentro de uma caixa de metal.

— Adiante! Próxima!

Então... não íamos ser soltas? Do lado de fora desse prédio, uma oficial de rosto corado nos colocou em formação de coluna dupla, e marchou conosco através de um largo campo. Do outro lado dele, um grupo de homens com cabeças raspadas e macacões listrados cavavam uma vala. O que era aquilo? O que significava tudo isso; todo esse longo dia de filas e esperas? O rosto de Betsie estava pálido de fraqueza, e ela tropeçou enquanto marchávamos.

Atravessamos outra cerca, e chegamos a um campo cercado em três lados por prédios baixos de concreto. Uma jovem, usando uma capa militar, nos esperava.

— Prisioneiras, parem! — gritou a oficial de rosto vermelho. — *Fraulein*, explique para as recém-chegadas a função das casamatas.

— As casamatas — a garota começou na voz entediada de um guia de museu — são para acomodar aquelas que não colaborarem com as regras do campo. Os quartos são aconchegantes, mas um tanto pequenos: mais ou menos do tamanho de um escaninho de vestiário. Para acelerar o processo educacional, as mãos são amarradas acima da cabeça...

Enquanto continuava o recital de horror, dois guardas saíram das casamatas, levando entre eles a forma de um homem. Estava vivo, já que suas pernas se mexiam, mas parecia não ter consciência para controlá-las. Seus olhos estavam fundos e reviravam em sua cabeça.

— Nem todos — a garota observou na mesma cadência — parecem apreciar as acomodações das casamatas.

Segurei o braço de Betsie quando recebemos o comando de marchar novamente; mais para segurar a mim mesma do que a ela. Mais uma vez era a história de papai sobre a mala do trem. Tal crueldade era demais para engolir, demais para suportar. *Pai celestial, carregue isso por mim!*

Seguimos a oficial por uma rua larga, com barracões alinhados dos dois lados, e paramos numa das construções cinza, igual as outras. Era o fim do longo dia de filas, esperas, esperança: tínhamos apenas chegado ao campo principal de Vught.

O alojamento parecia quase idêntico ao que tínhamos deixado naquela manhã, exceto que este estava mobiliado com beliches, assim como mesas e bancos. E ainda assim não tivemos permissão de sentar: havia uma última espera, enquanto a matrona com deliberação enlouquecedora, conferia nossos documentos numa lista.

— Betsie! — gemi — quanto tempo isso vai levar?

— Talvez muito, muito tempo. Talvez anos. Mas… que maneira melhor poderia existir de passar nossa vida?

Virei-me para olhar para ela.

— Do que você está falando?

— Essas jovens. Aquela garota nas casamatas. Corrie, se as pessoas podem aprender a odiar, elas podem ser ensinadas a amar! Precisamos encontrar uma forma, você e eu, não importa quanto tempo leve…

Ela prosseguiu, em seu entusiasmo, quase se esquecendo de manter a voz num tom de sussurro, enquanto que lentamente eu assimilava o fato dela estar falando de nossas guardas. Olhei para a matrona sentada na mesa à nossa frente. Vi um uniforme cinza e um quepe; Betsie viu um ser humano ferido.

E me perguntei, não pela primeira vez, que tipo de pessoa era essa minha irmã… que tipo de estrada ela seguia, enquanto eu marchava ao seu lado na terra demasiadamente sólida.

ALGUNS DIAS MAIS tarde, Betsie e eu fomos chamadas aos nossos postos de trabalho. Com um olhar para o rosto pálido e porte frágil de Betsie, a matrona fez sinal com desdém para que ela voltasse para o alojamento, onde as mais velhas e enfermas passavam o dia costurando uniformes da prisão. O uniforme feminino em Vught era um macacão azul com uma listra vermelha na lateral da perna: prático, confortável e uma troca bem-vinda, já que estávamos usando nossas roupas desde o dia em que fomos presas.

Aparentemente, eu parecia ser suficientemente forte para o trabalho mais pesado; mandaram que me reportasse à fábrica da *Phillips*. Essa "fábrica" era, na verdade, nada mais do que outro grande galpão dentro do complexo do campo. Mesmo de manhã cedo, o piche sob o fino telhado já começava a apresentar bolhas por causa do sol quente de julho. Segui minha escolta até o grande salão onde centenas de homens e mulheres estavam sentados ao longo de mesas compridas cobertas de milhares de pecinhas de rádio. Dois oficiais, um homem e uma mulher, andavam pelos corredores entre os bancos, enquanto os prisioneiros se debruçavam sobre suas tarefas.

Mandaram-me sentar num banco perto da entrada e me deram a função de medir pequenos visores de vidro e separá-los em pilhas segundo seu tamanho. Era um trabalho monótono. O calor do telhado pressionava como um peso sobre minha cabeça. Eu ansiava saber, pelo menos, nomes e cidades de origem dos meus vizinhos do outro lado da mesa, mas o único som da sala era o tilintar das peças de metal e o ranger das botas dos guardas. Eles chegaram até a porta próxima de onde eu estava sentada.

— A produção subiu novamente semana passada — disse o oficial em alemão a um homem magro e alto, com a cabeça raspada e um uniforme listrado. — Você receberá uma recomendação por esse aumento. Entretanto, continuamos a receber reclamações sobre fiação defeituosa. O controle de qualidade precisa melhorar.

O homem de cabeça raspada fez um gesto de desculpas.

— Se houvesse mais comida, *Herr Officier* [N.T.: "Sr. Oficial", em alemão], murmurou. — Vejo uma diferença desde a diminuição das rações. Eles ficam mais sonolentos, têm problemas de concentração...

Sua voz lembrava um pouco a de Willem: grave, trabalhada, um ligeiro toque de sotaque holandês no alemão.

— Então você precisa acordá-los! Tem que fazê-los se concentrar, lembrando-lhes das penalidades! Se os soldados no *front* podem lutar com meias-rações, então esses preguiçosos...

Diante de um olhar fulminante de reprovação da oficial feminina, ele parou e passou a língua nos lábios.

— Bem... quer dizer... é claro que estou apenas dando um mero exemplo. Certamente não são verdadeiros os rumores de que as rações foram reduzidas no *front*. Então! Eu... eu passo a responsabilidade para você! E, juntos, os oficiais saíram do galpão.

Por um momento, o prisioneiro chefe ficou na porta, observando os oficiais. Lentamente, levantou sua mão esquerda, então a deixou cair, dando uma batida em sua lateral. O ambiente silencioso explodiu. De sob as mesas, apareceram papéis escritos, livros, novelos de tricô, latas de biscoitos. Pessoas saíram de seus lugares e se reuniram em pequenos grupos para conversar por todo o galpão. Meia dúzia de pessoas se amontoou ao meu redor: Quem eu era? De onde vinha? Tinha alguma notícia da guerra?

Depois de aproximadamente uma meia hora de visitas entre as mesas, o prisioneiro chefe nos lembrou que tínhamos uma cota diária a cumprir, e as pessoas voltaram aos seus lugares. O nome dele, fiquei sabendo, era Moorman, e fora diretor da escola Católica Romana para meninos. Em meu terceiro dia lá, ele veio ao meu posto de trabalho; soubera que eu tinha seguido toda a linha de produção pelo saguão, para saber o destino das minhas tediosas pilhas de visores.

— Você é a primeira trabalhadora mulher que mostrou algum interesse pelo que estamos fazendo aqui, disse ele.

— Estou muito interessada — falei. — Sou uma relojoeira.

Ele olhou para mim com interesse renovado.

— Então tenho um trabalho do qual gostará mais.

E me levou para o lado oposto do enorme galpão, onde a montagem final dos relês era feita. Era um trabalho complicado e minucioso, embora muito menos difícil do que o conserto de um relógio; e o Sr. Moorman estava certo. Gostei daquilo, e isso fazia que as onze horas de trabalho passassem mais rapidamente.

Não apenas comigo, mas com todos os trabalhadores da *Phillips*, o Sr. Moorman agia mais como um compreensivo irmão mais velho do que como um chefe. Eu o observava andando incansavelmente entre as centenas de trabalhadores, aconselhando, encorajando, achando um trabalho mais fácil para os cansados, um mais difícil para os inquietos. Estávamos há mais de um mês em Vught, quando soube que seu filho de vinte anos tinha sido morto a tiros aqui no campo, na semana em que Betsie e eu chegamos.

Nenhum traço dessa tragédia pessoal era visível em seu cuidado com o restante de nós. Nas primeiras semanas, ele parava frequentemente na minha bancada, mais para verificar meu estado de espírito, do que o meu trabalho. Porém, eventualmente seus olhos passeavam pela fila de relês à minha frente.

— Querida senhora relojoeira! Não consegue se lembrar para quem está trabalhando? Esses rádios são para os aviões de combate deles!

E esticando a mão na minha frente, ele arrancava um fio do lugar, ou torcia algum tubo bem pequeno do equipamento.

— Agora os solde de novo, no lugar errado. E não tão rápido! Ainda não é meio-dia e você já estourou a cota do dia.

A hora do almoço teria sido o melhor momento do dia se eu pudesse passá-lo com Betsie. Entretanto, os trabalhadores da *Phillips* não tinham permissão de sair do complexo da fábrica até o final da jornada, às 18h. Os prisioneiros que trabalhavam na cozinha traziam grandes baldes de um mingau feito de trigo e ervilhas, sem gosto, porém nutritivo. Aparentemente houvera um recente corte nas rações: ainda assim, a comida era melhor e mais farta do que em Scheveningen, onde não tinha nenhuma refeição ao meio-dia.

Depois de comer, durante uma meia hora abençoada tínhamos liberdade para andar pelo complexo da *Phillips* ao ar livre e sob o glorioso sol de Brabant. Na maioria das vezes, eu buscava um lugar perto da cerca e me esticava no chão quente para dormir (os dias começavam com a chamada das 5h da manhã). O cheiro doce do verão chegava com a brisa das fazendas ao redor do campo; algumas vezes eu sonhava que Karel e eu estávamos andando de mãos dadas por uma estrada rural.

Às 18h havia outra chamada, então marchávamos de volta para nossos diversos alojamentos. Betsie sempre estava na porta do nosso, esperando por mim. Toda noite era como se houvesse passado uma semana; tínhamos tanto a contar uma à outra.

— Aquele casal belga da bancada ao lado da minha? Ficaram noivos esta tarde!

— A Sra. Heerma, cuja neta foi levada para a Alemanha, hoje me deixou orar com ela.

Certo dia, a novidade de Betsie nos tocou diretamente.

— Uma senhora de Ermelo foi transferia para o grupo de costura hoje. Quando me apresentei, ela disse: — Outra!

— O que ela quis dizer?

— Corrie, lembra que no dia em que fomos presas um homem veio até a loja? Você estava doente e eu precisei lhe chamar?

Eu lembrava muito bem. Lembrava-me dos estranhos olhos irrequietos, o mal-estar na boca do meu estômago que não era apenas por causa da febre.

— Aparentemente, todos em Ermelo o conheciam. Ele trabalhava para a Gestapo desde o primeiro dia da ocupação. Ele denunciou o trabalho de dois irmãos dessa mulher na Resistência, e, por fim, ela e seu marido também. Quando, finalmente, o povo de Ermelo percebeu o que fazia, ele foi para Haarlem e se juntou a Willemse e Kapteyn. Seu nome era Jan Vogel.

Chamas de fogo pareciam saltar em meu coração por causa desse nome. Pensava nas horas finais de papai, sozinho e confuso, no corredor de um hospital. No trabalho clandestino interrompido tão abruptamente. Pensava em Mary Itallie presa enquanto andava por uma rua. E sabia que se Jan Vogel parasse na minha frente agora, eu poderia matá-lo.

Betsie tirou a pequena bolsinha de dentro de seu macacão e me entregou, mas sacudi a cabeça. Ela guardava a Bíblia durante o dia, já que tinha mais oportunidades de ler e ensinar aqui do que eu tinha no galpão da *Phillips*. As noites, mantínhamos uma reunião de oração clandestina para quantas conseguíssemos juntar em nosso beliche.

— Você conduz as orações esta noite, Betsie. Estou com dor de cabeça.

Mais do que dor de cabeça. Todo o meu ser doía com a violência de meus sentimentos por aquele homem que nos tinha feito tanto mal. Naquela noite não consegui dormir, e no dia seguinte em minha bancada, mal ouvia as conversas ao meu redor. Ao final da semana, eu estava em tal estado de enfermidade do corpo e da alma, que o Sr. Moorman parou na minha bancada para perguntar se havia algo errado.

— Errado? Sim, algo está errado!

E contei o que acontecera naquele dia. Eu apenas estava ansiosa demais para contar ao Sr. Moorman e a toda Holanda como Jan Vogel havia traído seu país.

Era Betsie quem mais me intrigava todo esse tempo. Ela tinha sofrido o mesmo que eu, e ainda assim não parecia levar fardo algum de raiva.

— Betsie! — sussurrei numa noite escura, quando notei que meu incansável revirar na cama devia estar mantendo-a acordada. Agora, éramos três dividindo esse único catre, pois o campo cheio recebia mais gente diariamente. — Betsie, você não sente nada por Jan Vogel? Isso não lhe incomoda?

— Ah, sim, Corrie! Terrivelmente! Desde que soube, eu sinto muita pena... e oro por ele, todas as vezes que seu nome me vem à mente. Pois deve estar sofrendo muito!

Durante muito tempo, permaneci em silêncio no enorme alojamento sombrio, inquieta com os suspiros, roncos e movimentos de centenas de mulheres. Mais uma vez tinha a sensação de que esta irmã, com quem passara toda a minha vida, pertencia, de alguma forma, a uma outra categoria de ser. Será que não estava me dizendo, com seu jeito amável, que eu era tão culpada quanto Jan Vogel? Não ficaríamos, ele e eu, juntos perante o Deus que tudo vê, condenados pelo mesmo pecado de assassinato? Pois eu o tinha matado com meu coração e com a minha língua.

— Senhor Jesus — sussurrei para a irregular roupa da cama, — eu perdoo Jan Vogel, assim como oro para que o Senhor me perdoe. Eu o prejudiquei enormemente. Abençoa agora a ele e a sua família...

Naquela noite, pela primeira vez desde que nosso delator ganhara um nome, dormi profundamente e sem sonhos até que o apito nos acordasse para a lista de chamada.

Os dias em Vught eram uma confusa mistura de coisas boas e ruins. A chamada matinal era, com frequência, cruelmente longa. Se a menor regra fosse quebrada, como o atraso de um único prisioneiro para a conferência da noite, o pavilhão inteiro seria punido por uma chamada às 4h ou mesmo às 3h30 da manhã, e nos faziam marchar até que nossas costas doessem e nossas pernas não aguentassem. Mas o ar do verão era quente e vivo, com pássaros chegando com a nascer do dia. Gradualmente, no Leste, um nascer do sol rosa e dourado iluminava o imenso céu de Brabant, e Betsie e eu apertávamos a mão uma da outra, maravilhadas.

Às 5h30, tínhamos pão preto e "café", amargo e quente. E então saíamos marchando em filas para os diversos postos de trabalho. Eu aguardava ansiosamente essa caminhada até a fábrica da *Phillips*.

Parte do caminho era feita ao lado de um pequeno bosque, separado apenas por uma espiral de arame farpado do brilhante mundo de gotas de orvalho. Também passávamos marchando pela sessão masculina do campo, muitas de nosso grupo se esforçavam para identificar um marido ou um filho entre as filas de cabeças raspadas e macacões listrados.

Esse era outro paradoxo de Vught. Eu agradecia diariamente, sem parar, o fato de estar novamente entre pessoas. Mas o que eu não percebera durante o confinamento na solitária, era que ter companheiros significava ter também suas tristezas. Todas nós sofríamos com as mulheres cujos maridos estavam naquele campo: a disciplina na sessão masculina era muito mais severa do que na feminina. As execuções eram frequentes. Quase todos os dias, uma salva de tiros enviava pelo ar sussurros de angústia: quantos dessa vez? Quem seriam?

A mulher ao meu lado na bancada de relês, era uma comunista convicta chamada Floor. Ela e o marido conseguiram mandar seus dois filhos para ficar com amigos antes de sua prisão, mas se lamentava o dia todo em voz alta por eles e pelo Sr. Floor, que tinha tuberculose. Ele trabalhava na equipe que confeccionava cordas no complexo ao lado da *Phillips*, e na hora do almoço conseguiam trocar algumas palavras através do arame farpado que separava as duas prisões. Embora estivesse esperando um terceiro filho para setembro, nunca comia sua porção matinal de pão, mas passava para ele através da cerca. Eu achava que estava perigosamente magra para uma grávida, e diversas vezes, trouxe para ela o meu pão do café da manhã. Mas isso, também, sempre era reservado para o Sr. Floor.

E ainda assim, apesar da tristeza e ansiedade... e ninguém naquele lugar estava livre das duas... também havia risos no galpão da *Phillips*. Uma imitação do pomposo e vociferante segundo tenente. Uma brincadeira de cabra-cega. Uma música passada de banco para banco, até que...

— Nuvens pesadas! Nuvens pesadas!

O sinal poderia vir de qualquer banco de frente para uma janela. O galpão da fábrica ficava no centro do amplo complexo da *Phillips*; não havia como um oficial se aproximar sem cruzar aquele espaço aberto. Em um instante, cada banco estaria ocupado, e o único som seria o barulho sistemático das peças de rádio.

Certa manhã, as palavras de código ainda estavam sendo repetidas pelo longo galpão, quando uma *Aufseherin* [N.T.: "Supervisora", em alemão] bem robusta entrou pela porta. Ela olhou furiosamente pelo galpão com o rosto vermelho, como se tivesse ligado a expressão "nuvens pesadas" à sua aparência. Ela gritou e vociferou durante um quarto de hora, então nos privou da pausa das 12h ao ar livre naquele dia. Depois disso, adotamos um sinal mais neutro: "quinze".

— Montei quinze mostradores!

Durante as longas tardes quentes, brincadeiras e conversas sumiam, pois cada um sentava-se sozinho com seus pensamentos. Eu arranhei na lateral da mesa o número de dias até 1º de setembro. Não havia nada de oficial sobre essa data, apenas uma observação casual da Sra. Floor, segundo a qual a pena normal para infrações relacionadas a cartões de racionamento era de seis meses. Então, se a acusação contra nós fosse essa, e se incluíssem o tempo que passamos em Scheveningen, 1º de setembro seria nosso dia de soltura!

— Corrie, não temos certeza! — Betsie alertou uma noite, quando declarei triunfantemente que já se passara metade de agosto.

Eu quase tinha a sensação de que aquilo não importava para Betsie. Olhava para ela, sentada em nosso catre nos últimos instantes antes das luzes apagarem, costurando um remendo no meu macacão, como fazia com tanta frequência sob a luz da lamparina na sala de jantar. Pela própria maneira como se sentava, Betsie evocava uma cadeira de encosto alto atrás dela e um tapete aos seus pés, ao invés dessa infindável fila de camas de metal num chão de pinho desnudado. Na primeira semana em que estávamos lá, ela colocou colchetes extras na gola de seu macacão, de modo que pudesse fechá-la para proteger sua garganta. E, com ela devidamente cuidada, eu tinha a sensação de que Betsie estava tão contente em ler para aquelas, em Vught, que nunca tinham lido a Bíblia, quanto ficava ao servir sopa a pessoas famintas no corredor do *Beje*.

Quanto a mim, eu ansiava, a cada dia com mais firmeza, por 1.º de setembro.

E ENTÃO, de repente, parecia que não teríamos que esperar nem tanto tempo. Havia rumores de que a Brigada da Princesa Irene estava na França, seguindo em direção à Bélgica. A Brigada era parte das forças holandesas que escapara para a Inglaterra durante a Guerra de Cinco Dias. Agora, marchava para retomar o que era seu.

Os guardas estavam notavelmente tensos. A chamada era uma agonia. Os idosos e doentes, mais lentos para chegar aos seus lugares, eram espancados sem piedade. Mesmo o "comando da luz vermelha" era disciplinado. Aquelas jovens formavam um grupo de prisioneiras normalmente favorecidas. Prostitutas, a maioria de Amsterdã, não estavam na prisão por causa da profissão, que era exaltada como um dever patriótico, mas por terem infectado soldados alemães. De modo geral, pelo menos com os guardas masculinos, elas tinham um comportamento ousado e relaxado. Agora até elas tinham que entrar em formação e ficar horas de pé em posição de sentido.

Escutávamos o pelotão de fuzilamento cada vez com mais frequência. Certo dia, na hora do almoço, quando o sino tocou para voltarmos ao trabalho, a Sra. Floor não apareceu na bancada ao meu lado. Sempre demorava um pouco para meus olhos se ajustarem à penumbra da fábrica depois de ficar lá fora exposta ao brilho do sol: aos poucos, vi o pedaço de pão preto ainda sobre o seu lugar no banco. Não havia mais marido para recebê-lo.

Então, oscilando entre esperança e terror, esperávamos pelos dias. Rumores era tudo o que tínhamos. A Brigada estava na fronteira holandesa. A Brigada fora destruída. A Brigada nunca chegara. Mulheres que sempre estiveram afastadas da pequena reunião de oração sussurrada em nosso beliche, agora se amontoavam ao redor, pedindo sinais e previsões bíblicas.

Na manhã de 1.º de setembro, a Sra. Floor deu à luz a uma menina. A criança viveu quatro horas.

Vários dias depois, acordamos com o som de explosões distantes. Muito antes do apito da chamada, todos dos alojamentos estavam de pé, andando no escuro entre os beliches. Eram bombas? Fogo da artilharia? Certamente a Brigada havia chegado a Brabant. Hoje mesmo devem chegar a Vught!

As carrancas e ameaças dos guardas ao chegarem, não nos assustaram. A mente de cada uma estava voltada para casa; todas falavam sobre o que fariam primeiro.

— As plantas estarão todas mortas, mas vamos pegar algumas mudas com Nollie! — Betsie falou. — Lavaremos as janelas para que o sol possa entrar.

Na fábrica da *Phillips*, o Sr. Moorman tentava nos acalmar.

— Aquilo não eram bombas — disse. — E, certamente, não eram tiros. É trabalho de demolição. Alemães. Provavelmente estão explodindo pontes. Significa que esperam um ataque, mas não que está acontecendo. Talvez leve semanas para acontecer.

Isso nos esfriou um pouco, porém conforme as explosões se aproximavam nada poderia diminuir nossa esperança. Agora estavam tão próximas que faziam nossos tímpanos doer.

— Baixem o queixo! — o Sr. Moorman falava pelo salão. — Mantenham a boca aberta e isso poupará seus tímpanos.

Fizemos nossa refeição do meio-dia dentro do galpão, com as portas e janelas fechadas. Estávamos trabalhando há uma hora... ou sentados em nossas bancadas, ninguém conseguia trabalhar... quando veio a ordem de retornarmos aos dormitórios. Numa súbita ansiedade, mulheres abraçaram seus maridos e queridos que trabalhavam ao seu lado na *Phillips*.

Betsie estava me esperando do lado de fora de nosso alojamento.

— Corrie! A Brigada veio? Estamos livres?

— Não. Ainda não. Não sei. Ah, Betsie, por que estou tão assustada?

O alto-falante no campo dos homens soava o alarme da chamada. No nosso, nenhuma ordem fora dada e andávamos de um lado para o outro, ouvindo o que vagamente sabíamos que era. Nomes estavam sendo lidos no alto-falante masculino, embora fosse longe demais para distinguir quais eram.

E subitamente, um medo insano se instalou nas mulheres que esperavam. Um silêncio mortal agora reinava dos dois lados do vasto campo. O alto-falante silenciara. Sem palavras, trocamos olhares. Quase tínhamos medo de respirar.

Então o barulho de rifles atirando cortou o ar. Ao nosso redor, mulheres começaram a chorar. Uma segunda salva. Uma terceira. As execuções seguiram por duas horas. Alguém contou. Mais de setecentos prisioneiros foram mortos naquele dia.

Pouco se dormiu em nossos alojamentos naquela noite, e não houve chamada na manhã seguinte. Por volta das 6h, mandaram que recolhêssemos nossos pertences. Betsie e eu colocamos nossas coisas nas fronhas que trouxéramos de Scheveningen; escovas de dente, agulha e linha, uma garrafinha de óleo *Davitamon* que viera no pacote da Cruz Vermelha, o suéter azul de Nollie, que fora a única coisa que trouxemos quando deixamos o campo de quarentena, dez semanas atrás. Passei a Bíblia e sua bolsinha das costas de Betsie para as minhas; ela estava tão magra, que o volume ficava visível entre seus ombros.

Fomos conduzidas para um campo onde soldados distribuíam cobertores nas carrocerias abertas de caminhões. Quando passamos, Betsie e eu pegamos dois, macios, novos e bonitos; o meu era branco com listras azuis, o dela era branco com listras vermelhas. Obviamente, pertencia a alguma família abastada.

Por volta do meio dia, começou o êxodo do campo. Seguimos pelas ruas áridas entre os alojamentos, passamos pelas casamatas, pelo labirinto de complexos e construções cercado de arame farpado e, por fim, pela estrada de terra batida no meio do bosque, por onde havíamos cambaleado naquela noite chuvosa de junho. Betsie segurava firme no meu braço; respirava com dificuldade como sempre fazia quando precisava andar qualquer distância.

— Marchem! *Schnell*! Passo dobrado!

Coloquei meu braço sob os ombros de Betsie e meio que a carreguei nos últimos quinhentos metros. Finalmente, o caminho terminou e formamos filas de frente para os trilhos; mais de mil mulheres em pé. Mais ao longe, o setor masculino também estava naquele acostamento; era impossível identificar pessoas entre aquelas cabeças raspadas brilhando ao sol do outono.

Primeiro, achava que nosso trem não tinha chegado; então percebi que aqueles vagões de carga parados nos trilhos eram para nós. Os homens já estavam sendo embarcados, subindo nas altas laterais. Não conseguíamos ver a locomotiva, apenas essa fila de pequenos vagões europeus fechados, sobre rodas altas se estendo a perder de vista nas duas direções. Metralhadoras estavam montadas nos tetos, em algumas das composições. Soldados se aproximavam ao longo da pista, parando em cada vagão para abrir as portas de correr. À nossa frente, apareceu um interior escuro e vazio. As mulheres começaram a empurrar para frente.

Agarradas aos nossos cobertores e fronhas, fomos levadas com as outras. O peito de Betsie ainda arfava muito após a rápida caminhada. Precisei empurrá-la para subir no trem.

No início, não consegui distinguir nada no vagão escuro; então, num canto, vi uma enorme forma irregular. Era uma montanha de pães; dúzias de pães pretos empilhados. Então, seria uma longa viagem…

O pequeno vagão estava ficando lotado. Fomos lançadas contra a parede dos fundos. Ali caberia no máximo trinta ou quarenta pessoas. E os soldados continuavam a empurrar mulheres para dentro, praguejando, ameaçando com suas armas. Gritos de protesto se levantaram no centro do carro, mas mesmo assim, a pressão aumentava. Apenas quando umas oitenta mulheres estavam espremidas lá dentro, a porta foi fechada e ouvimos as trancas de ferro.

Mulheres soluçavam, e muitas desmaiaram, embora na multidão comprimida, continuassem em pé. Então, quando parecia que aquelas que estavam no meio ficariam sufocadas, ou seriam pisoteadas até a morte, desenvolvemos um tipo de sistema onde, meio sentadas meio deitadas, com nossas pernas passando em volta umas das outras como membros de uma equipe de remo, fomos capazes de sentar no chão no vagão.

— Sabe pelo que sou grata? — a voz amorosa de Betsie me assustou naquele sofrido hospício. — Sou grata por papai estar no céu nesse momento!

Papai. Sim! Ah, papai, como eu poderia ter chorado pelo senhor?

O sol quente castigava o trem imóvel; a temperatura subia no vagão fechado; começou a faltar ar. Ao meu lado, alguém puxava um prego na velha madeira da parede. Por fim, ele soltou; com a ponta, ela começou a escavar para aumentar o buraco. Nas laterais, outras adotaram a ideia e, em pouco tempo, abençoadas lufadas de ar fresco começaram a circular entre nós.

Passaram-se horas até o trem dar um tranco repentino e começar a se locomover. Quase que imediatamente, parou e então seguiu de novo lentamente. Durante o restante do dia e da noite, foi a mesma coisa: parando, se locomovendo, batendo, empurrando. Quando chegou minha vez de ficar perto do buraco de ar, ao luar vi homens carregando um pedaço de trilho retorcido. À frente, os trilhos deviam estar destruídos. Passei a informação. Talvez não conseguissem consertá-los. Talvez ainda estivéssemos na Holanda quando a libertação chegasse.

A testa de Betsie estava quente. A garota da "luz vermelha" cujas pernas estavam ao meu redor, se apertou ainda mais, para que Betsie pudesse deitar quase que completamente no meu colo. Também cochilei; minha cabeça caía de vez em quando no ombro da amistosa garota atrás de nós. Uma vez sonhei que havia uma tempestade.

Podia ouvir as pedras de granizo batendo nas janelas da *Tante* Jans. Abri meus olhos. Realmente estava chovendo. Eu podia escutar as pedrinhas batendo contra a lateral do vagão.

Agora, todas estavam acordadas e falando. Outra tempestade de granizo. Então escutamos a rajada de metralhadora no teto do trem.

— São balas! — alguém gritou. — Estão atacando o trem.

Mais uma vez ouvimos aquele som que parecia pedrinhas atingindo a parede, e novamente as metralhadoras responderam. Será que finalmente a Brigada tinha nos alcançado? O tiroteio cessou. Durante uma hora o trem permaneceu parado. Então, lentamente, começou a se locomover.

Ao amanhecer, alguém gritou que estávamos passando pela cidade fronteiriça de Emmerich.

Tínhamos chegado à Alemanha.

13.

Ravensbruck

Durante mais dois dias e duas noites inacreditáveis, fomos sendo levadas cada vez mais para dentro da terra que tanto temíamos. De vez em quando, um dos pedaços de pão era passado de mão em mão. Porém não havia sido tomada nem a mais elementar providência a respeito de sanitários, e o ar no vagão estava de tal forma, que poucas conseguiam comer.

E, ao poucos, pior do que a aglomeração de corpos e a sujeira, foi crescendo uma única obsessão: algo para beber. Duas ou três vezes, quando o trem parou, a porta foi entreaberta e um balde de água entregue. Mas nos tornáramos como animais, incapazes de planejar ou sistematizar. As que estavam perto da porta, ficavam com tudo.

Por fim, na manhã do quarto dia, o trem parou novamente e a porta foi completamente aberta. Como crianças, engatinhando, nos arrastamos até a abertura e saímos do vagão. À nossa frente, um sorridente lago azul. No lado oposto, entre figueiras, se erguia uma torre branca de igreja.

As prisioneiras mais fortes enchiam baldes de água do lago. Bebíamos com os lábios rachados e inchados. O trem estava menor; os vagões que levavam os homens haviam desaparecido. Apenas um punhado de soldados permanecera para vigiar mil mulheres. Alguns deles pareciam não ter mais de 15 anos. Não era necessário nada além disso. Mal podíamos andar, quanto mais resistir.

Depois de um tempo, formaram-nos em filas desordenadas e saímos caminhando. A estrada seguia a margem do lago por uns dois quilômetros, então se distanciava para subir uma colina. Fiquei me perguntando se Betsie conseguiria chegar ao topo, mas a visão das árvores e do céu parecia tê-la reavivado, e ela me apoiava, tanto quanto eu a ela. Passamos por algumas pessoas locais a pé e em carroças puxadas a cavalo. Para mim, as crianças em especial, pareciam maravilhosas: rostos corados e saudáveis. Elas me observavam com interessados olhos arregalados. No entanto, notei que os adultos não olhavam para nós: viravam a cabeça quando nos aproximávamos.

Do topo da colina a vimos, como uma enorme cicatriz na verdejante paisagem alemã: uma cidade de alojamentos baixos em cor cinza, cercada de muros de concreto, com torres de guarda em diversos pontos. Bem no meio, uma chaminé quadrada jogava um fino vapor cinza no céu azul.

— Ravensbruck!

A palavra passava pelas filas como uma maldição sussurrada. Este era um conhecido campo feminino de extermínio, cujo nome ouvíramos até mesmo em Haarlem. Aquele prédio compacto de concreto, aquela fumaça desaparecendo na brilhante luz do sol... não! Não olharia para aquilo! Enquanto eu e Betsie cambaleávamos descendo a colina, eu sentia a Bíblia batendo entre minhas escápulas. As boas-novas de Deus. Era para aquele mundo que Ele as anunciava?

Chegamos perto o suficiente para vermos as placas com as caveiras e ossos cruzados colocadas em intervalos nos muros, alertando sobre a cerca eletrificada no topo. Os enormes portões de ferro abriram; entramos. Hectares de alojamentos cinza se espalhavam à nossa frente. Bem próximo ao muro, uma fila de torneiras altas. Corremos para elas, esticando braços, pernas e até cabeças sob as correntes de água lavando o fedor impregnado dos vagões. Um esquadrão de guardas femininas, vestindo uniformes azul escuro, correu até nós, puxando e gritando, balançando seus cassetetes curtos e rígidos.

Por fim, nos afastaram das torneiras e nos levaram por uma avenida entre alojamentos. Este campo parecia muito mais ameaçador do que aquele de onde saíramos. Pelo menos, nas marchas por Vught, tínhamos a vista de campos e bosques. Aqui, para onde olhássemos, veríamos a mesma barreira de concreto; o vasto vale construído pelo homem cercado por todos os lados por muros com arame farpado no topo.

Finalmente paramos. À nossa frente, uma enorme tenda de lona sem paredes cobria um hectare ou mais de chão de palha. Betsie e eu encontramos um lugar na ponta dessa área e nos sentamos com gratidão. Instantaneamente nos levantamos. Piolhos! A palha estava literalmente viva com piolhos. Ficamos de pé por um tempo, agarradas aos cobertores e fronhas, bem distantes do chão infestado. Mas, por fim, esticamos nossos cobertores sobre a palha agitada e nos sentamos sobre eles.

Algumas das prisioneiras haviam trazido tesouras de Vught: por todos os lados sob a enorme tenda, mulheres cortavam os cabelos umas das outras. Uma tesoura nos foi passada. É claro que precisávamos fazer o mesmo; era loucura ter cabelos compridos num lugar daqueles. Porém, enquanto cortava as ondas castanhas do coque de Betsie, eu chorava.

No início da noite, houve uma movimentação numa das pontas da tenda. Uma fila de guardas da S.S. vinha atravessando, tirando mulheres de sob a lona. Ficamos de pé e enrolamos nossos cobertores quando chegaram perto. A caçada parou a aproximadamente uns cem metros da tenda. Ficamos ali sem saber o que fazer. Ninguém tinha ideia se um novo grupo de prisioneiras havia chegado, ou qualquer outro motivo para nos tirarem da tenda. Mulheres começaram a estender seus cobertores no chão duro de cinzas. Lentamente, ficou claro para Betsie e eu que passaríamos a noite ali onde estávamos. Esticamos meu cobertor no chão, nos deitamos lado a lado, e nos cobrimos com o dela.

— A noite é escura e longe de casa estou... — a doce voz de soprano de Betsie foi acompanhada por vozes ao nosso redor. — Guia-me Senhor...

Fomos acordadas em algum momento no meio da noite pelo som de um trovão, e uma chuva torrencial. Os cobertores ficaram ensopados e poças de água se formavam sob nós. De manhã, o campo era um vasto pântano encharcado: mãos, roupas e rostos estavam pretos por causa da lama de cinzas.

Ainda estávamos torcendo a água de nossos cobertores, quando veio a ordem de formarmos fila para o café. Não era café, mas um líquido fino, quase com a mesma cor, e nos sentimos agradecidas por aquilo quando passamos em fila dupla pela cozinha de campo improvisada. Também foi dada uma fatia de pão preto para cada prisioneira, e nada mais até recebermos uma concha de sopa de nabo e uma pequena batata cozida no final da tarde.

Nesse meio tempo, fomos mantidas em rígida posição de sentido sobre o chão encharcado, onde passáramos a noite. Estávamos ao lado de uma das laterais do enorme campo, perto o suficiente do muro externo para vermos a tripla fila de fios eletrificados no alto dele. Passamos dois dias inteiros dessa forma. Esticamo-nos de novo na segunda noite, bem onde estávamos. Não havia chovido, mas o chão e nossos cobertores ainda estavam molhados. Betsie começou a tossir. Tirei o suéter azul de Nollie da minha fronha, o enrolei em minha irmã e lhe dei algumas gotas do óleo de vitamina. Porém, ao amanhecer, ela agonizava com cólicas intestinais. Diversas vezes, ao longo daquele segundo dia, ela precisou pedir permissão à impaciente monitora que cuidava de nossa fila, para ir até a vala que servia de banheiro.

Foi na terceira noite, quando estávamos nos preparando para deitar mais uma vez sob o céu, que veio a ordem para nos reportarmos ao centro de processamento de recém-chegadas. Uma caminhada de dez minutos nos levou até o prédio. Andamos lentamente por um corredor, até chegarmos a um enorme salão de recepção. E ali, sob as luzes torturantes do teto, tivemos uma visão terrível. Cada mulher que chegava à mesa onde alguns oficiais estavam sentados, tinha que deixar seu cobertor, fronha e o que mais estivesse levando, numa crescente pilha de coisas. Algumas mesas depois, ela deveria tirar todas as peças de roupa, jogá-las numa segunda pilha e passar nua pelo exame de uma dúzia de homens da S.S. até chegar aos chuveiros. Ao sair, colocava apenas um vestido ralo da prisão e um par de sapatos. Nada mais.

Mas Betsie precisava daquele suéter! Precisava das vitaminas! Mais importante ainda, precisávamos de nossa Bíblia. Como poderíamos viver neste lugar sem ela? Mas como seria possível passar com ela por tantos olhares vigilantes, sem a cobertura de meu macacão?

Estávamos quase chegando na primeira mesa. Desesperadamente, coloquei a mão dentro da minha fronha, e tirei o vidro de vitaminas e fechei-o em minha mão. Com relutância, colocamos as outras coisas na pilha que, rapidamente, estava se tornando uma montanha.

— Senhor Deus, nos deste este Livro precioso, e o tens escondido em todas as verificações e inspeções. Tu o tens usado para tantos... — orei.

Senti Betsie cambalear contra mim e olhei assustada para ela. Seu rosto estava pálido, seus lábios contraídos. Um guarda estava passando; implorei em alemão que nos indicasse os banheiros. Sem muito mais que uma olhadela, ele fez sinal com a cabeça na direção da sala de chuveiros.

Timidamente, Betsie e eu saímos da fila e andamos até a porta do grande salão com cheiro de umidade e suas filas de duchas. Estava vazio esperando pela próxima leva de cinquenta mulheres nuas e trêmulas.

— Por favor, — falei ao homem da S.S. que vigiava a porta. — onde são os vasos sanitários?

Ele nem me olhou.

— Use os ralos! — falou rispidamente. E, quando entramos, bateu a porta.

Ficamos a sós no salão para onde, alguns minutos depois, retornaríamos despidas até das roupas íntimas. Aqui estavam as coisas da prisão que vestiríamos; empilhadas ao lado da porta. Na frente e atrás de cada vestido comum, um enorme *X* havia sido cortado e, em seu lugar, costurado um tecido de outra cor.

E então vimos algo mais. Amontoados num canto mais distante, uma pilha de velhos bancos de madeira. Estavam cobertos de mofo e cheios de baratas, mas para mim, parecia mobília do próprio céu.

— O suéter! Tire o suéter! — sussurrei, enrolada com o cordão em meu pescoço.

Betsie me entregou a peça. Rapidamente embrulhei a Bíblia e o vidro de vitaminas nela, e enfiei a trouxa preciosa atrás dos bancos.

E assim, quando fomos levadas para aquele cômodo, dez minutos mais tarde, não estávamos pobres: estávamos ricas. Ricas com essa nova evidência de Seu cuidado; daquele que era o Deus até mesmo de Ravensbruck.

Permanecemos debaixo das duchas enquanto durou o fluxo de água gélida, sentindo-a macia em nossa pele picada pelos piolhos. Então, nos agachamos ainda pingando em torno da pilha de vestidos da prisão, pegando-os e repassando-os, buscando tamanhos aproximados. Achei um vestido solto de mangas compridas para Betsie, que cobriria o suéter azul quando ela tivesse a oportunidade de vesti-lo. Contorci-me dentro de outro que encontrei para mim, então corri até os bancos, peguei a pequena trouxa e a enfiei por dentro do decote.

Ela formava uma protuberância que poderia ser vista do outro lado do Grote Markt. Achatei-a o melhor que pude, empurrando para baixo, esticando o suéter ao redor da minha cintura, mas realmente não tinha como ocultá-lo debaixo daquele vestido ralo de algodão. De repente, tive a incrível sensação de que não importava, que isso não era um problema meu, mas de Deus. Que tudo o que eu devia fazer era caminhar ereta.

Quando passávamos de volta pela porta daquela sala de chuveiros, o homem da S.S. corria suas mãos sobre cada prisioneira: pela frente, costas e lados. A mulher à minha frente foi apalpada três vezes. Atrás de mim, Betsie foi apalpada. Porém, nenhuma mão me tocou.

Na porta de saída do prédio, uma nova provação: uma fila de guardas femininas examinando cada uma das prisioneiras novamente. Caminhava lentamente, mas quando cheguei até elas, a *Aufseherin* [N.T.: 'Supervisora", em alemão] no comando, me puxou com força pelo ombro.

— Em frente! Você está atrasando a fila!

Então, Betsie e eu chegamos ao Alojamento 8, nas primeiras horas da manhã, trazendo não apenas a Bíblia, mas um novo conhecimento do poder daquele cuja história ela contava. Já havia três mulheres dormindo na cama que nos fora indicada. Elas abriram espaço para nós o máximo que puderam, mas o colchão escorregava e eu ficava caindo no chão. Por fim, nós cinco deitamos de lado, atravessadas na cama, e demos um jeito de organizar ombros e cotovelos. O cobertor estava esfarrapado, comparado aos que acabáramos de entregar, mas, pelo menos, a superlotação produzia seu próprio calor. Betsie vestira o suéter azul por baixo de seu vestido de mangas compridas. E, agora entalada entre eu e as outras, seus tremores gradualmente diminuíam, e ela dormiu. Fiquei acordada mais um pouco, observando o holofote de rastreio projetando-se sobre o muro dos fundos em longos arcos regulares, ouvindo os chamados distantes de soldados que patrulhavam os muros.

A CHAMADA MATINAL em Rabensbruck acontecia meia hora mais cedo do que em Vught. Às 4h30 da manhã, tínhamos que estar lá fora, no escuro frio do pré-amanhecer, em posição de sentido, em grupos de cem mulheres: eram dez filas de dez. Algumas vezes, após horas nessa posição, ganhávamos o abrigo dos alojamentos, simplesmente para ouvir o apito.

— Todas para fora! Formar para chamada!

O Alojamento 8 ficava no complexo de quarentena. Ao nosso lado, talvez como um alerta deliberado às recém-chegadas, ficavam localizados os alojamentos de punição. De lá, durante todo o dia, e frequentemente à noite, vinham sons do próprio inferno. Não eram sons de raiva ou de qualquer emoção humana, mas de uma crueldade totalmente fria: golpes aplicados num ritmo regular, berros acompanhando a cadência. Ficávamos de pé em nossas filas de dez, com as mãos trêmulas, ansiando por apertá-las contra os ouvidos para fazer os sons pararem.

No instante da dispensa, corríamos para a porta do Alojamento 8, pisando nos calcanhares umas nas outras em nossa ansiedade de entrar, e fazer o mundo encolher novamente a proporções compreensíveis.

Foi ficando cada vez mais difícil. Mesmo dentro daquelas quatro paredes, havia sofrimento demais; muito sofrimento aparentemente sem sentido. A cada dia, mais alguma coisa parecia não fazer sentido, outra ficava pesada demais. *Tu vais carregar isso também, Senhor Jesus?*

Porém, enquanto o resto do mundo ficava mais estranho, uma coisa se tornava cada vez mais clara. E era o motivo de nós duas estarmos aqui. Não nos foi mostrado por que os outros deveriam sofrer. Quanto a nós, desde a manhã até as luzes apagarem, sempre que não estávamos nas filas da chamada, nossa Bíblia era o centro de um círculo de ajuda e esperança que se expandia constantemente. Como mendigos agrupados em torno de um fogo incandescente, nos reuníamos ao redor dela, oferecendo nosso coração ao seu calor e luz. Quanto mais crescia a escura noite ao nosso redor, mais reluzente, verdadeira e bela queimava a palavra de Deus: “Quem nos separará do amor de Cristo? Será tribulação, ou angústia, ou perseguição, ou fome, ou nudez, ou perigo, ou espada?… Em todas estas coisas, porém, somos mais que vencedores, por meio daquele que nos amou."

Eu percorria os olhos enquanto Betsie lia, observando o brilho de luz em cada rosto. "Mais do que vencedores...". Aquilo não era um desejo: era um fato. Nós sabíamos, vivenciávamos isso minuto a minuto... pobres, odiadas, famintas. *Somos mais que vencedoras!* Não era "seremos". Somos! A vida em Ravensbruck acontecia em dois níveis separados, reciprocamente impossíveis. Um deles: a vida externa, visível, ficava a cada dia pior. O outro: a vida que tínhamos com Deus, se tornava cada vez melhor; verdade sobre verdade, glória sobre glória.

Algumas vezes, eu tirava a Bíblia de seu pequeno saco com as mãos trêmulas de tão misteriosa que ela se tornara para mim. Era nova; tinha acabado de ser escrita. Às vezes eu ficava maravilhada pela tinta estar seca. Sempre acreditara na Bíblia, mas lê-la agora nada tinha a ver com acreditar. Era uma simples descrição de como eram as coisas... do inferno e do céu; de como os homens agem, e de como Deus atua. Eu lera milhares de vezes a história da prisão de Jesus... como os soldados o haviam espancado, riram dele, o açoitaram. Agora, tais acontecimentos tinham rostos e vozes.

Sextas-feiras: a recorrente humilhação da inspeção médica. O corredor do hospital onde esperávamos não era aquecido, e o frio de outono impregnava as paredes. Ainda assim, éramos proibidas até de nos encolhermos: tínhamos que nos manter eretas, com as mãos esticadas nas laterais, enquanto passávamos lentamente entre uma falange de guardas sorrindo de um jeito escarnecedor. Como poderia haver qualquer prazer na visão dessas pernas doentiamente finas e estômagos encolhidos pela fome, eu não podia imaginar. Certamente, não há visão mais terrível do que o corpo humano sem amor e sem cuidado. Nem conseguia entender a necessidade da nudez completa: quando finalmente chegávamos à sala de exame, um médico olhava a garganta de cada uma; outro, presumidamente um dentista, olhava nossos dentes; um terceiro examinava entre cada dedo. E isso era tudo. Voltávamos pelo corredor longo e frio, e na porta, pegávamos nossos vestidos marcados com X.

Porém, foi numa dessas manhãs, enquanto esperávamos trêmulas, no corredor, que mais uma página da Bíblia ganhou vida para mim.

Ele ficou pendurado, nu, na cruz.

Eu não sabia... não havia pensado... As pinturas e esculturas de crucifixos mostravam, pelo menos, um pedaço de pano. Mas isso, de repente percebi, era por causa do respeito e reverência do artista. Porém, ah... na época, naquela outra manhã de sexta-feira, não houve reverência. Não mais do que a que eu via agora nos rostos ao nosso redor.

Inclinei-me em direção à Betsie, que estava na minha frente na fila. Suas escápulas se destacavam nítidas e finas sob sua pele arroxeada.

— Betsie, eles tiraram as roupas *dele* também.

E escutei um pequeno soluço.

— Ah, Corrie. E eu nunca agradeci a Ele...

A cada dia, o sol se levantava mais tarde, e os raios levavam mais tempo para aquecer o ar.

— Será melhor, — todas asseguravam às outras — quando fôssemos transferidas para alojamentos permanentes. Teremos cobertores individuais. Uma cama própria. Cada uma de nós pintava a imagem de suas maiores necessidades.

Para mim, era um dispensário onde Betsie conseguiria que sua tosse fosse medicada.

— Haverá uma enfermeira cuidando dos alojamentos. — Falava isso com tanta frequência, que acabei me convencendo.

Eu colocava uma gota de *Davitamon* todas as manhãs em seu pedaço de pão preto, mas quanto tempo ainda o pequeno frasco duraria?

— Especialmente, se você continuar compartilhando-o a cada vez que alguém espirra — dizia a ela.

A mudança para os alojamentos permanentes aconteceu na segunda semana de outubro. Marchamos em formação de dez, lado a lado, por uma larga avenida de cimento, então numa estreita rua de alojamentos. A coluna parou diversas vezes, enquanto números eram lidos: nunca usavam nomes em Ravensbruck. Por fim, os números de Betsie e o meu foram chamados:

— Prisioneira 66729, Prisioneira 66730.

Saímos da formação com aproximadamente uma dúzia de outras, e olhamos para o enorme e cinzento Alojamento 28. Metade das janelas parecia estar quebrada e substituída por trapos. Uma porta ao centro nos conduziu para o grande cômodo, onde umas duzentas mulheres, ou mais, se inclinava sobre agulhas de tricô. Sobre as mesas entre elas, havia pilhas de meias de lã na cor cinza do exército.

Dos dois lados, portas abriam para cômodos ainda maiores: de longe, os maiores alojamentos que já tínhamos visto. Betsie e eu seguimos uma prisioneira-guia pela porta da direita. Por causa das janelas quebradas, o amplo cômodo estava na penumbra. Primeiro, nossos narizes nos disseram que o lugar era imundo: em algum ponto o encanamento entupira, e a roupa de cama estava suja e rançosa. Então, quando nossos olhos se ajustaram ao escuro, vimos que não havia camas individuais, apenas grandes beliches quadrados de três andares, colados um no outro, de ponta a ponta, apenas com estreitos corredores ocasionais para circulação.

Seguimos nossa guia em fila única, pois o corredor não era largo o suficiente para duas pessoas, lutando contra a claustrofobia daquelas plataformas que se erguiam acima de nós por todos os lados. O enorme salão estava quase vazio de pessoas; deviam estar fora em diversas equipes de trabalho. Finalmente ela apontou para um segundo andar, no centro de um grande bloco. Para chegar lá, tínhamos que subir na plataforma debaixo, nos empurrar para cima, e então atravessar engatinhando três outras plataformas cobertas com palha. Então alcançávamos aquela que dividiríamos com... quantas? A plataforma acima era próxima demais para nos permitir sentar. Deitamos de costas, lutando contra a náusea que nos subia por causa do mau cheiro da palha. Podíamos escutar as mulheres que chegaram conosco procurando seus lugares.

De repente, sentei-me, batendo minha cabeça nas traves acima. Algo havia picado a minha perna.

— Pulgas! — gritei. — Betsie, este lugar está infestado delas!

Arrastamo-nos pelas plataformas vizinhas com as cabeças baixas para evitar outra batida, descemos para o corredor, e seguimos para um facho de luz.

— Aqui! E ali mais uma! — eu gritava. — Betsie, como podemos viver num lugar como esse?

— Mostre-nos. Mostre-nos como.

Foi dito com tanta naturalidade, que levei um segundo para perceber que ela estava orando. Para Betsie, a separação entre a oração e o restante da vida parecia estar desaparecendo cada vez mais.

— Corrie! — ela falou com animação. — Ele nos deu a resposta! Antes que perguntássemos, como sempre faz! Na Bíblia... esta manhã. Onde estava? Leia de novo aquela parte!

Olhei pelo longo corredor estreito para ter certeza de que nenhum guarda estava à vista, então tirei a Bíblia da bolsinha.

— Era em primeira Tessalonicenses — disse.

Estávamos em nossa terceira leitura completa do Novo Testamento, desde a saída de Scheveningen. Na luz fraca, virei as páginas.

— Aqui está: "[...] consoleis os desanimados, ampareis os fracos e sejais longânimes para com todos. Evitai que alguém retribua a outrem mal por mal; pelo contrário, segui sempre o bem entre vós e para com todos...". Parecia ter sido escrito expressamente para Ravensbruck.

— Prossiga! — disse Betsie. — Isso não era tudo.

— Ah, sim: "[...] para com todos. Regozijai-vos sempre. Orai sem cessar. Em tudo, dai graças, porque esta é a vontade de Deus em Cristo Jesus...".

— É isso, Corrie! Essa é a resposta dele. "Em tudo, dai graças!" É o que podemos fazer. Podemos começar agora mesmo a agradecer a Deus por cada detalhe deste novo alojamento!

Olhei para ela, então para o meu entorno, naquele cômodo escuro e abafado.

— Pelo quê? — perguntei.

— Pelo fato de estarmos aqui juntas.

Mordi meu lábio.

— Ah sim, Senhor Jesus!

— E pelo que você está segurando nas suas mãos.

Olhei para a Bíblia.

— Sim! Obrigada, Senhor, por não haver inspeção quando entramos aqui! Obrigada por todas as mulheres deste quarto, que irão conhecê-lo nestas páginas.

— Sim — Betsie falou. — Obrigada pela lotação aqui. Como estamos tão próximas, muitas mais ouvirão! — Ela olhou para mim na expectativa.

— Corrie! — ela me cutucou.

— Ah, certo. Obrigada, Senhor, pela multidão embolada, amontoada, enfurnada, compactada, sufocada.

— Obrigada, Senhor, — Betsie prosseguiu serenamente — pelas pulgas e pelas...

As pulgas? Isso era demais!

— Betsie, não há como me fazer ser grata por uma pulga, nem mesmo Deus.

— "Em *tudo*, dai graças!" — ela citou. — Não diz: "nas circunstâncias agradáveis." Pulgas fazem parte deste lugar onde Deus nos colocou.

E então, de pé entre pilhas de plataformas, demos graças pelas pulgas. Mas dessa vez, eu tinha certeza de que Betsie estava errada.

LOGO APÓS ÀS 18h, as mulheres do Alojamento 28 começaram a chegar: cansadas, manchadas de suor e sujeira do longo dia de trabalhos forçados. O prédio, soubéramos por meio de nossas companheiras de plataforma, fora projetado para abrigar quatrocentas. Agora estavam aqui aquarteladas mil e quatrocentas, com mais recém-chegadas a cada semana conforme eram evacuados os campos de concentração na Polônia, França, Bélgica, Áustria, assim como na Holanda. Todos eram levados para o centro da Alemanha.

Éramos nove dividindo nosso quadrado em particular, projetado para quatro, e algumas resmungaram ao descobrir que teriam que abrir espaço para Betsie e eu. Oito banheiros fedidos e transbordantes serviam a todo o quarto. Para chegar até eles, tínhamos que rastejar não apenas sobre nossas colegas de cama, como também sobre as das outras plataformas que ficavam entre nós e o corredor mais próximo, sempre correndo o risco de acrescentar peso demais às ripas já fracas, e desabar sobre as pessoas abaixo. Isso aconteceu diversas vezes naquela primeira noite. De algum lugar do quarto, vinha o som de madeira quebrada, um grito, choros sufocados.

Mesmo quando as ripas aguentavam, o menor movimento nas plataformas superiores mandava uma chuva de poeira e palha sobre quem dormia abaixo, seguida por uma saraivada de palavrões. No Alojamento 8, a maior parte de nós era holandesa. Aqui, nem mesmo havia um idioma comum, e entre as pessoas exaustas e malnutridas, brigas explodiam constantemente.

Naquele momento estava acontecendo uma discussão porque as mulheres, que dormiam mais perto das janelas, tinham-nas fechado por causa do frio. Ao mesmo tempo, diversas vozes exigiam que elas as abrissem. Brigas começavam em todos os lados do cômodo; escutávamos confusão, bofetadas, soluços.

Na escuridão, senti a mão de Betsie pegar na minha.

— Senhor Jesus, envia a Tua paz para este quarto, ela disse em voz alta. Tem havido muito pouca oração aqui. Essas paredes sabem disso. Mas onde o Senhor chega, o espírito de conflito não pode existir…

A mudança foi gradual, mas perceptível. Um a um, os sons de raiva foram desaparecendo.

— Faço um acordo! — a voz falou em alemão, com um forte sotaque escandinavo. — Você pode dormir aqui, onde é mais quente, e eu fico no seu lugar perto da janela!

— E juntar seus piolhos com os meus? — Mas havia uma risada na resposta.

—Não, obrigada!

— Faço uma proposta! — A terceira voz tinha um toque francês. — Vamos abrir pela metade. Assim, ficamos apenas meio congeladas, e vocês ficam apenas meio sufocadas.

Com isso, a onda de risadas cresceu pelo quarto. Deitei-me de costas na palha desagradável, e soube que havia mais um motivo pelo qual eu deveria dar graças: Betsie chegara ao Alojamento 28.

AQUI, ASSIM COMO na quarentena, a chamada vinha às 4h30 da manhã. Um apito nos acordava às 4h, quando, sem nem mesmo sacudir a palha das roupas e dos cabelos, começava a corrida pela ração de pão e café no centro do cômodo. As últimas a chegar não encontravam nada.

A contagem era feita na *Lagerstrasse*, a larga avenida que levava ao hospital. Lá, nos juntávamos às ocupantes de outros alojamentos; naquele momento, algo em torno de 35 mil se espalhando até perder de vista sob o brilho pálido das luzes da rua, com os pés ficando dormentes no frio chão de cimento.

Depois da contagem, grupos de trabalhadoras eram chamados. Durante semanas, Betsie e eu fomos designadas para a fábrica da *Siemens*. O enorme complexo de usinas e terminais ferroviários ficava a uns três quilômetros do campo. A "Brigada *Siemens*", composta por muitos milhares de nós, marchava saindo pelo portão de ferro sob os fios eletrificados, para um mundo de árvores, grama e horizontes. O sol nascia ao chegarmos ao pequeno lago; o dourado do final de outono dos campos alegrava nosso coração.

Entretanto, o trabalho na *Siemens* era puro sofrimento. Betsie e eu tínhamos que puxar um carrinho de mão pesado até a ferrovia, onde descarregávamos grandes placas de metal de um vagão de carga, e as levávamos para o portão de recepção da fábrica. O extenuante dia de trabalho durava onze horas. Pelo menos, ao meio-dia, recebíamos uma batata cozida e uma tigela de sopa; as que trabalhavam dentro do campo não recebiam refeição ao meio-dia.

No caminho de volta para o campo, mal conseguíamos levantar nossas pernas inchadas e doloridas. Os soldados que nos escoltavam gritavam e praguejavam, mas conseguíamos apenas avançar alguns centímetros a cada passo. Novamente percebi como o povo local desviava o olhar de nós.

De volta aos alojamentos, entrávamos em formação novamente para receber nossa concha de sopa de nabo no centro do cômodo: será que aquelas filas e esperas jamais teriam fim? Então, o mais rapidamente que conseguíamos, por causa do acúmulo de gente, Betsie e eu íamos para o fundo do alojamento, onde conduzíamos nosso "culto" de adoração. No entorno de nossa plataforma não havia luz suficiente para ler a Bíblia, mas lá no fundo, uma pequena lâmpada refletia um círculo amarelo de luz na parede, e era ali que um grupo cada vez maior de mulheres se reunia.

Naquela época, no Alojamento 28, as reuniões eram completamente diferentes. Podiam incluir um recital do *Magnificat* em latim, feito por um grupo de católicas romanas, um hino sussurrado por algumas luteranas, e um *sotto-voce* cantado por mulheres da igreja ortodoxa oriental. O grupo ao nosso redor ia aumentando a cada momento, apertando-se pelas plataformas próximas, pendurando-se nas bordas, até que as altas estruturas começavam a gemer e balançar.

Por fim, Betsie ou eu abria a Bíblia. Como apenas as holandesas entenderiam o texto lido, traduzíamos em voz alta para o alemão. E então, escutávamos as palavras de vida sendo retransmitidas pelos corredores em francês, polonês, russo, checo e holandês. Aquelas noites sob a lâmpada eram pequenos vislumbres dos céus. Eu pensava em Haarlem, em cada igreja com sua cerca de ferro forjado, e sua barreira de doutrina. E mais uma vez reconhecia que a verdade de Deus brilha com mais intensidade na escuridão.

No início, com grande timidez, Betsie e eu convidávamos as mulheres para essas reuniões. Porém, conforme passavam as noites e nenhum guarda jamais se aproximava de nós, fomos ficando mais ousadas. Eram tantas que queriam se juntar a nós, que passamos a ter uma segunda reunião após a chamada da noite. Lá fora, na *Lagertrasse*, estávamos sob vigilância rígida: guardas em suas capas quentes de lã, marchavam o tempo todo de um lado para outro. No centro dos alojamentos, era a mesma coisa: havia a constante presença de meia dúzia de guardas ou de policiais do campo. Ainda assim, dentro do enorme cômodo do dormitório, quase não havia supervisão. Não entendíamos isso.

OUTRA COISA ESTRANHA estava acontecendo. O vidro de *Davitamon* continuava a produzir gotas. Parecia praticamente impossível que um vidro tão pequeno fornecesse tantas doses por dia. Agora, além de Betsie, uma dúzia de outras, em nossa plataforma, estava tomando o remédio.

O meu instinto foi sempre o de economizá-lo: Betsie estava ficando cada vez mais fraca! Porém as outras também estavam doentes. Era difícil dizer não a olhos que queimavam em febre, mãos que tremiam de frio. Eu tentava poupar para as mais fracas, mas mesmo essas logo somavam quinze, vinte, vinte e cinco...

E ainda assim, a cada vez que eu inclinava o pequeno vidro, uma gota aparecia no contador. Simplesmente não podia ser! Segurei o frasco contra a luz tentando ver quanto ainda restava, mas o vidro marrom escuro era espesso demais.

— Houve uma mulher na Bíblia, cuja botija de azeite nunca ficou vazia — disse Betsie. Ela abriu no livro de Reis, na história da pobre viúva de Sarepta que acolheu Elias em sua casa: "Da panela a farinha não se acabou, e da botija o azeite não faltou, segundo a palavra do SENHOR, por intermédio de Elias."

Sim... mas... coisas maravilhosas acontecem em toda a Bíblia. Uma coisa era crer que tais coisas foram possíveis milhares de anos atrás; outra era estar acontecendo agora, conosco, hoje. E ainda assim estava acontecendo: hoje, no dia seguinte e no outro, até um pequeno grupo admirado de espectadoras nos cercar, vendo as gotas caírem nas rações diária de pão.

Eu passava muitas noites acordada sob a chuva de pó de palha do colchão acima, tentando compreender a maravilha que estava sendo derramada sobre nós.

— Talvez — sussurrei para Betsie — apenas uma ou duas moléculas realmente passam por aquele furinho... e então o ar as expande!

Escutei seu riso suave na escuridão.

— Não tente explicar demais, Corrie. Apenas aceite como uma surpresa de um Pai que a ama.

E então um dia, na fila da comida da noite, Mien se acotovelou para chegar até nós. — Olha o que consegui para vocês!

Mien era uma bela jovem holandesa que conhecêramos em Vught. Ela fora designada para o hospital, e frequentemente conseguia trazer para o Alojamento 28 alguns tesouros roubados dos cômodos da equipe: uma folha de jornal para cobrir uma janela quebrada, uma fatia de pão que ficara intocada no prato de uma enfermeira. Olhamos para o pequeno saco de pano que vinha em sua mão.

— Vitaminas! — gritei. E então olhei apreensivamente para a policial do campo, que estava próxima. — Levedura! — sussurrei.

— Sim! — ela falou baixinho. — Tinha diversos vidros enormes. Tirei exatamente a mesma quantidade de cada um.

Engolimos a água rala de nabo, maravilhadas por nossas súbitas riquezas. De volta à plataforma, peguei o vidro sob a palha.

— Vamos terminar primeiro as gotas, decidi.

Porém, naquela noite, independentemente do tempo que o mantinha virado para baixo, ou da força que fazia ao sacudi-lo, nenhuma gota apareceu.

NO DIA PRIMEIRO de novembro, um casaco foi entregue a cada prisioneira. O meu e o de Betsie eram de fabricação russa e, provavelmente um dia tiveram pele: as linhas soltas mostravam que algo fora arrancado das golas e dos punhos.

As chamadas para a fábrica da *Siemens* haviam cessado, e especulávamos se ela fora atingida por algum dos bombardeios que agora, quase todas as noites, vinham seguidos de disparos. Betsie e eu fôramos colocadas para trabalhar no nivelamento de parte do chão ao lado do muro do campo. Esse trabalho também era exaustivo. Algumas vezes, quando eu me abaixava para levantar uma carga, meu coração apertava de um jeito estranho; à noite, espasmos de dor comprimiam minhas pernas.

Mas o maior problema era a força de Betsie. Numa manhã, após uma noite de chuvas intensas, chegamos e encontramos o chão enlameado e pesado. Betsie nunca foi capaz de levantar muito peso; hoje, as quantidades que conseguia acumular em sua pá eram microscópicas e ela tropeçava frequentemente ao andar até o terreno baixo onde despejávamos as cargas.

— *Schnell*er! — um guarda gritou para ela. — Não consegue ir mais rápido?

Por que eles precisavam gritar? Perguntei-me enquanto afundava minha pá na lama preta. *Por que não podem falar como seres humanos normais?* Estiquei-me lentamente, o suor secava nas minhas costas. Lembrava-me onde escutáramos pela primeira vez aquele som enlouquecedor. No *Beje*. Nos cômodos da *Tante* Jans. Uma voz vinda do alto-falante em forma de concha, um berro que permanecera no ar mesmo depois que Betsie correra para desligar o rádio…

— *Loafer! Lazy swine!* [N.T.: "Vadia! Porca preguiçosa!", em alemão.]

A guarda arrancou a pá das mãos de Betsie e correu de grupo em grupo de cavadoras, exibindo a pequena quantidade de terra, que era tudo o que Betsie conseguira levantar.

— Olhem o que a senhora baronesa está carregando! Com certeza ela vai ficar exausta!

Os outros guardas e algumas prisioneiras, riram. Motivada, a guarda começou a fazer uma paródia do andar vacilante de Betsie. Um guarda estava com nosso destacamento naquele dia e, na presença de um homem, as guardas femininas sempre ficavam animadas.

Conforme as risadas cresciam, eu sentia uma raiva mortal aflorar. A guarda era jovem e bem nutrida: era culpa de Betsie ser velha e faminta? Porém, para minha surpresa, Betsie também estava rindo.

— Exatamente como eu — ela admitiu. — Mas é melhor você me deixar cambalear com minha pequena carga, ou vou ter que parar de vez.

As bochechas da guarda ficaram vermelhas.

— Eu decido quem para! — E, tirando o pequeno chicote de couro de seu cinto, atingiu Betsie no rosto e no pescoço.

Sem saber o que estava fazendo, eu agarrei minha pá e corri na direção dela.

Betsie se colocou na minha frente antes que alguém visse.

— Corrie! — implorou, abaixando meu braço. — Corrie, continue trabalhando!

Ela arrancou a pá da minha mão e a enterrou na lama. Desdenhosamente, a guarda jogou a pá de Betsie em nossa direção. E a peguei, ainda em transe. Uma mancha vermelha surgiu na gola de minha irmã; um vergão começou a inchar em seu pescoço.

Betsie percebeu para onde eu olhava e colocou sua mão fina sobre a marca do chicote.

— Não olhe para isso, Corrie! Olhe apenas para Jesus. — Ela tirou a mão: estava pegajosa por causa do sangue.

Em meados de novembro as chuvas ficaram sérias. Chuvas frias que duravam o dia inteiro e deixavam gotas de umidade até nas paredes internas. A *Lagerstrasse* nunca ficava seca; mesmo quando a chuva diminuía, profundas poças permaneciam no caminho. Não tínhamos permissão de nos desviar delas quando as filas eram formadas: muitas vezes, ficávamos com água até os tornozelos; e, à noite, o alojamento tinha o cheiro do couro apodrecido dos sapatos.

Betsie começou a expelir sangue junto com a tosse. Fomos até a emergência do hospital, mas o termômetro registrou apenas 38,50ºC, o que não era suficiente para interná-la na enfermaria. Ah, as minhas fantasias acerca de uma enfermeira e um dispensário em cada alojamento... Aquele cômodo grande e vazio do hospital era onde tinham que se reunir todas as doentes do campo, muitas vezes ficando de pé lá fora na chuva durante horas, apenas para conseguir chegar até a porta.

Odiava o sombrio lugar cheio de mulheres doentes e em sofrimento. Mas tivemos que voltar várias vezes, pois o estado de Betsie estava piorando. Ela não tinha a mesma aversão que eu pelo ambiente. Para ela, era apenas um lugar onde fora colocada para falar de Jesus, como era na verdade, qualquer outro lugar. Onde quer que estivesse, no trabalho, na fila da comida, no dormitório, Betsie falava aos que estavam ao seu redor, sobre a proximidade do Senhor e do Seu desejo de habitar na vida de cada uma delas. Conforme seu corpo enfraquecia, sua fé parecia se tornar mais corajosa.

— A enfermaria é um lugar tão importante, Corrie! Algumas dessas pessoas estão bem no limiar do céu!

Finalmente, uma noite a febre de Betsie registrou os 40,0ºC necessários. Foi mais uma longa espera até uma enfermeira aparecer e a levar juntamente com meia dúzia de outras, para dentro do hospital propriamente dito. Fui com elas até a porta da enfermaria, então voltei lentamente para o alojamento.

Como sempre, parei na porta do dormitório, que me lembrava um formigueiro. Algumas mulheres já dormiam após um longo dia de trabalho, mas a maioria estava espalhada, algumas esperando sua vez nos banheiros, outras catando piolhos em si mesmas ou nas companheiras. Fui me espremendo pelos corredores lotados até o fundo, onde a reunião de oração acabara de terminar. Nas noites em que Betsie e eu fomos à enfermaria, deixamos a Bíblia com a Sra. Wielmaker, uma fervorosa Católica Romana de Hague, que podia traduzir do holandês para o alemão, francês, latim ou grego. Mulheres se juntaram ao meu redor perguntando por Betsie:

— Como ela estava? Quanto tempo teria que ficar?

As luzes apagaram e começou a corrida para os beliches. Subi para a cama intermediária e me arrastei até as que já estavam lá. Que diferença desde a chegada de Betsie àquele quarto! Onde antes esse era um momento de reclamações e palavrões, agora, no enorme dormitório, escutava-se: "Desculpe!" "Com licença!" e "Não foi nada!".

Encontrei nossa plataforma no escuro e me espremi num lugar no meio. Da porta, um holofote de rastreio varreu o quarto, demorando-se em lugares onde algo se mexesse. O cotovelo de alguém bateu nas minhas costas, os pés de outra mulher estavam a centímetros do meu rosto. Como era possível, num lugar tão lotado, eu me sentir tão absoluta e miseravelmente só?

14.

O suéter azul

De manhã, uma névoa fria e úmida pairava sobre a *Lagerstrasse*. Fiquei grata por Betsie não precisar ficar de pé lá fora.

Durante todo o dia, o cobertor de neblina pairou sobre Ravensbruck; um dia estranho, onde o som era abafado e o sol não apareceu. Eu estava na equipe da batata; uma entre tantas que carregava cestas de batatas até as longas trincheiras, para serem cobertas de terra como proteção contra o tempo congelante que estava chegando. Fiquei contente com o pesado trabalho físico que espantava um pouco da umidade dos meus ossos e, permitia uma mordida ocasional numa batata crua, quando os guardas não estavam olhando.

No dia seguinte, a névoa branca ainda pairava sobre o campo, e minha solidão por causa de Betsie se tornou demais para suportar. Assim que fomos dispensadas, após a chamada, fiz uma coisa desesperada. Mien havia me falado de um caminho para chegar até o hospital sem passar pela guarda de plantão na porta. A latrina nos fundos, ela disse, tinha uma janela bem grande, e muito emperrada para fechar direito. Como nenhuma visita era permitida no hospital, parentes dos pacientes costumavam passar por ali para entrar.

No denso nevoeiro, foi fácil chegar até a janela sem ser vista. Ergui-me através dela, então coloquei a mão no nariz por causa do fedor. Ao longo de uma parede, uma fila de sanitários sem tampa e sem porta se estendia na piscina de dejetos que transbordavam. Corri para a porta, então parei, minha pele arrepiou. Do outro lado da parede, uma dúzia de corpos nus deitados de costas. Alguns deles com olhos abertos, pareciam estar encarando o teto sem piscar.

Eu estava ali, paralisada de horror, quando dois homens empurraram a porta levando um fardo embrulhado num lençol. Nem mesmo olharam para mim, e percebi que acharam que eu era uma paciente. Passei ao largo deles até um corredor e fiquei parada um instante com o estômago embrulhado pela cena que vira. Logo depois, saí sem rumo para a esquerda.

O hospital era um labirinto de corredores e portas. E eu já não tinha certeza do caminho de volta para as latrinas. E se a equipe das batatas saísse antes que eu voltasse? Então um corredor me pareceu familiar. Apressei-me, quase correndo, de porta em porta. Por fim, a enfermaria onde havia deixado Betsie! Não havia ninguém da equipe do hospital à vista: andei ansiosamente pelos corredores de catres, olhando cada rosto.

— Corrie!

Betsie estava sentada num catre perto da janela. Ela parecia mais forte, olhos mais brilhantes, um toque de cor em suas magras bochechas. Nenhuma enfermeira ou médico ainda a examinara, contou, mas a chance de ficar deitada e permanecer dentro do ambiente já havia feito diferença.

Três dias depois, Betsie voltou para o Alojamento 28. Ainda não fora examinada ou recebera qualquer tipo de remédio; e sua testa fervia de febre ao meu toque. Mas a alegria de tê-la de volta superou minha ansiedade.

Melhor de tudo, por causa de sua hospitalização, foi-lhe dada uma designação permanente na "brigada de tricô", as mulheres que vimos no primeiro dia, sentadas ao redor das mesas no centro do cômodo. Esse trabalho era reservado às prisioneiras mais fracas e agora se espalhava também pelos dormitórios.

As que trabalhavam nos dormitórios eram muito menos supervisionadas do que as que ficavam nas mesas, e Betsie se viu com a maior parte do dia livre para ministrar àquelas que estavam ao seu redor. Ela tricotava com muita rapidez e completava sua cota de meias muito antes do meio-dia. Mantinha nossa Bíblia consigo, e passava cada hora do dia lendo-a em voz alta, passando de uma plataforma para outra.

Uma noite, voltei para o alojamento após uma incursão fora dos muros para recolher madeira. Uma fina camada de neve cobria o chão e foi difícil encontrar gravetos e galhos com os quais eram mantidos os pequenos fornos que aqueciam cada cômodo. Betsie estava me esperando como sempre, para que pudéssemos entrar juntas na fila de comida. Seus olhos estavam brilhando.

— Você está parecendo extraordinariamente satisfeita — eu disse.

— Lembra que nunca entendemos por que tínhamos tanta liberdade neste enorme cômodo? — ela falou. — Bem... eu descobri.

E contou que naquela tarde houvera uma confusão em seu grupo de tricô por causa do tamanho das meias, e precisaram pedir à supervisora que viesse para resolver.

— Mas ela não veio. Ela não quis passar pela porta, e nenhuma das guardas quis. E sabe por quê?

Betsie não conseguia evitar o tom de vitória em sua voz.

— Por causa das pulgas! Foi o que ela disse: — Este lugar está tomado pelas pulgas!

Minha mente voltou correndo até nossa primeira hora naquele lugar. Lembrava de Betsie inclinar a cabeça, lembrava dela agradecer a Deus por criaturas nas quais eu não conseguia ver a utilidade.

EMBORA BETSIE FOSSE agora poupada do trabalho pesado no exterior, ainda precisava ficar em pé duas vezes ao dia para a chamada. Com as baixas temperaturas de dezembro, as chamadas se tornaram verdadeiros testes de resistência, e muitas não sobreviveram. Numa manhã escura, quando o gelo ainda formava uma aura em torno de cada lâmpada da rua, uma menina com distúrbio mental, duas filas à nossa frente, subitamente caiu no chão. Uma guarda correu até ela, balançando seu chicote enquanto a menina gritava de dor e pânico. Era sempre mais terrível quando uma dessas inocentes apanhava. Ainda assim, a *Aufseherin* [N.T.: Supervisora] continuava a chicoteá-la. Era a guarda que apelidáramos de "A Cobra" por causa do vestido reluzente que usava. Eu podia agora vê-lo por baixo de sua capa de lã, brilhando na luz da lâmpada enquanto ela levantava o braço. Fiquei grata quando a garota que berrava, finalmente ficou quieta no chão de concreto.

— Betsie, — sussurrei quando a Cobra estava longe o bastante — o que podemos fazer por essas pessoas? Depois de tudo, quero dizer. Não podemos criar um lar para cuidar delas e amá-las?

— Corrie, oro todos os dias para que nos seja permitido fazer isso! Mostrar a elas que o amor é maior!

E foi apenas mais tarde naquela manhã, quando eu estava recolhendo gravetos, que entendi que eu estava falando dos mentalmente debilitados, e que Betsie se referia aos seus opressores.

VÁRIOS DIAS MAIS tarde, toda a minha equipe de trabalho foi enviada ao hospital para inspeção médica. Joguei meu vestido na pilha ao lado da porta e me juntei à fila de mulheres nuas. À nossa frente, para minha surpresa, um médico estava usando um estetoscópio com toda a seriedade de um exame de verdade.

— Para que é isso? — sussurrei à mulher que estava a minha frente.

— Inspeção de transporte — ela falou baixinho, sem mexer a cabeça. — Trabalho em fábricas de munição.

Transporte! Mas eles não podem! Não podem me mandar para longe! *Deus querido, não permita que me levem para longe de Betsie!*

Porém, para meu terror, eu passava pelos exames: coração, pulmões, crânio, garganta. E continuava na fila. Muitas foram retiradas ao longo do caminho, mas aquelas que permaneciam, não pareciam estar assim tão melhores. Estômagos inchados, peitos afundados, pernas finas: como o poderio alemão devia estar desesperado!

Parei diante de uma mulher com um jaleco branco imundo. Ela me virou de frente para um cartaz na parede, sua mão fria segurando meu ombro desnudo.

— Leia a linha mais abaixo que puder.

— Eu... acho que não consigo ler nenhuma delas. *Senhor, me perdoe!* — Apenas a letra de cima. Aquele grande *E*. A letra de cima era um *F*.

A mulher pareceu me ver pela primeira vez.

— Você vê melhor do que isso! Quer ser rejeitada?

Em Ravensbruck, transporte para o trabalho com munição era considerado um grande privilégio; diziam que a comida e as condições de vida nas fábricas eram muito melhores do que no campo.

— Ah, sim, doutora! Minha irmã está aqui em Ravensbruck! Ela não está bem! Não posso deixá-la!

A médica sentou-se em sua mesa e rabiscou alguma coisa num pedaço de papel. — Volte amanhã para receber óculos.

Voltando para a fila, abri o pequeno pedaço de papel azul. Prisioneira 66730 foi instruída a se reportar para uma consulta ótica às 6h30 na manhã seguinte. Seis e trinta era a hora em que os comboios de transporte eram embarcados.

E assim, enquanto os enormes veículos desciam ruidosamente pela *Lagerstrasse* no dia seguinte, eu estava num corredor do hospital, aguardando minha vez na clínica oftalmológica. Talvez o jovem responsável fosse um oftalmologista qualificado, mas todo o seu equipamento consistia de uma caixa de pares de óculos, desde bifocais com aros dourados, até armações infantis de plástico. Não encontrei nenhuma que me servisse e, por fim, fui mandada de volta à minha designação de trabalho.

Mas, é claro que eu não tinha nenhuma designação de trabalho, já que havia sido marcada para transporte. Voltei insegura para o Alojamento 28. Entrei no cômodo central. A supervisora me olhou por cima das cabeças da equipe de tricô.

— Número? — perguntou.

Informei meu número e ela o escreveu num caderno de capa preta.

— Pegue seu novelo e uma folha de receita! — prosseguiu. — Terá que encontrar um lugar numa das camas porque não há espaço aqui. E voltou para a pilha de meias finalizadas sobre a mesa.

Fiquei piscando no centro da sala. Então, pegando um novelo de lã cinza escuro, saí correndo pela porta do dormitório. E foi quando começaram as melhores e mais alegres semanas de todo o tempo passado em Ravensbruck. Lado a lado, no santuário das pulgas de Deus, Betsie e eu ministramos a Palavra do Senhor a todas no cômodo. Sentávamos em leitos de morte que se tornavam portas do céu. Observávamos mulheres que haviam perdido tudo se tornarem ricas em esperança. As tricoteiras do Alojamento 28 se tornaram o coração de preces do enorme corpo enfermo que era Ravensbruck, intercedendo por todos no campo: estimuladas por Betsie, orávamos pelos guardas, bem como pelas prisioneiras. Orávamos para além dos muros de concreto, pela cura da Alemanha, da Europa, do mundo... assim como mamãe fizera um dia, na prisão de um corpo entrevado.

E enquanto orávamos, Deus falou conosco sobre o mundo após a guerra. Foi extraordinário; naquele espaço onde apitos e alto-falantes tomavam o lugar de decisões, Deus nos perguntava o que iríamos fazer nos anos que viriam.

Betsie era sempre muito clara sobre a minha resposta e a dela. Teríamos uma casa, uma grande, bem maior do que o *Beje*, para onde pessoas que tinham sido prejudicadas pela vida no campo de concentração pudessem ir e permanecer até sentirem-se prontas para voltar a viver no mundo normal.

— É uma casa tão linda, Corrie! Os pisos serão todos de tacos, com estátuas nas paredes e uma ampla escadaria. E jardins! Jardins em toda a volta, onde poderão plantar flores. Isso fará tão bem a eles, Corrie; cuidar de flores!

Eu olhava maravilhada para Betsie, enquanto dizia essas coisas. Sempre falava como se estivesse descrevendo coisas que tinha visto... como se aquela ampla escada sinuosa e aqueles jardins brilhantes fossem reais, e aquele alojamento atulhado e imundo fosse o sonho.

MAS NÃO ERA um sonho. Era a realidade dolorosa e infinita, e era sempre durante as chamadas que a tristeza acumulada ameaçava me dominar.

Uma manhã, três mulheres do Alojamento 28 demoraram um pouco lá dentro para evitar o frio. Durante toda a semana seguinte, o alojamento inteiro foi punido com uma hora extra de sentido. As luzes da *Lagerstrasse* ainda nem estavam acesas quando éramos tiradas de nossos beliches, às 3h30 da madrugada.

Foi numa manhã, durante essa formação de pré-chamada, que vi o que até então, havia me recusado a acreditar. Faróis apareceram no final da longa avenida oscilando sob a neve. Caminhões com caçambas abertas na traseira se aproximavam, respingando lama enquanto passavam. Pararam na porta da frente do hospital. A porta abriu e uma enfermeira apareceu, segurando uma mulher idosa cujas pernas fraquejavam enquanto descia os degraus. A enfermeira a ergueu delicadamente para a traseira do caminhão. Primeiro, saíram pela porta, levados pelos braços de enfermeiras e de auxiliares do hospital, as velhas e doentes. Por fim, vieram soldados carregando macas.

Nossos olhos observavam cada detalhe da cena; nossos cérebros se recusavam a crer. Sabíamos, é claro, que quando a superpopulação chegasse a determinado ponto, as mais doentes seriam levadas para a construção de tijolos aos pés da enorme chaminé quadrada. Mas aquelas mulheres ali à nossa frente... aquelas. Não era possível.

Acima de tudo, não conseguia conciliar aquilo com o comportamento gentil das enfermeiras. Aquela no caminhão bem à frente, se inclinando tão solicitamente, até mesmo com carinho, sobre sua paciente... O que estaria passando agora por sua mente?

ENQUANTO ISSO, O tempo ficava cada vez mais frio. Uma noite, durante a chamada noturna, um grupo em algum lugar longe na *Lagerstrasse*, começou uma marcha ritmada. O som foi crescendo, conforme outras passaram a acompanhar. Os guardas não nos detiveram e, por fim, toda a avenida estava marcando passo, batendo sapatos gastos contra o chão congelado, fazendo a circulação voltar aos pés e pernas dormentes. Daquele dia em diante, esse seria o som da chamada: o passo marcado de milhares de pés na avenida escura e longa.

E conforme aumentava o frio, crescia também a especial tentação da vida do campo de concentração: a de pensar apenas em si mesmo. Ela assumia milhares de formas ardilosas. Rapidamente descobri que quando eu conseguia nos levar para o meio da formação de chamada, conseguíamos uma pequena proteção contra o vento.

Eu sabia que era egoísmo: quando eu e Betsie ficávamos no centro, alguém precisava ficar na ponta. Como era fácil dar outros nomes a isso! Eu apenas estava protegendo Betsie. Estávamos num ministério importante e precisávamos ficar bem. Na Polônia, era mais frio do que na Holanda; as polonesas provavelmente não sentiam a friagem da mesma forma que nós.

O egoísmo tinha vida própria. Quando vi o saco de levedura de Mien esvaziando, comecei a tirá-lo debaixo da palha apenas depois que as luzes apagavam. Assim as outras não viam e não pediam. A saúde de Betsie não era mais importante? *Veja, Senhor, ela pode fazer tanto por elas! Lembra daquela casa... depois da guerra!*

E mesmo que não fosse certo... não era *tão* errado, era? Não tão errado quanto o sadismo, assassinato e as outras monstruosidades que víamos todos os dias em Ravensbruck. Ah, essa era a grande manobra de Satanás naquele seu mundo: expor maldade tão gritante, a ponto de qualquer um quase poder acreditar que seu próprio pecado secreto não importava.

O câncer se espalhou. Na segunda semana de dezembro, cada ocupante do Alojamento 28 recebeu um cobertor extra. No dia seguinte, um grande grupo de prisioneiras chegou da Tchecoslováquia. Uma delas designada para a nossa plataforma não tinha cobertor nenhum, e Betsie insistiu que déssemos a ela um dos nossos. Então, naquela noite, eu "emprestei" um cobertor a ela. Mas não o "dei" à moça. Em meu coração, eu tinha direito àquele cobertor.

Teria sido coincidência a alegria e o poder de meu ministério ter sido drenado imperceptivelmente? Minhas orações assumiram um tom mecânico. Até mesmo a leitura bíblica se tornou vazia e sem vida. Betsie tentou assumir meu lugar, mas sua tosse tornava a leitura em voz alta impossível.

E assim eu lutava com uma adoração e ensino que não eram mais verdadeiros. Até que numa tarde fria e chuvosa, quando entrava pela janela apenas luz suficiente para ler, cheguei ao relato de Paulo sobre seu "espinho na carne". Três vezes, ele diz, havia implorado a Deus que removesse sua fraqueza, qual fosse ela. E a cada vez, Deus havia dito: "Confia em mim". Por fim, Paulo concluíra... as palavras pareciam saltar da página... que sua fraqueza era algo pelo qual deveria ser grato. Pois agora Paulo sabia que nenhuma das maravilhas e milagres que seguiram seu ministério poderiam ser creditados às suas próprias virtudes. Era tudo devido à força de Cristo, nunca à de Paulo.

E lá estava.

A verdade brilhara como a luz do sol nas sombras do Alojamento 28. O verdadeiro pecado que eu vinha cometendo não era me esquivar para o centro do pelotão porque eu estava com frio. O pecado verdadeiro estava em pensar que vinha de mim qualquer poder em ajudar e transformar. É claro que não era a *minha* integridade que fazia a diferença, mas a de Cristo.

O curto dia de inverno estava terminando; eu não conseguia mais ler as palavras na página. E então fechei a Bíblia e falei a verdade sobre mim para aquele grupo de mulheres que se amontoava ao redor: sobre meu egocentrismo, minha mesquinhez, minha falta de amor. Naquela noite, a verdadeira alegria voltou à minha adoração.

A cada chamada, o vento parecia mais cortante. Sempre que podia, Mien contrabandeava jornais da sala da equipe no hospital, que colocávamos dentro de nossas roupas. O suéter azul de Nollie por baixo do vestido de Betsie, se tornara preto com a tinta do jornal.

O frio parecia estar afetando as pernas de Betsie. Algumas vezes, ela não conseguia movê-las de manhã, e duas de nós tínhamos que carregá-la. Não era difícil: minha irmã não pesava mais que uma criança. Porém, não conseguia mais bater os pés como fazíamos para manter o sangue circulando. Quando voltávamos para o dormitório, eu esfregava seus pés e mãos; as minhas mãos eram apenas contagiadas pelo frio das dela.

Uma semana antes do Natal, Betsie acordou incapaz de mexer as pernas e os braços. Saí correndo pelos corredores lotados até o cômodo central. A Cobra estava de plantão.

— Por favor! — implorei. — Betsie está doente! Ah, por favor, ela precisa ser levada para o hospital!

— Sentido! Diga seu número!

— Prisioneira 66730 se apresentando. Por favor, minha irmã está doente!

— Todas as prisioneiras devem se apresentar para contagem. Se ela está doente, pode se registrar na enfermaria.

Maryke de Graaf, uma holandesa da plataforma acima da nossa, me ajudou a fazer uma cadeirinha com nossos braços e levar Betsie para fora. O compasso ritmado já havia começado na *Lagerstrasse*. Nós a carregamos até o hospital, então paramos. Sob as luzes da rua, a fila para a enfermaria se estendia até o limite do prédio, e se perdia de vista na esquina. Na neve cheia de fuligem do caminho, três corpos continuavam onde haviam caído.

Sem uma palavra, Maryke e eu nos viramos e levamos nossa carga de volta para *Lagerstrasse*. Depois da chamada, a colocamos de volta na cama. Sua fala era lenta e pastosa, mas tentava dizer alguma coisa.

— Um campo, Corrie... um campo de concentração. Mas somos... responsáveis...

Precisei me aproximar muito para ouvir. O campo era na Alemanha. Não era mais uma prisão, mas um lar onde pessoas que tinham sido pervertidas por essa filosofia de ódio e força, poderiam vir para aprender outro caminho. Não havia muros, nada de arame farpado, e os alojamentos tinham floreiras.

— Será tão bom para elas... observar as coisas crescerem. As pessoas podem aprender a amar com as flores...

Agora eu sabia de que pessoas ela estava falando. O povo alemão. Pensei na Cobra de pé na porta do alojamento naquela manhã.

"Diga seu número! Todas as prisioneiras devem se apresentar para a contagem!"

Olhei para o rosto enrugado de Betsie.

— Devemos ter este campo na Alemanha, Betsie? No lugar de uma grande casa na Holanda?

— Ah, não! — ela parecia chocada. — Você sabe que primeiro teremos a casa! Está pronta e esperando por nós... que janelas altas! Os raios do sol estão entrando...

E foi tomada por um ataque de tosse; quando finalmente ficou quieta, uma mancha de sangue enegrecia a palha. Ela cochilou intermitentemente, durante o dia e a noite que se seguiram, acordando diversas vezes com novos detalhes empolgantes sobre nosso trabalho na Holanda ou na Alemanha.

— Os alojamentos são cinza, Corrie. Mas vamos pintá-los de verde! Verde claro e brilhante, como a primavera.

— Estaremos juntas, Betsie? Faremos isso tudo juntas? Tem certeza sobre isso?

— Sempre juntas, Corrie! Você e eu... sempre juntas.

Quando a sirene tocou na manhã seguinte, Maryke e eu novamente tiramos Betsie do dormitório. A Cobra estava de pé na porta. Quando nos encaminhamos para ela com nosso frágil carregamento, ela parou à nossa frente.

— Levem-na de volta para o beliche!

— Pensei que todas as prisio…

— Levem-na de volta!

Admiradas, recolocamos Betsie na cama. O granizo batia contra as janelas. Seria possível que a atmosfera do Alojamento 28 tivesse afetado até essa cruel guarda? Assim que a formação da chamada foi dispensada, corri de volta para o dormitório. Lá, ao lado de nossa cama, estava a Cobra. Ao seu lado, dois soldados do hospital estavam montando uma maca. A Cobra se esticou quase que com culpa quando me aproximei.

— A prisioneira está pronta para transferência — falou rispidamente.

Olhei mais de perto para a mulher. *Será que teria se arriscado entre pulgas e piolhos para poupar Betsie da fila da enfermaria?* Ela não me deteve quando comecei a seguir a maca. Nosso grupo de tricoteiras estava acabando de entrar no grande cômodo. Quando passamos, uma amiga polonesa caiu de joelhos e fez o sinal da Cruz.

Quando chegamos lá fora, o granizo começou a nos atingir. Coloquei-me bem perto da maca para fazer uma barreira de proteção para Betsie. Passamos direto pela fila de pessoas doentes que aguardavam; atravessamos a porta e chegamos à grande enfermaria. Eles colocaram a maca no chão e me inclinei para entender as palavras de Betsie:

— […] é preciso contar às pessoas o que aprendemos aqui. Temos que dizer que não há poço tão fundo, que o amor dele, ainda mais profundo não consiga alcançar. Elas vão nos ouvir, Corrie, porque estivemos aqui.

Fiquei olhando para seu corpo definhado.

— Mas quando tudo isso vai acontecer, Betsie?

— Agora! Logo! Ah, muito em breve! Antes do primeiro dia do ano, Corrie, estaremos fora da prisão!

Uma enfermeira me viu. Afastei-me para a porta do cômodo e fiquei olhando enquanto colocavam Betsie num catre estreito, próximo à janela. Dei a volta correndo no prédio. Por fim, Betsie me viu; trocamos sorrisos e palavras silenciosas até que uma das policiais do campo gritou para que eu saísse dali.

Por volta do meio dia, encostei meu tricô e fui até o centro da sala.

— Prisioneira 66730 se apresentando. Peço permissão para visitar o hospital.

Mantive-me em posição de sentido.

A Cobra olhou para cima, então rabiscou um passe. Lá fora, o granizo ainda caía. Cheguei até a porta da enfermaria, mas a terrível enfermeira não me deixou entrar, nem mesmo com meu passe. Então, novamente, fui até a janela próxima ao catre de Betsie. Esperei até a enfermeira sair da sala, e dei uma batidinha suave no vidro.

Os olhos dela se abriram. Lentamente, virou a cabeça.

— Você está bem? — falei sem som.

Ela acenou que sim.

— Precisa descansar bastante — prossegui.

Ela mexeu os lábios em resposta, mas não consegui entender. Ela fez novamente. Inclinei minha cabeça para ficar na mesma direção que a dela. Os lábios azulados se abriram de novo:

— [...] tanto trabalho a fazer...

A Cobra não estava de plantão durante a tarde e à noite. Embora pedisse repetidamente aos outros guardas, não consegui outra permissão para sair. Na manhã seguinte, assim que a formação da chamada matinal foi dispensada, corri para o hospital, com ou sem permissão.

Fui até a janela e protegi os olhos com as mãos para espiar lá dentro. Uma enfermeira estava de pé entre eu e Betsie. Abaixei-me para ficar fora da vista. Esperei um minuto. Olhei de novo. Uma segunda enfermeira se aproximara. Agora as duas estavam paradas no lugar que eu queria ver. Uma andou até a cabeceira da cama; a outra até os pés. Olhei curiosamente para o que estava sobre ela. Era uma escultura feita em velho marfim amarelo. Não havia roupas; eu podia distinguir cada costela de marfim e o desenho dos dentes através das bochechas de pergaminho.

Levei um tempo para perceber que era Betsie.

As enfermeiras seguravam, cada uma, duas pontas do lençol. Elas o levantaram e levaram o fardo para fora da sala antes que meu coração voltasse a bater em meu peito.

Betsie! *Mas... ela tinha tanto a fazer! Não poderia...* Para onde a estavam levando? Para onde tinham ido? Afastei-me da janela e comecei a correr em paralelo ao prédio; o peito doía só de respirar.

Então me lembrei do banheiro. *Aquela janela nos fundos... era lá onde...*

Meus pés me levaram mecanicamente para os fundos da construção. E lá, com minha mão no peitoril da janela, eu parei. *Suponha que ela esteja lá? Suponha que elas tenham colocado Betsie naquele chão?*

Novamente comecei a andar. Andei durante muito tempo, ainda com a dor em meu peito. E, todas as vezes, meus pés me levavam de volta àquela janela do banheiro. Não entraria. Não olharia. Betsie não podia estar lá.

Andei mais um pouco. E o mais estranho era que, embora tenha passado por diversos guardas da polícia do campo, nenhum me parou ou me questionou.

— Corrie!

Virei-me e vi Mien correndo em minha direção.

— Corrie, procurei você por toda parte! Ah, Corrie, venha!

Ela pegou meu braço e me conduziu em direção aos fundos do hospital. Quando vi para onde estava se encaminhando, soltei o braço.

— Eu sei, Mien! Eu já sei!

Ela parecia não me ouvir. Pegou-me novamente, levou-me até a janela do banheiro e me empurrou para entrar na sua frente. Na sala fedorenta estava uma enfermeira. Voltei assustada, mas Mien estava atrás de mim.

— Esta é a irmã, disse à enfermeira.

Virei minha cabeça para o lado... não olharia para os corpos esticados na outra parede. Mien colocou o braço nos meus ombros e me levou pela sala até passarmos daquela visão desoladora.

— Corrie! Você a vê?

Levantei meus olhar até o rosto de Betsie. *Senhor Jesus... o que fizeste? Ah, Senhor, o que estás dizendo? O que estás me dando?*

Pois lá estava Betsie: olhos fechados como se estivesse dormindo, rosto cheio e jovem. As marcas de preocupação, de tristeza, os profundos buracos da fome e doença, simplesmente haviam desaparecido. Na minha frente, estava a Betsie de Haarlem, feliz e em paz. Mais forte! Mais livre! Aquela era a Betsie do céu, explodindo de alegria e saúde. Até mesmo seu cabelo estava graciosamente no lugar, como se um anjo a tivesse arrumado.

Por fim, me virei admirada para Mien. A enfermeira foi silenciosamente até a porta e a abriu para nós.

— Você pode sair pela recepção — disse amorosamente.

Olhei mais uma vez para o rosto radiante de minha irmã. Então Mien e eu saímos juntas da sala. Uma pilha de roupas estava amontoada no corredor; por cima, o suéter azul de Nollie.

Parei para pegá-lo. O suéter estava surrado e manchado com tinta de jornal, mas era uma ligação física com Betsie. Mien segurou meu braço.

— Não toque nessas coisas! Piolho negro! Serão queimadas!

E assim deixei para trás o último laço físico. E ficou tudo bem. Foi melhor. Agora, o que me ligava a Betsie era a esperança do céu.

15.

As três visões

A beleza da expressão de Betsie me sustentou durante os dias seguintes, enquanto eu descrevia sua paz e alegria ao falar com cada mulher que a amara.

Duas manhãs após sua morte, a contagem terminara na formação. As mulheres dos outros alojamentos foram dispensadas, as do 28 permaneceram em filas, olhos para frente. O alto-falante apitou e uma voz anunciou: faltava uma mulher; o grupo inteiro ficaria em sentido na *Lagertrasse* até que fosse encontrada. Esquerda, direita, esquerda, direita, interminável marcação de passo para espantar o frio de nossas pernas fracas. O sol surgiu, um pálido sol de inverno que não aquecia. Olhei para os meus pés: minhas pernas e tornozelos estavam inchando grotescamente. Quando chegou o meio-dia, não sentia mais nada neles. *Betsie, como você está feliz hoje! Nada de frio, nada de fome, nada entre você e a face de Jesus!*

A ordem de dispensa veio à tarde. Soubemos que a mulher desaparecida fora encontrada morta numa das plataformas superiores. Foi na manhã seguinte que, durante a chamada, pelo alto-falante veio a palavra:

— Ten Boom, Cornelia!

Por um instante, fiquei onde estava, em certo estupor. Fora a Prisioneira 66730 por tanto tempo, que quase não tive reação ao ouvir meu nome. Avancei.

— Fique ao lado!

O que iria acontecer? Por que eu fora separada? Será que alguém denunciara a Bíblia?

A chamada se arrastava. De onde eu estava, podia ver quase a *Lagerstrasse* inteira, dezenas de milhares de mulheres se estendiam a perder de vista, sua respiração provocando uma névoa branca no ar noturno.

A sirene tocou anunciando a dispensa; a guarda fez sinal para que eu a seguisse. Saí andando pela lama, tentando manter o passo de suas botas altas. Minhas pernas e pés ainda estavam dolorosamente inchados da longa contagem do dia anterior, meus sapatos amarrados com pedaços de fio.

Entrei mancando atrás da guarda no prédio da administração na *Lagerstrasse*, no lado oposto ao hospital. Diversas prisioneiras estavam numa fila atrás de uma grande mesa. Um oficial sentado atrás dela, carimbou um papel e entregou à mulher à sua frente.

— *Entlassen*! [N.E.: "Dispensada", em alemão] — ele disse.

— *Entlassen*? Liberado? Será que... então será que a mulher estava livre? Será que... seríamos todas... Ele chamou um nome e outra prisioneira se aproximou da mesa. Uma assinatura, um carimbo:

— *Entlassen*!

Finalmente "ten Boom, Cornelia" foi chamado. Aproximei-me da mesa, equilibrando-me contra ela. Ele escreveu, carimbou, e então estava na minha mão: um pedaço de papel com meu nome e data de nascimento; e no cabeçalho em grandes letras pretas: CERTIFICADO DE DISPENSA.

Atordoada, segui as outras por uma porta à nossa esquerda. Lá, em outra mesa, foi-me entregue um passe de ferrovia, permitindo meu transporte através da Alemanha, até a fronteira da Holanda. Na saída dessa sala, um guarda me apontou outra sala no final de um corredor. Ali, as prisioneiras que estavam na minha frente, tiravam seus vestidos pela cabeça, e se alinhavam contra a parede dos fundos.

— Roupas aqui! — uma agente penitenciária me falou. — *Entlassen* físico — ela explicou.

Tirei a Bíblia pela cabeça, juntamente com o vestido, os enrolei juntos e enterrei a trouxa por baixo da pilha de roupas. Juntei-me às outras; a áspera parede de madeira contra minhas costas nuas. Era estranho como a palavra "dispensada" tornara os procedimentos da prisão cem vezes mais detestáveis. Quantas vezes Betsie e eu ficáramos desse jeito. Mas o pensamento de liberdade despertara em mim. Então a vergonha dessa inspeção foi muito maior do que todas as outras.

Por fim, o médico chegou; um rapaz sardento num uniforme militar. Ele olhou para a formação com indisfarçável desprezo. Uma a uma, tivemos que nos inclinar, virar, abrir os dedos. Quando chegou onde eu estava, seus olhos desceram para os meus pés, e seus lábios se contraíram com repugnância.

— Edema, falou. — Hospital.

Ele se foi. Com outra mulher que não havia "passado", vesti novamente minhas roupas, e segui a guarda para fora do prédio. O dia amanhecera; um taciturno céu cinzento despejava neve. Seguimos pela *Lagerstrasse*, passamos pelas intermináveis ruas de alojamentos.

— Então... não estamos... não seremos liberadas?

— Imagino que você será, assim que o inchaço de suas pernas diminuir — ela disse. — Eles só a libertarão se estiver em boas condições. Vi seu olhar para a outra prisioneira: a pele e os olhos da mulher eram de um embotado amarelo escuro.

A fila de doentes se estendia pela lateral do hospital, mas seguimos direto para a porta, e fomos para uma enfermaria nos fundos. O cômodo estava lotado de catres de dois andares. Fui designada para um lugar no beliche superior, ao lado de uma mulher cujo corpo estava coberto de pústulas abertas. Mas, pelo menos, era perto de uma parede onde eu podia manter minhas pernas inchadas suspensas. Era isso o que importava agora: diminuir o inchaço, passar na inspeção.

SE AQUELE RAIO de liberdade lançara uma nova luz implacável sobre Ravensbruck ou se aquele era verdadeiramente um lugar ainda mais selvagem, eu não poderia dizer. O sofrimento era inimaginável. Ao meu redor estavam sobreviventes de um trem de prisioneiras que fora bombardeado a caminho daqui. As mulheres estavam horrivelmente mutiladas e sofrendo dores terríveis. Mas, a cada gemido, duas das enfermeiras zombavam e imitavam os sons.

Mesmo nas pacientes, eu via aquela indiferença inflexível em relação às outras, que era a doença mais fatal do campo de concentração. Sentia que ela se espalhava em mim: como alguém poderia sobreviver se continuasse tendo sentimentos? As paralisadas e inconscientes caíam dos estreitos catres lotados; naquela primeira noite, quatro mulheres caíram dos beliches superiores, e morreram no chão. Era melhor concentrar a mente às suas próprias necessidades. Não ver. Não pensar.

Porém não havia como calar os sons. Durante toda a noite, mulheres gritavam uma palavra em alemão que eu não conhecia. "*Schieber*!", repetidas vezes, de gargantas ásperas: "*Schieber*!"

Finalmente, entendi que estavam pedindo comadres. Estava fora de cogitação ir até aquela latrina imunda na porta ao lado, no caso da maioria das mulheres daquela sala. Por fim, relutando em baixar minhas pernas, desci de meu catre e iniciei a tarefa. A gratidão das pacientes foi de cortar o coração.

— Quem é você? Por que está fazendo isso? — como se a crueldade e a insensibilidade fossem a norma; e a decência comum, uma maravilha.

Quando um amanhecer invernal penetrou pelas janelas, percebi que era dia de Natal.

TODAS AS MANHÃS, eu ia até a clínica na parte da frente do hospital, onde podia ouvir a batida dos pés lá fora, na *Lagerstrasse*. Todas as vezes o veredito era "Edema dos pés e tornozelos". Muitas das que iam à clínica eram, como eu, prisioneiras libertas. Algumas tinham sido libertadas há meses: seus papéis de soltura e passes de ferrovias estavam esfarrapados de tanto dobrar e desdobrar. *E... se Betsie ainda estivesse viva? Certamente nossa sentença terminaria ao mesmo tempo. Mas ela nunca, jamais, passaria no exame físico. E se ela estivesse aqui comigo? E seu eu passasse na inspeção e ela...*

Não há "ses" no reino de Deus. Eu podia escutar Sua voz dizendo isso. *Teu tempo é perfeito. Tua vontade é nosso refúgio secreto. Senhor Jesus, mantém-me de acordo com a Tua vontade! Não me deixes enlouquecer fazendo conjecturas fora dela.*

Fiquei procurando alguém para dar a Bíblia. De volta à Holanda, como seria fácil conseguir outra... centenas delas. Não havia muitas mulheres na enfermaria capazes de ler o texto em holandês, mas por fim, a coloquei no pescoço de uma jovem agradecida de Utrecht.

Na sexta noite que passei na enfermaria, todas as comadres desapareceram súbita e misteriosamente. Num beliche superior, no corredor central, estavam duas ciganas húngaras cujos gemidos eram parte do murmúrio do cômodo. Eu nunca passara pelos catres delas porque uma tinha um pé gangrenado, que empurrava contra o rosto de qualquer um que se aproximasse. Mas alguém gritara que as ciganas estavam com as comadres, que as tinham escondido sob os cobertores para poupá-las da ida aos banheiros. Fui até o catre delas e argumentei... embora não soubesse se elas entendiam ou não alemão.

De repente, no escuro, algo úmido e grudento enrolou no meu rosto. A mulher tirara a atadura de seu pé e a atirara contra mim. Saí correndo pelo corredor soluçando, e me lavei diversas vezes sob a torneira da parede do banheiro. Nunca pisaria novamente naquele corredor! Por que devia me importar com as malditas comadres? Não suportaria...

Porém, é claro que voltei. No passado, aprendera bastante sobre o que conseguia ou não suportar. Quando as ciganas me viram seguir em sua direção pelo corredor, as duas comadres foram jogadas no chão.

NA MANHÃ SEGUINTE, o médico de plantão na clínica carimbou a aprovação médica em meu formulário de soltura. Eventos que haviam se arrastado tanto, agora aconteciam numa velocidade desconcertante. Num barracão de vestuário perto do portão do campo, fui vestida. Roupa íntima; uma saia de lã; uma blusa de seda realmente bonita; sapatos resistentes, quase novos; um chapéu; um casaco. Entregaram-me um formulário para assinar declarando que jamais estivera doente em Ravensbruck, nunca tivera um acidente, e que o tratamento fora bom. Assinei.

Em outro prédio, recebi uma ração diária de pão, e cupons de alimentação para mais três dias. Também me devolveram meu relógio, meu dinheiro holandês e o anel de mamãe. E então, estava com um grupo de dez ou doze, ainda do lado de dentro do portão.

Os pesados portões de ferro abriram; com a batida de calcanhares de uma guarda, passamos marchando. Subimos uma pequena colina: agora podia ver o lago congelado de uma margem à outra. Os pinheiros e a torre da igreja distante, brilhavam ao sol de inverno como um cartão de Natal antigo.

Não conseguia acreditar. Talvez apenas estivéssemos indo para a fábrica da *Siemens*; esta noite, marcharíamos de volta ao campo. Mas no topo da colina, viramos para a esquerda em direção ao centro da pequena cidade. Podia sentir meus pés inchando nos novos sapatos justos, mas mordi meu lábio e me obriguei a caminhar junto com o grupo. Imaginava a guarda se virando, apontando um dedo zombeteiro:

"— Edema! Mande-a de volta ao campo!"

Na pequena estação de trem, a guarda voltou e nos deixou sem olhar para trás. Aparentemente, todas viajaríamos até Berlim, então cada uma seguiria seu caminho para casa. Foi uma longa espera em gélidos bancos de ferro.

A sensação de irrealidade persistia. Apenas uma coisa parecia conhecida: a cratera de fome em meu estômago. Adiei pegar minha porção de pão o quanto pude, mas finalmente, coloquei a mão no bolso de meu casaco. O pacote sumira. Dei um pulo do banco, olhei embaixo dele, refiz meu caminho pela estação. Se eu havia deixado cair, ou se fora roubado, o pão sumira e, com ele os cartões da ração.

Finalmente um trem parou na estação e corremos ansiosamente para ele, mas era apenas para militares. No fim da tarde, nos permitiram embarcar num trem de correio, mas fomos colocadas para fora duas paradas depois, para dar lugar a um carregamento de comida. A viagem se tornou conturbada. Chegamos ao enorme terminal de Berlim, que fora arrasado por bombas, depois da meia noite.

Era o primeiro dia do ano de 1945. Betsie estava certa: ela e eu estávamos fora da prisão...

Caía neve de uma claraboia quebrada, enquanto eu vagava confusa e assustada pela cavernosa estação. Sabia que precisava encontrar o trem para Uelzen, porém meses recebendo ordens havia me roubado a iniciativa. Finalmente alguém me indicou uma plataforma distante. Cada parada agora era uma agonia dentro dos novos sapatos duros. Quando por fim cheguei à plataforma, o letreiro não dizia UELZEN, mas OLSZTYN, uma cidade na Polônia, exatamente na direção oposta. Precisei cruzar novamente aqueles acres de chão de concreto.

À minha frente, um homem mais velho com a face rosada de trabalhar naquela estação destelhada, juntava escombros de bomba numa pilha. Quando lhe pedi informações, ele me pegou pelo braço, e me levou até a plataforma certa.

— Estive na Holanda uma vez — falou com a voz melancólica pela lembrança. — Quando a esposa era viva, sabe? Ficamos bem no mar.

Um trem estava parado nos trilhos e eu subi a bordo. Passaram-se horas até mais alguém chegar. Mas eu não ousava descer por medo de não conseguir encontrar o caminho de volta. Quando o trem começou a andar, eu estava tonta pela falta de comida. Na primeira parada fora de Berlim, segui os outros passageiros até o café da estação. Mostrei meus florins holandeses para a mulher do caixa e lhe disse que havia perdido meus cupons.

— Essa história é velha! Saia daqui antes que eu chame a polícia!

A viagem foi interminável. Muitos quilômetros de trilhos apenas podiam ser percorridos lentamente. Alguns trechos estavam totalmente danificados, e foram feitos longos desvios intermináveis, e muitas trocas de trem. Com frequência, simplesmente não parávamos numa estação por medo de ataques aéreos. Mas mercadorias e passageiros eram desembarcados na área rural.

E em todo o caminho, pela minha janela, passava a Alemanha que um dia foi bela. Bosques enegrecidos pelo fogo, o esqueleto de uma igreja de pé sobre uma aldeia arruinada. Bremen, em especial, fez brotar lágrimas em meus olhos. Em toda aquela terra devastada, vi um ser humano: uma senhora idosa vasculhando uma pilha de tijolos.

Em Uelzen, houve uma longa espera entre trens. Era tarde da noite e a estação estava deserta. Quando eu cochilava num café vazio, minha cabeça caiu até repousar sobre a pequena mesa à minha frente. Uma explosão em meu ouvido, quase me jogou no chão.

— Isso não é um quarto! — gritou o furioso agente da estação. — Não pode usar nossas mesas para dormir!

Trens vinham. Trens não vinham. Eu subia e descia. E por fim, cheguei a uma fila num galpão de fronteira e o letreiro do pequeno prédio da estação dizia: NIEUWERSCHANS. Quando saí do prédio, um trabalhador usando boné e macacão azul veio em minha direção.

— Aqui! Você não vai chegar longe com essas pernas! Segure em meu braço.

Ele falava holandês.

Agarrei-me a ele e atravessei alguns trilhos mancando, até onde outro trem esperava já com os motores soltando fumaça. Eu estava na Holanda.

Avançamos. Campos planos cobertos de neve passavam pela janela. Lar. Ainda era uma Holanda ocupada. Soldados alemães ainda se encontravam em intervalos, ao longo dos trilhos... mas era o lar.

O trem chegaria apenas até Groningen, uma cidade holandesa próxima à fronteira. A partir dali, os trilhos haviam sido arrancados e todas as viagens proibidas, exceto as de membros do governo. Com o que me restava de forças, manquei até um hospital próximo à estação.

Uma enfermeira, num uniforme branco cintilante, convidou-me a entrar numa pequena sala. Quando lhe contei minha história, ela saiu. Em poucos minutos estava de volta com uma bandeja de chá e biscoito.

— Deixei de fora a manteiga — falou. — Você está sofrendo de subnutrição. Precisa ter cuidado com o que come.

Enquanto bebia, lágrimas caíam no chá quente. Ali estava alguém que se preocupava comigo. Ela disse que não havia leitos disponíveis no hospital, mas um membro da equipe estava fora, e eu teria que ficar em seu quarto.

— Neste momento, estou aquecendo uma banheira.

Segui-a pelos reluzentes corredores, num tipo de sonho feliz. Num grande banheiro, nuvens de vapor subiam de uma brilhante banheira branca. Em minha vida, nada teve uma sensação tão boa quanto aquele banho. Fiquei submersa até o queixo, sentindo a água quente suavizar minha pele incrustada de feridas.

— Só mais cinco minutos! — eu implorava cada vez que a enfermeira batia na porta.

Finalmente, deixei que me entregasse uma camisola e me levasse até um quarto, onde uma cama estava preparada e me esperando. Lençóis. Lençóis brancos por cima e por baixo. Não conseguia parar de passar minha mão sobre eles. A enfermeira estava acomodando um segundo travesseiro embaixo dos meus pés inchados. Lutei para permanecer acordada: deitar ali, limpa e cuidada, era tanta alegria, que não queria dormir e desperdiçar um minuto daquilo.

FIQUEI DEZ DIAS no hospital em Groningen sentindo minhas forças voltarem. Na maioria das refeições, juntava-me às enfermeiras em seu próprio refeitório. Na primeira vez que vi a longa mesa posta com talheres e copos, afastei-me assustada.

— Vocês estão dando uma festa! Deixem-me levar uma bandeja para o quarto! Eu não me sentia pronta para risos e conversas sociais.

A jovem ao meu lado riu enquanto puxava uma cadeira para mim.

— Não é uma festa! É apenas o jantar... e, aliás, bem simples.

Sentei-me, piscando nervosamente com as facas, garfos, guardanapos... alguma vez eu teria comido assim todos os dias do ano? Como uma selvagem observando sua primeira refeição civilizada, imitei os vagarosos gestos das outras, conforme passavam o pão e o queijo, e mexiam seu café sem pressa.

Meu coração doía para chegar até Willem e Nollie... mas como poderia fazer, se as viagens estavam proibidas? O serviço telefônico também estava mais limitado do que nunca. Porém finalmente, a garota da mesa telefônica do hospital conseguiu falar com a operadora em Hilversum, informando sobre a morte de Betsie e sobre minha soltura.

No meio da segunda semana, a direção do hospital conseguiu uma carona para mim num caminhão de alimentos que ia para o Sul. Fizemos a viagem ilegal durante a noite e sem faróis: o caminhão fora desviado de um carregamento que seguia para a Alemanha. No cinzento início da manhã, o caminhão parou em frente a grande casa de repouso de Willem. Uma garota alta de ombros largos, atendeu à minha batida. E então, saiu rapidamente pelo corredor avisando que eu estava ali.

Em instantes, meus braços estavam ao redor de Tine e de minhas duas sobrinhas. Willem chegou mais lentamente, mancando pelo corredor com a ajuda de uma bengala. Trocamos um longo abraço, enquanto lhe contava os detalhes da doença e morte de Betsie.

— Eu quase — Willem falou lentamente — eu quase gostaria de receber essa mesma notícia sobre Kik. Para ele, seria bom estar com Betsie e papai.

Desde sua deportação para a Alemanha, eles não souberam mais nada do filho alto e louro. Lembrei-me de sua mão em meu ombro, guiando-me em nossas bicicletas pelas ruas escuras até a casa de Pickwick. Lembrei-me de sua paciência no treinamento:

— Você não *tem* cartões, *Tante* Corrie! *Não há judeus*. Kik!

Será que os jovens e corajosos são tão vulneráveis quanto os velhos e lentos?

Passei duas semanas em Hilversum, tentando aceitar o que meus olhos me disseram no primeiro dia. Willem estava morrendo. Apenas ele parecia inconsciente do fato quando mancava pelos corredores de sua casa, levando conforto e aconselhamento às pessoas doentes sob seus cuidados. Eram mais de cinquenta pacientes naquela época. Mas o que eu não entendia era o número de moças que ajudavam: auxiliares de enfermagem, de cozinha, secretárias. Foi somente muitos dias depois, que percebi que a maioria daquelas "garotas" eram rapazes, se escondendo do recrutamento para trabalhos forçados, que se tornava cada vez mais implacável.

E ainda alguma coisa dentro de mim não conseguiria descansar até que eu voltasse para Haarlem. Nollie estava lá, é claro. Mas também o *Beje*; algo na própria casa me chamava, acenava-me, dizia-me para voltar ao lar.

Novamente, o problema era chegar lá. Willem tinha autorização de uso de um carro oficial para o asilo, mas apenas nos arredores de Hilversum. Finalmente, após muitas ligações retransmitidas, ele me disse que a viagem fora organizada.

Quando saímos, as estradas estavam desertas; passamos apenas por dois carros em todo o caminho até o ponto de encontro com o automóvel de Haarlem. À frente, parada na neve do acostamento, nós o vimos: uma limusine longa e preta, com placa oficial do governo e cortinas nas janelas traseiras. Dei um beijo de despedida em Willem e entrei rapidamente, como orientado, no banco de trás da limusine. Mesmo na penumbra acortinada, o volume desajeitado ao meu lado era inconfundível.

— Oom Herman! — gritei.

— Minha querida Cornelia! — Sua grande mão se fechou sobre a minha. — Deus me permite vê-la de novo.

A última vez que vira Pickwick sentado entre dois soldados, fora no ônibus da prisão em Hague; sua careca estava sangrando e cheia de hematomas. Agora aqui estava ele, gesticulando ao meu lado com simpatia, como se aquilo tivesse sido um incidente trivial demais para recordar.

Ele parecia tão bem informado, como sempre, sobre tudo o que acontecia em Haarlem. E, enquanto o motorista uniformizado nos levava pelas estradas vazias, ele me atualizava com todos os detalhes que eu estava ansiosa por saber. Todos os nossos judeus estavam seguros, com exceção de Mary Itallie, que fora mandada para a Polônia depois de ser presa na rua. Nosso grupo ainda estava operante, embora muitos jovens tenham precisado se esconder.

Alertou-me também que devia esperar mudanças no *Beje*. Depois que a guarda policial fora removida, uma série de famílias desabrigadas tinham sido alojadas lá, embora, no momento, acreditava que a moradia acima da loja estivesse vazia. Mesmo antes de a casa ter sido liberada, a leal Toos havia retornado de Scheveningen, e reabrira a relojoaria. O Sr. Beukers da ótica vizinha, tinha lhe dado um espaço em sua loja, onde ela recebia encomendas e levava aos nossos relojoeiros, que trabalhavam em suas casas.

Conforme meus olhos se ajustavam à luz fraca, vislumbrei a face de meu amigo mais claramente. Havia talvez, um ou dois calombos extras em sua cabeça disforme, dentes estavam faltando... mas nada que fizesse tanta diferença naquela gentil feiura.

Agora a limusine passava pelas estreitas ruas de Haarlem. Sobre a ponte de Spaarne. Atravessava o Grote Markt à sombra de St. Bavo, entrava na Barteljorisstraat. Saí do carro, quase antes que parasse, correndo pelo beco, passando pela porta lateral, direto para o abraço de Nollie. Ela e as meninas haviam passado toda a manhã lá, varrendo, lavando janelas, arejando lençóis para a minha chegada. Sobre os ombros de Nollie, vi Toos de pé na porta dos fundos da loja, rindo e soluçando ao mesmo tempo. Rindo porque eu estava em casa; chorando porque papai e Betsie, as duas únicas pessoas que ela se permitira amar, jamais voltariam.

Juntas, andamos pela casa e pela loja, olhando, acariciando as paredes...

— Lembra como Betsie arrumava essas xícaras?

— Lembra como Meta repreendia Eusie por deixar seu cachimbo aqui?

Parei no patamar na frente da sala de jantar e corri minha mão pela madeira macia do relógio Frísio. Podia ver papai parando ali, Kapteyn andando nos calcanhares.

— Não podemos deixar o relógio parar...

Abri o vidro do mostrador, mexi nos ponteiros para igualar ao horário de meu relógio de pulso, e, lentamente, puxei os pesos. Estava em casa. A vida, como o relógio, havia recomeçado: as manhãs consertando relógios na oficina, as tardes, com muita frequência, pedalando minha incansável bicicleta até Bos en Hoven Straat.

E ainda assim... de uma forma estranha, eu não estava em casa. Ainda esperava alguma coisa, ainda procurava por algo. Passei dias rondando pelos becos e pelas margens dos canais na vizinhança, chamando Maher Shalal Hashbaz pelo nome. A senhora mais idosa da mercearia três lojas abaixo, disse-me que o gato miara em sua porta na noite em que fomos presos, e ela o acolhera. Durante meses, contou, as crianças pequenas da vizinhança se juntaram para trazer comida para o "gatinho de Opa". Traziam restos de latas de lixo, e até mesmo petiscos de seus próprios pratos escassos, contrabandeados sob os olhares vigilantes das mães; e o Sr. Hashbaz se mantivera elegante e gordo.

Foi no meio de dezembro, ela disse, que uma noite ele não apareceu quando chamado. E não o via desde então. E assim eu procurei, porém com o coração apertado: neste inverno de fome holandês, minha busca não encontrou nenhum gato ou cão.

Eu sentia falta de algo mais do que o gato; o *Beje* precisava de pessoas para encher seus quartos. Lembrava-me das palavras de papai ao chefe da Gestapo em Hague:

"— Abrirei minha porta para qualquer necessitado..."

Na cidade, ninguém era mais necessitado do que os debilitados mentalmente. Desde o início da ocupação nazista, tinham sido enclausurados por suas famílias em quartos dos fundos; suas escolas e centros de orientação haviam sido fechados; estavam escondidos de um governo que decidira que não tinham capacidade para viver. E logo um grupo deles estava vivendo no *Beje*. Ainda não podiam sair pelas ruas, mas aqui, pelo menos, tinham um novo ambiente, e um programa de orientação com o tempo que podia me ausentar da loja.

Porém, minha inquietação ainda continuava. Estava em casa, trabalhando e ocupada... estava mesmo? Muitas vezes, me sentava em minha bancada com um trabalho, e percebia que estava há uma hora olhando para o nada. Os relojoeiros que Toos encontrara, treinados por papai, eram excelentes. Eu passava cada vez menos tempo na loja: o que ou quem eu procurava, não estava lá.

Nem no andar de cima. Eu amava as pessoas gentis sob meus cuidados, mas a casa em si deixara de ser o lar. Por amor a Betsie, comprei plantas para todas as jardineiras das janelas, mas esqueci de regá-las, e elas morreram.

Talvez sentisse falta do desafio da resistência. Quando o grupo nacional me abordou com um pedido, concordei ansiosamente.

Tinham documentos falsos de soltura para um prisioneiro na cadeia de Haarlem. O que poderia ser mais simples do que levar esse documento até a esquina e passar por aquelas conhecidas portas de madeira?

Mas quando as portas de fecharam atrás de mim, meu coração disparou. E se eu não pudesse sair? E se fosse uma armadilha?

— Sim? — um jovem tenente com um brilhante cabelo ruivo saiu detrás da mesa da recepção. — A senhora tem hora marcada?

Era Rolf. Por que estava sendo tão frio comigo? Eu estava sendo presa? Iriam me colocar numa cela? — Rolf! — eu disse. — Não me reconhece?

Ele olhou para mim, como se tentasse refrescar sua memória.

— É claro! — falou suavemente. — A senhora da relojoaria! Soube que estiveram fechados por um tempo.

Fiquei boquiaberta. Por quê? Rolf sabia perfeitamente... e então me lembrei de onde estávamos. No saguão central da delegacia de polícia, com meia dúzia de soldados alemães vigiando. E eu cumprimentara pelo nome um do nosso grupo, praticamente admitindo uma relação especial entre nós, quando a regra fundamental da resistência era... passei a língua pelos meus lábios. Como eu podia ter sido tão estúpida?

Rolf pegou os documentos forjados das minhas mãos trêmulas, e olhou para eles.

— Estes precisam passar pelo chefe de polícia e pelo comandante militar em conjunto — falou. — A senhora pode retornar com eles amanhã às quatro da tarde? O chefe estará numa reunião até...

Não ouvi mais nada. Depois das palavras "amanhã à tarde", eu já saíra pela porta. Fiquei parada na calçada, agradecida, até meus joelhos pararem de tremer. Se alguma vez tivera que provar que não tinha coragem ou inteligência própria, o fizera agora. Qualquer bravura ou habilidade que demonstrara, eram dons de Deus... puros empréstimos de talentos necessários para realizar um trabalho. E ficara claro agora, com a ausência de tais habilidades, que esse não era mais o trabalho que Ele tinha para mim.

Retornei humildemente para o *Beje*. E foi naquele momento, quando passei pelo beco, que soube o que estava procurando.

Era por Betsie.

Era de Betsie que eu sentia falta a cada momento de cada dia, desde que corri até a janela do hospital e descobri que ela havia deixado Ravensbruck para sempre. Era Betsie que eu pensava encontrar de volta a Haarlem, ali na relojoaria, e na casa que ela amava.

Mas ela não estava aqui. E agora, pela primeira vez desde sua morte, eu me lembrei.

"— Precisamos contar às pessoas, Corrie! Precisamos dizer a elas o que aprendemos..."

NAQUELA MESMA SEMANA, comecei a falar. Se este era o novo trabalho de Deus para mim, então Ele me daria a coragem e as palavras. Pelas ruas e bairros de Haarlem, pedalei sobre os aros de minha bicicleta, levando a mensagem de que a alegria é mais profunda do que o desespero.

Essa era a mensagem que as pessoas precisavam ouvir, que alegraram a primavera de 1945. A árvore "Noiva de Haarlem" não encheu o ar com seu aroma; apenas o toco restara, pois era grande demais para ser transformado em lenha. Tulipas não transformaram os campos em tapetes coloridos: todas as batatas tinham sido comidas. Não havia família que não tivesse sua própria tragédia. Naqueles dias de desespero, falei em igrejas, em salões de clubes e em casas particulares sobre as verdades que Betsie e eu aprendemos em Ravensbruck.

E nessas reuniões, eu sempre falava sobre a primeira visão de Betsie: de uma casa aqui na Holanda, onde aqueles que foram feridos pudessem aprender a viver novamente sem medo. Ao fim de um desses encontros, uma senhora esbelta e aristocrata veio falar comigo. Eu a conhecia de vista: Sra. Bierens de Haan, cuja casa no bairro de Bloemendaal era considerada uma das mais belas da Holanda. Eu nunca tinha visto a casa, apenas as árvores no entorno do enorme parque onde ficava. E por isso fiquei surpresa quando aquela senhora vestida elegantemente me perguntou se eu ainda vivia naquela casinha antiga na Barteljorisstraat.

— Como a senhora… sim, moro. Mas…

— Minha mãe sempre me falava sobre a casa. Ela ia lá com frequência, para encontrar uma tia sua que, eu acredito, tinha um trabalho de caridade?

Em segundos, tudo voltou. Eu abrindo a porta lateral para a entrada de um farfalhar de cetim e penas. Um vestido longo e um chapéu de plumas se arrastando pelos dois lados da escada estreita. Então *Tante* Jans de pé em sua porta, com um olhar que fazia os ossos congelarem frente à simples ideia de uma bola quicando.

— Sou viúva, — a Sra. Bierens de Haan dizia — mas tenho cinco filhos na resistência. Quatro ainda estão vivos e bem. Do quinto, não tenho notícias desde que foi levado para a Alemanha. Enquanto você falava ainda agora, algo dentro de mim ficava repetindo, "Jan voltará, e em gratidão, você abrirá sua casa para essa visão de Betsie ten Boom."

Duas semanas mais tarde, um garotinho entregou um envelope perfumado na porta lateral; dentro dele, em letras roxas inclinadas, apenas uma frase: "Jan está em casa".

A própria Sra. Bierens de Haan me encontrou na entrada de sua propriedade. Juntas, subimos uma avenida de carvalhos antigos, que se fechavam acima de nossas cabeças. Completando a última curva, lá estava: uma mansão de cinquenta e seis cômodos no centro de um vasto gramado. Dois jardineiros idosos trabalhavam em floreiras.

— Descuidamos dos jardins — a Sra. Bierens de Haan disse. — Mas pensei que devíamos restaurá-los. Não acha que cultivar coisas seria uma boa terapia para prisioneiros libertos?

Não respondi. Estava olhando fixamente para os espigões do telhado e para as janelas com vitrais. Janelas tão altas, tão altas…

— E lá…, minha garganta estava seca. — E lá dentro tem pisos de tacos, e uma grande galeria no entorno de uma sala central, e… estátuas em baixo-relevo nas paredes?

A Sra. Bierens de Haan me olhou com surpresa.

— Então você já esteve aqui! Não me lembro...

Não, — respondi. — Mas ouvi falar. Quem me contou...

Parei. Como poderia explicar o que não entendia?

— Foi alguém que esteve aqui. Ela completou com simplicidade, não compreendendo minha perplexidade.

— Sim, falei. — Foi alguém que esteve aqui.

NA SEGUNDA SEMANA de maio, os Aliados retomaram a Holanda. A bandeira holandesa estava pendurada em todas as janelas, e o "Wilhelmus" [N.E.: hinos dos Países Baixos] era tocado dia e noite nas rádios agora liberadas. O exército canadense levava para as cidades a comida que havia estocado nas fronteiras.

Em junho, as primeiras, de muitas centenas de pessoas, chegaram à bela casa em Bloemendaal. Relatavam suas perdas silenciosamente ou em relatos infindáveis, contritos ou ferozmente agressivos, cada um era um ser humano que sofrera danos. Nem todos haviam estado em campos de concentração; alguns haviam passado dois, três, ou até mesmo quatro anos, escondidos em sótãos ou em despensas aqui na Holanda.

Uma dessas primeiras foi a Sra. Kan, viúva do dono da relojoaria que ficava mais acima na rua. O Sr. Kan morrera numa casa clandestina; ela veio sozinha, uma mulher encurvada, de cabelos brancos, que pulava a cada som. Outros vinham para Bloemendaal com cicatrizes no corpo e na alma causadas por bombardeios, perdas da família, ou pelos deslocamentos intermináveis durante a guerra. Em 1947, começamos a receber holandeses que tinham sido prisioneiros dos japoneses, na Indonésia.

Embora nada daquilo tenha sido planejado, aquele provou ser o melhor local possível para os que estiveram presos na Alemanha. Entre eles, tendiam a viver e reviver seus sofrimentos. Em Bloemendaal, eram lembrados de que não eram os únicos que haviam sofrido. E para todas essas pessoas com algo em comum, a chave para a cura se mostrava a mesma. Cada uma precisava perdoar alguma ferida: um vizinho que o delatara, um guarda cruel, um soldado sádico.

Por mais estranho que pudesse parecer, não eram os alemães ou japoneses os mais difíceis para se perdoar; eram os seus compatriotas holandeses, que tinham passado para o lado do inimigo. Eu os via frequentemente nas ruas, os adeptos do PNS [N.E.: Partido Nacional Socialista] com suas cabeças raspadas e olhares furtivos. Esses antigos colaboradores, agora estavam em condições lamentáveis, expulsos de suas casas e apartamentos, incapazes de encontrar trabalho, vaiados pelas ruas.

Em princípio, me pareceu que deveríamos convidá-los também para Bloemendaal, para conviver com aqueles a quem tinham prejudicado; para buscar uma nova compaixão em ambos os lados. Mas logo se mostrou ser cedo demais para as pessoas que tentavam se recuperar de tamanha ferida: as duas vezes em que tentei, acabaram em brigas. E assim, logo que as escolas e abrigos para debilitados mentais reabriram pelo país, redirecionei o *Beje* a esses ex-colaboradores do PNS.

E foi assim que se passaram aqueles anos após a guerra: testando, cometendo erros, aprendendo. Os médicos, psiquiatras e nutricionistas que iam de graça a qualquer lugar onde se cuidava de vítimas da guerra, algumas vezes expressavam surpresa pela nossa frouxa disciplina. Na adoração da manhã e da noite, as pessoas entravam e saíam, o comportamento à mesa era terrível, um homem saía para caminhar em Haarlem todos os dias às 3h da madrugada. Eu não conseguia me obrigar a usar um apito ou a fazer uma repreensão, ou mesmo a considerar ter portões ou toques de recolher.

Porém, certamente em seu próprio tempo, e de sua própria maneira, as pessoas colocavam para fora a dor profunda que traziam consigo. Na maior parte das vezes começava, como Betsie dissera, no jardim. Conforme as flores se abriam, ou os legumes amadureciam e eram colhidos, a conversa girava menos sobre o passado amargo, e mais sobre o clima do dia seguinte. Conforme seus horizontes ampliavam, eu lhes falava sobre as pessoas que estavam morando no *Beje*, que nunca recebiam uma visita, nem uma carta. Quando a menção dos adeptos do PNS não provocava mais uma reação de raiva autojustificada, eu sabia que a cura daquela pessoa não estava longe. E no dia em que ela dissesse: "Aquelas pessoas de quem você falava... será que gostariam de algumas cenouras cultivadas na horta?". Então eu tinha certeza de que o milagre tomou o seu lugar.

CONTINUEI A DAR palestras, em parte porque a casa em Bloemendaal funcionava com contribuições, em parte porque o interesse pela história de Betsie parecia aumentar com o tempo. Viajei por toda a Holanda, por outras partes da Europa, pelos Estados Unidos.

Mas era na Alemanha, onde o interesse era maior. A Alemanha era um país em ruínas, com cidades em cinzas e escombros. Porém o mais aterrorizante eram as mentes e os corações em cinzas. Bastava cruzar a fronteira para sentir o grande peso que pendia sobre aquela terra.

Foi num culto, numa igreja em Munique, que eu o vi: o antigo homem da S.S. que ficara de guarda na porta da sala de banho do centro de processamento em Ravensbruck. Era o primeiro de nossos carcereiros de verdade que eu via desde aquela época. E, subitamente, tudo voltou... o cômodo cheio de homens zombeteiros, as pilhas de roupas, o rosto pálido de dor de Betsie.

Ele se aproximou de mim enquanto a igreja esvaziava, e veio me cumprimentar sorridente.

— Como estou grato por sua mensagem, *Fraulein* — falou. — Em pensar que, como você disse, o Senhor lavou os meus pecados!

Sua mão estava esticada para apertar a minha. E eu, que tanto pregava às pessoas em Broemendaal sobre a necessidade de perdoar, mantinha a minha mão abaixada.

Ainda enquanto os pensamentos raivosos e vingativos fervilhavam dentro mim, eu percebi pecado neles. Jesus Cristo morrera por este homem; eu poderia pedir mais? *Senhor Jesus*, orei, *perdoe-me e me ajude a perdoá-lo.*

Tentei sorrir, lutei para levantar minha mão. Não conseguia. Não sentia nada, nem a menor centelha de carinho ou humanidade. E então sussurrei uma oração silenciosa. *Jesus, eu não consigo perdoá--lo. Dá-me o Teu perdão.* Quando peguei sua mão, a coisa mais inacreditável aconteceu. Uma corrente, que quase me sufocou, parecia fluir de mim para ele, através do meu ombro, pelo meu braço e da minha mão, enquanto meu coração derramava amor pela vida daquele estranho.

Então descobri que a cura das engrenagens do mundo não está em nosso perdão, muito menos em nossa bondade, mas em Jesus. Quando Ele nos diz para amar nossos inimigos, juntamente com a ordem, Ele nos dá o próprio amor.

Era necessário muito amor. A necessidade mais urgente da Alemanha pós-guerra era de casas; diziam que nove milhões de pessoas não as tinham. Estavam vivendo em pilhas de escombros, em construções meio demolidas, e em caminhões militares abandonados. Um grupo de uma igreja me convidou para falar para uma centena de famílias vivendo no prédio de uma fábrica abandonada. Lençóis e cobertores tinham sido pendurados entre os diversos cômodos de moradia para fornecer uma pretensa privacidade. Mas não era possível isolar os sons: o choro de um bebê, o barulho de rádios, as palavras iradas de uma briga familiar. Como eu poderia falar a essas pessoas sobre a realidade de Deus, e então voltar ao meu quarto silencioso no alojamento da igreja fora da cidade? Não, antes que pudesse lhes trazer uma mensagem, eu deveria viver entre eles.

E foi durante os meses que passei na fábrica, que um diretor de uma organização humanitária veio me ver. Eles tinham ouvido sobre meu trabalho de reabilitação na Holanda, ele disse, e se perguntaram… eu estava abrindo minha boca para lhes dizer que eu não tinha treinamento profissional para coisas assim, quando suas palavras seguintes me silenciaram.

— Encontramos um lugar para o trabalho — disse. — É um antigo campo de concentração que acabou de ser liberado pelo governo.

Dirigimos até Darmstadt para inspecionar o campo. Espirais de arame farpado enferrujado ainda o cercavam. Andei lentamente por um caminho de cascalho por entre alojamentos cinza. Abri uma porta que rangia; passei por entre filas de catres de metal.

— Jardineiras! — falei. — Teremos jardineiras em todas as janelas. O arame farpado precisa ser retirado, é claro. E então precisaremos de tinta. Tinta verde. Verde-claro brilhante, a cor de coisas novas nascendo na primavera...

Desde então

Trabalhando em conjunto com um comitê da Igreja Luterana Alemã, Corrie abriu o campo de Darmstadt em 1946, como um lar e lugar de restauração. Ele funcionou assim até 1960, quando foi derrubado para dar lugar as novas construções de uma Alemanha que prosperava.

A casa de Bloemendaal serviu exclusivamente a ex-prisioneiros e outras vítimas da guerra até 1950, quando também começou a receber pessoas que precisavam de cuidados em geral. Ainda hoje funciona, em novo prédio, com pacientes de diversas partes da Europa. Desde 1967, está sob a direção da Igreja Reformada Holandesa.

Willem morreu de tuberculose na coluna vertebral, em dezembro de 1946. Ele escreveu seu último livro, um estudo sobre o sacrifício no Antigo Testamento, em pé porque a dor de sua enfermidade não lhe permitia sentar-se à mesa.

Pouco antes de morrer, Willem abriu os olhos para dizer a Tine: "Está tudo bem... está tudo muito bem... com Kik." Foi só em 1953, que a família recebeu a confirmação de que seu filho de 20 anos havia morrido em 1944, no campo de concentração de Bergen-Belsen. Hoje uma "Rua ten Boom" em Hilversum, homenageia Kik.

Como resultado de suas experiências nos tempos de guerra, Peter van Woerden dedicou seu talento musical ao trabalho de Deus. Além de compor hinos devocionais, incluindo uma série de melodias para Salmos e Provérbios, ele desenvolveu um ministério musical internacional. Ele eventualmente viajava com sua esposa e os cinco filhos, como um grupo familiar de cantores, levando a mensagem do amor de Deus pela Europa e Oriente Médio.

Em 1959, Corrie fez parte de um grupo que visitou Ravensbruck, que na época fazia parte da Alemanha Oriental, para homenagear Betsie e as outras 96 mil mulheres que ali morreram. Lá, Corrie descobriu que sua própria libertação fora um erro administrativo; uma semana mais tarde, todas as mulheres de sua idade foram levadas para a câmara de gás.

Quando ouvi Corrie falando em Darmstadt em 1968, ela tinha 76 anos, e ainda viajava incessantemente, em obediência à certeza de Betsie de que elas precisavam "contar às pessoas". Seu trabalho a levou a 61 países, incluindo muitos "intocáveis" do outro lado da Cortina de Ferro. A quem falasse — estudantes africanos às margens do Lago Victória, fazendeiros num campo de charutos em Cuba, prisioneiros de uma penitenciária na Inglaterra, trabalhadores de uma fábrica no Uzbequistão — ela levava a verdade que as irmãs aprenderam em Ravensbruck: Jesus pode transformar perdas em glória.

John e eu fizemos algumas dessas viagens com ela. Era a única forma de nos mantermos tempo suficiente perto dessa infatigável mulher, a fim de conseguirmos as informações que precisávamos para contar sua história. Mesmo com uma noite sem compromissos à nossa frente em algum quarto de hotel na Áustria ou Hungria, era difícil fazê-la pensar sobre o que ficou para trás. Ela tinha muito pouca paciência com as perguntas sobre os acontecimentos passados. Toda a sua atenção estava centrada no encontro com pastores locais no café da manhã do dia seguinte, ou na reunião que aconteceria com jovens:

— Ah, aqueles adolescentes ficarão tão felizes em saber que Deus os ama!

Nossas melhores entrevistas aconteceram nos períodos em que ela ficou em nossa casa, em Chappaqua, Nova Iorque. Nossos filhos adolescentes amavam suas visitas, amavam sua habilidade de rir de si mesma... como na vez em que o sorvete de chocolate, da primeira casquinha que ela tomava, ficou escorrendo por sua mão, sujando sua blusa e seus sapatos.

— Não, tia Corrie! Você precisa lamber na base do cone. Veja... assim!

Acima de tudo, amavam o fato de cada um deles ser tão importante para ela quanto o líder da igreja mais nobre, ou o prefeito da cidade. Amavam a forma simples e concreta com que ela transmitia abstrações teológicas. Lembro-me da vez em que eu e minha filha Liz, de 13 anos, estávamos ajudando Corrie a desfazer as malas. Do fundo da maleta, Liz tirou um tecido dobrado, com alguns bordados bem amadores... pontos irregulares, cores que não combinavam, fios soltos, emaranhados.

— O que está fazendo? — Liz perguntou perplexa.

— Ah, isso não é meu — Corrie respondeu.

— Esse é o trabalho do maior tecelão de todos. Liz olhou para a grande confusão, em dúvida.

— Mas, Liz, — Corrie continuou — você está vendo o lado errado! Ela tirou a coisa lamentável das mãos da menina. — É assim que nossa vida parecem a partir do nosso limitado ponto de vista.

Então, num floreio, Corrie balançou o tecido para abri-lo e o virou para exibir uma magnífica coroa bordada em vermelho, roxo e dourado.

— Mas quando viramos as linhas de nossa vida para Deus, é isso que Ele vê!

Em meados dos anos de 1980, a saúde debilitada colocou um fim nas viagens missionárias de Corrie. Amigos lhe forneceram uma casa para a "aposentadoria" em Orange County, Califórnia, EUA. Mas é claro que, mesmo acamada e incapacitada de falar em seus últimos cinco anos de vida, Corrie nunca deixou de testemunhar o amor de Deus. Íamos até lá para animá-la, mas éramos nós que deixávamos aquele quarto silencioso com o espírito revigorado, misteriosa e gloriosamente.

Às 23h, no dia de seu nonagésimo primeiro aniversário, em 15 de abril de 1983, Corrie, nas palavras que sempre usava, finalmente "foi para casa".

Para os leitores do *Guideposts* que acompanharam as aventuras de Corrie, e acima de tudo por mim, escrevi sobre minha reação à notícia de sua morte:

> Tentei ficar feliz por Corrie quando atendi o telefonema da Califórnia: ela esperava há tanto tempo por "sua volta para casa". Mas a morte, pela perspectiva da Terra, significa dizer adeus. Sentindo minha perda, vaguei por nossa casa tocando cada um dos objetos físicos que ela nos dera ao longo dos anos. Uma antiga chaleira de bronze. Uma pequena moldura quadrada. Outra, ainda menor, redonda.
>
> Pequenas coisas compartilhadas por nossa amiga, que lembravam grandes verdades...
>
> A chaleira me falava sobre prioridades. Tinha sido Betsie que a avistara num ferro velho, amassada e incrustada de fuligem, numa manhã a caminho do mercado. Ela a comprara com o dinheiro da carne.
>
> — Betsie! — Corrie gritou, subindo da relojoaria. — O que vamos fazer com essa coisa velha? Olhe bem, sequer é capaz de reter a água!
>
> — Não é para reter a água — Betsie respondeu com dignidade.
>
> — Então, para que serve?
>
> — Não é para nada. Ah, Corrie, espere até eu tirar a sujeira! Não consegue ver simplesmente o sol da manhã brilhando nesse bico?
>
> — Vou fazer ensopado de carne no lugar do assado — ela prosseguiu rapidamente. — Você sabe que para papai é muito mais fácil mastigar um ensopado, e hoje eu não estou com fome. Ah, Corrie, esta chaleira continuará brilhando

muito tempo ainda, quando nem nos lembrarmos mais o que jantamos esta noite!

E assim foi. Ela brilhou para as pessoas assombradas que encontraram abrigo no *Beje*. Ela brilhou para Corrie, quando voltou para lá sozinha do campo de concentração, e de suas incansáveis viagens à Rússia, China, Vietnã. Hoje ela brilha em nosso lar, dizendo: O que alimenta a alma é tão importante quanto o que alimenta o corpo.

No porta-retratos quadrado, está um pedaço de tecido amarelo cortado no formato de uma estrela de seis pontas. No meio da estrela, quatro letras negras: JOOD, que significa judeu em holandês. Quando estive na Holanda fazendo pesquisas para a história de Corrie, ela me levou até a casa de Meyer Mossel, "Eusébio" durante a ocupação nazista. Tomamos chá, enquanto Corrie e Eusie relembravam velhas histórias.

— Você levava o cachimbo, — Corrie o lembrou, falando dos treinamentos práticos — mas esquecia seu cinzeiro, e eu precisava correr atrás de você.

Eusie colocou sua xícara na mesa e cruzou a sala até um enorme armário antigo. Da gaveta debaixo, enterrada sob uma pilha de toalhas de mesa, ele tirou um pedaço de tecido amarelo no formato de estrela.

— Durante todos esses anos, perguntava-me por que havia guardado essa coisa disse. — Agora eu sei que era para dar a você, Corrie.

Naquela mesma tarde, compramos a moldura para a estrela de Eusie. Durante anos, ela ficou pendurada na parede de Corrie, assim como agora está pendurada na nossa: um símbolo tão agridoce quanto uma cruz. Para mim, a mensagem da estrela é: Qualquer coisa em sua vida que seja pesado demais para suportar, o amor pode transformar em beleza.

E a pequena moldura redonda? Ela guarda um pedaço de tecido também... algodão branco comum, do tipo que é usado para fazer roupas íntimas. Na verdade, é uma roupa íntima. Um fragmento da camisola que Corrie estava usando quando a Gestapo fez a batida.

No confinamento da solitária na prisão de Scheveningen, o primeiro lugar para onde foi levada após ser presa, o ócio estava corroendo a coragem de Corrie. Nollie contrabandeou agulha e linha para ela, mas a linha logo acabou. Então Corrie lembrou-se de sua camisola. Ela desfez uma bainha. E então! Animais, casas, rostos... ela cobriu a camisola com bordados.

O desenho na moldura redonda é o de uma flor, com elegantes bordas onduladas e seis folhas num gracioso talo. É preciso olhar bem de perto para ver a flor (a linha, é claro, tem a mesma cor do tecido). Uma camisola, mesmo de uma querida amiga, bem... não é uma das coisas mais caras que Corrie nos deu. Mas era a que falava conosco mais claramente, agora que ela se fora.

O círculo de algodão azul me dizia que quando estamos nos sentindo mais pobres, quando perdemos um amigo, quando um sonho é desfeito, quando aparentemente nada no mundo resta para deixar a vida bela, é quando Deus fala: *Você é mais rico do que imagina.*

Elizabeth Sherrill
Chappaqua, Nova Iorque
Setembro de 2005.

Durante um curto período de tempo nos anos de 1970, a casa de Corrie em Haarlem, Holanda, esteve aberta como um museu. Nesta foto, Corrie está de pé em frente ao refúgio secreto. O buraco nos tijolos foi feito para que os visitantes pudessem ver com mais facilidade o espaço. A entrada original é através da parte mais baixa do armário. Em 1988, a Casa Corrie ten Boom voltou a ser um museu inspirador.

Apêndice

Os recursos da família ten Boom, e a linha do tempo da vida de Corrie ten Boom

Esta linha do tempo e árvore genealógica aparecem no livro *A Visit to the hiding place: The Life-Changing Experiences of Corrie ten Boom* [N.T.: Uma visita ao refúgio secreto: As experiências transformadoras de Corrie ten Boom], escrito por Emily S. Smith, e publicado pela Fundação Casa Corrie ten Boom, em Haarlem, Holanda. Nosso muito obrigado a Emily e a Frits Nieuwstraten, diretor da Fundação, por nos dar permissão para reproduzir esse inestimável trabalho.

O *Beje*, a casa dos ten Boom onde está localizado o refúgio secreto, é agora o museu: a Casa Corrie ten Boom

A família ten Boom

N = Nascimento
M = Morte
C = Casamento
C.C. = Campo de Concentração

Jan ten Boom
M: antes de 1678, em Ruurlo

Wessel ten Boom
N: Antes de 1647, em Ruurlo
M: Por volta de 1717

Teuniske Rommelers
C: 18 de fevereiro de 1694

Wolbert ten Boom
M: 17 de abril de 1771, em Ruurlo

Fenneken Ribberts
N: 1694
M: 1766

Wessel ten Boom
N: em Ruurlo
M: 19 de fevereiro de 1800

Aaltje Stockers
M: 2 de julho de 1801

Gerrit ten Boom
N: 5 de set. de 1760, em Beverwijk
M: 28 de out. de 1839, em Haarlem

Casados em 1815

Catharina Angel
N: 19 de jul. de 1788, em Amsterdam
M: 22 de fev. de 1852, em Haarlem

Willem ten Boom
N: 17 de nov. de 1816, em Heemstede
M: 4 de dez. de 1891, em Haarlem

Casados em 10 de fev. de 1858

Elisabeth Bel
N: 10 de abril de 1831, em Beverwijk
M: 27 de janeiro de 1913, em Haarlem

Todos os lugares são na Holanda, exceto quando indicado. A informação sobre Van Woerden foi confirmada por Inge van Woerden. Outras informações foram fornecidas por Hendrik ten Boom, Chefe de Arquivos, Rotterdã (sobrinho de Casper).

A família ten Boom

Casper ten Boom (Pai)
N: 18 de maio de 1859, em Haarlem
M: 9 de março de 1944, em Den Haag

Casados em 16 de out. de 1884

Cornelia Johanna Arnolda Luitingh (Mãe)
N: 18 de maio de 1858, em Amsterdã
M: 17 de out. de 1921, em Haarlem

Elisabeth ten Boom (Betsie)
N: 19 de ago. de 1885, em Amsterdã
M: 16 de dezembro de 1944, no C.C. Ravensbruck, Alemanha

Willem ten Boom
N: 21 de nov. de 1886, em Amsterdã
M: 13 de dez. de 1946, em Hilversum

Casado em 23 de agosto de 1916

Christina van Veen (Tine)
N: 4 de maio de 1884, em Utrecht
M: 19 de mar. de 1958, em Hilversum

Casper ten Boom
N: 13 de julho de 1917
M: por volta de 1980

Hermiana Johanna ten Boom (Hemmie)
N: 30 de dez. de 1918, em Made
M: 14 de out. de 1950, em Hilversum

Christiaan Johannes ten Boom (Kik)
N: 27 de maio de 1920, em Zuijlen
M: em 1945, ou depois, no C.C. Bergen-Belsen, Alemanha

Cornelia Arnolda Johanna ten Boom (Nolly)
N: 16 de dez. de 1921, em Zuijlen
M: 31 de maio de 1983, em Maarn

A família ten Boom

Hendrik Jan ten Boom
N: 12 de set. de 1888, em Amsterdã
M: 6 de mar. de 1889, em Amsterdã

Arnolda Johanna ten Boom (Nollie)
N: 25 de set. de 1890, em Amsterdã
M: 22 de out. de 1953, em Haarlem

Casados em 23 de julho de 1919

Frederik van Woerden
N: 20 de dez. de 1890, em Den Haag
M. 27 de dez. de 1967, em Bennebroek

Cornelia Arnolda Johanna ten Boom (Corrie)
N: 15 de abril de 1892, em Amsterdã
M: 15 de abril de 1983, em Placentia, CA, EUA

Jacob Frederik van Woerden
N: 14 de maio de 1920
M: 1982

Casper van Woerden (Bob)
N: 18 de maio de 1921

Agatha van Woerden (Aty)
N: 22 de julho de 1922

Pieter van Woerden (Peter)
N: 7 de janeiro de 1924
M: 6 de setembro de 1990

Cornelia Arnolda Johanna van Woerden (Cocky)
N: 24 de setembro de 1926
M: 28 de julho de 1997

Elizabeth Johanna van Woerden (Els)
N: 28 de maio de 1931

Linha do tempo da família ten Boom

Esta linha do tempo contém vários destaques da vida da família ten Boom, e do ministério de Corrie.

1837
Willem ten Boom (o avô de Corrie) aluga uma loja e abre a Ten Boom Horlogerie (a relojoaria) na Barteljorisstraat 19, em Haarlem. Em 1849, ele conseguiu comprar a casa por 1.200 floris (FtB 27).

1841
Willem se casa com Geertruida van Gogh. Eles têm treze filhos, mas oito morrem antes dos quatro anos.

1844
Willem inicia um grupo de oração para "orar pela paz em Jerusalém" (NCP).

1856
Geertruida morre de tuberculose aos 42 anos (FtB 26).

1858
Willem se casa com Elisabeth Bel, em 10 de fevereiro. Eles têm seis filhos; dois morrem muito jovens.

1859
Casper ten Boom (o pai de Corrie, filho mais velho de Elisabeth) nasce em 18 de maio.

1884
Casper e Cornelia (Cor) Luitingh se casam em 16 de outubro. E vão morar na Korte Prinsengracht 28, em Amsterdã.

1885
Elisabeth (Betsie) nasce em 19 de agosto. *Tante* Anna (irmã de Cor) vai morar com a família.

1886
Willem nasce em 21 de novembro.

1888
Hendrik Jan nasce em 12 de setembro, mas morre em 6 março de 1989.

1890
Arnolda Johanna (Nollie) nasce em 25 de setembro. Os ten Booms se mudam para outra casa em Amsterdã (FtB 47).

1891
O avô Willem morre em 4 de dezembro, aos 75 anos.

1892
Cornelia Arnolda Johanna (Corrie) nasce em 15 de abril, na Sexta-feira Santa, cerca de um mês antes do previsto. Casper e a família saem de Amsterdã, e se mudam para uma casa alugada em Haarlem, para que ele possa trabalhar na Ten Boom Horlogerie (FtB 52-53). Corrie

é batizada na Igreja Reformada Holandesa em julho (PerL).
(A partir deste ponto, a idade de Corrie aparece entre colchetes depois do ano. O aniversário de Corrie é em 15 de abril. A idade mostrada a cada ano, é a que tinha após o aniversário.)

1895 [3]
Tante Jans (irmã de Cor) passa a morar com os ten Booms.

1897 [5]
Elisabeth (mãe de Casper) se muda da Barteljorisstraat 19, e Casper vai morar com a família na casa (*Beje*). Casper reforma a casa (FtB 55). Corrie ora e entrega sua vida a Jesus (NCP).

1909 [17]
Seu pai e sua mãe comemoram 25 anos de casados. Corrie já completou o ensino primário e secundário, e estuda na Escola de Ciência Doméstica (FtB 94). Os ten Booms iniciam um grupo de estudo missionário em sua casa.

1910 [18]
Corrie tem aulas numa Escola Bíblica em Haarlem durante dois anos. Ela reprova no exame final, porém recebe o diploma oito anos mais tarde (NCP).

1911 [19]
Corrie trabalha como *au pair* (babá). *Tante* Bep (a irmã de Cor, que também vivia com os ten Booms) morre de tuberculose aos 70 anos. Corrie volta para casa (NCP). Sua mãe tem um derrame leve (NCP).

1914 [22]
Começa a Primeira Grande Guerra. Corrie passa por uma cirurgia de apendicite e fica meses de repouso (PerL).

1916 [24]
Willem é ordenado. É chamado a uma igreja em Made; a família comparece ao seu primeiro sermão. Em Made, Karel (não é seu nome verdadeiro), amigo de Corrie, conversa com ela sobre seu futuro juntos. Eles se encontram novamente no casamento de Willem e Tine, em 23 de agosto. Em novembro, Corrie fica arrasada quando Karel lhe apresenta sua noiva (RS 67). Willem exerce o pastorado em Made durante quatro anos, então em Zuijlen, até 1926.

1918 [26]
Sua mãe tem um sério derrame (RS 72). Quando termina a Primeira Guerra Mundial, os ten Boom acolhem Willy, Katy e a Sra. Treckmann e suas filhas Ruth e Martha, todos da Alemanha (NCP)

1919 [27]
Tante Jans morre de diabetes aos 71 anos. Nollie se casa com Frederik "Flip" van Woerden, em 23 de julho.

1920 [28]
Corrie completa seu aprendizado de relojoeira em duas fábricas na Suíça (PerL).

1921 [29]
Sua mãe morre em 17 de outubro, aos 63 anos. Corrie trabalha na relojoaria em tempo integral; Betsie assume o trabalho de casa (NCP).

1924 [32]
Corrie se torna a primeira mulher holandesa, licenciada como relojoeira (RS 79).

1925 [33]

Tante Anna morre em 7 de março, aos 64 anos. Os ten Booms começam a fazer um trabalho missionário, acolhendo crianças, três delas de uma mesma família: Puck, Hans, Hardy (NCP), Lessie (NCP), Miep (NCP) e Marijke (NCP). Em 1925, era um total de sete crianças adotadas, conhecias como o Clube do Boné Vermelho. Corrie começa um clube cristão para moças; trabalha com elas até 1940, quando os nazistas proíbem reuniões de grupos (NCP).

1926 [34]

Willem começa a trabalhar com a Sociedade pró-Israel. Ele vai para Leipzig, Alemanha, estudar durante um ano para seu doutorado; escreve sua tese sobre o Antissemitismo Racial, e recebe seu grau de Doutor em Filosofia em 1928. (FtB 106)

1937 [45]

Acontece a festa do Centenário da ten Boom Horlogerie (a relojoaria).

1940 [48]

Em 10 de maio, começa a invasão nazista na Holanda. A ocupação dura cinco anos.

1941 [49]

Em novembro, Corrie consegue ajuda com Willem e Kik ten Boom, para encontrar um lugar seguro para dois amigos judeus (RS 101).

1942 [50]

No início da primavera, Corrie decide que precisa ajudar a salvar judeus. Ela se envolve no trabalho da resistência. Seu sobrinho Peter van Woerden passa um tempo na prisão por demonstrar patriotismo pela Holanda (RS 109).

1943 [51]

Muitos judeus passam pela casa dos ten Booms; a maioria é recolocada rapidamente. Os nomes mencionados abaixo são daqueles que passaram um tempo prolongado com a família.

13 de maio

Os ten Booms escondem o jovem holandês Hans Poley; ele se envolve no trabalho clandestino (RHP 15).

14 de maio

Hansje "Thea" Frankfort-Israels (judia) é acolhida (RHP 29).

Junho

Mary van Itallie (judia), Henk Wessels e Leendert Kip (membros da resistência) são acolhidos.

2 de junho

Acontece o primeiro treinamento do refúgio secreto recém-construído (RS 142).

28 de junho

Meyer Mossel, "Eusie," (judeu) é acolhido (RS 123).

Julho

Henk Wiedijk (membro da resistência) é acolhido (RHP 64). Henk Wessels e Leendert Kip encontram outros lugares para viver, então o Sr. de Vries (judeu) é acolhido (RHP 75).

14 de agosto

Nollie é presa por esconder uma judia. Ela passa quatro semanas na prisão. Devido ao perigo da Gestapo fazer buscas nas casas de membros da família, todos os que estão escondidos no *Beje* (na casa dos ten Boom), saem para outros esconderijos. Mary, Eusie, Henk e Hans voltam três semanas mais tarde. Os outros permanecem em lugares diversos (RHP 81-85). Mirjiam de Jong (judia) é acolhida (RHP 86).

30 de setembro
Novamente, todos os que estão escondidos no *Beje* saem, devido a preocupações com a Gestapo (RHP 90). Mary, Eusie e Hans retornam duas semanas depois (RHP 96). Nel (judeu) e Ronnie Gazan (judeu — nome verdadeiro: Ronnie da Costa) são acolhidos (RHP 97).

1944 [52]
Janeiro
Meta (Martha) e Paula Monsanto (judias) são acolhidas (RHP 118). Paula vai morar com os pais de Hans Poley (RHP 120). A casa de Willem ten Boom é invadida pela Gestapo; nenhuma evidência é encontrada (RHP 121).

5 de fevereiro
Hans Poley é preso tentando alertar outra família sobre uma batida da Gestapo (RHP 125). Por causa do perigo, todos os que estavam no *Beje* saem (RHP 139). Eusie, Mary, Martha e Ronnie retornam uma semana mais tarde (RHP 140). Esses eram os quatro judeus que moravam no *Beje* em 28 de fevereiro.

28 de fevereiro
Agentes da Gestapo fazem uma batida no *Beje* por volta das 5 da tarde (RS 165). Seis pessoas que estão na casa ilegalmente (quatro judeus e dois membros da resistência) correm para o refúgio secreto. Por volta das 11 da noite, Casper, Corrie, Betsie e Willem ten Boom, e Nollie e Peter van Woerden são levados para a cadeia de Haarlem, juntamente com cerca de trinta pessoas (PY 14, RS 313). Seis pessoas permanecem no refúgio secreto enquanto os nazistas cercam a casa. Herman Sluring (Pickwick), contato de Corrie na Resistência Nacional Holandesa, é preso em outro lugar em Haarlem (RS 172).

29 de fevereiro
Os seis membros da família são transferidos para a prisão de Scheveningen, perto de Den Haag (RS 179).

1 de março
Depois de mais de 47 horas, todos os seis que estavam no quarto secreto foram resgatados por volta das 16h30. Eusie, Mary, Martha e Ronnie (judeus) foram levados para novos esconderijos. Reynout Siertsema e Hans van Messel (membros da rede clandestina) deixaram o *Beje* em segurança (RHP 160).

9 de março
Casper ten Boom morre aos 84 anos (PY 22).

16 de março
Corrie inicia o confinamento na cela solitária 384 (RS 191).

15 de abril
Corrie passa seu aniversário na solitária (RS 195).

5 de junho
Corrie e Betsie se encontram quando são transportadas de trem, da prisão de Scheveningen para o Campo de Concentração de Vught, na Holanda, aonde chegaram em 6 de junho (RS 217).

4 de setembro
Corrie e Betsie iniciam uma pavorosa viagem de trem: três dias e três noites, espremidas num vagão

de carga. Seu destino é o Campo de Concentração de Ravensbruck, perto de Berlim, Alemanha (RS 239).

8 de setembro
Corrie e Betsie são registradas oficialmente como prisioneiras em Ravensbruck (RS 243).

16 de dezembro
Betsie morre em Ravensbruck aos 59 anos (RS 274).

25 de dezembro
Após saber que seria libertada, Corrie é colocada no hospital de Ravensbruck por causa de um edema na perna (RS 279).

30 de dezembro
(Ou 28 de dezembro: as duas datas aparecem no documento de soltura) Corrie é libertada do Campo de Concentração de Ravensbruck (RS 282).

1945 [53]
1 de janeiro
Como uma pessoa livre, Corrie chega em Berlim e encontra um trem para Groningen, Holanda, onde passa dez dias numa casa de repouso. Uma das enfermeiras, Truus Benes, é uma amiga da YWCA (Young Women's Christian Association — Associação de Mulheres Jovens Cristãs) (LST 69). Então Corrie se recupera na casa de Willem e Tine durante duas semanas, antes de retornar a Haarlem (RS 286).

5 de maio
Dia da Libertação da Holanda. Pouco depois disso, Corrie aluga e abre parte da Schapenduinen (a casa da Sra. Bierens de Haan) como um centro cristão de reabilitação para vítimas da guerra (RS 293).

8 de maio
Dia da Vitória (na Europa).

19 de junho
Corrie escreve a Jan Vogel, o homem que delatou sua família para a Gestapo, e o perdoa (CP 81).

Junho
O primeiro livro de Corrie, *Gevangene em Toch*... [N.T.: Uma prisioneira, e ainda assim...], é publicado na Holanda.

1946 [54]
No início do ano, Corrie viaja de cargueiro para os Estados Unidos para compartilhar sua história. Ela começa na cidade de Nova Iorque, e recebe conselhos de Irving Harris. Então, em Washington D.C., ela é auxiliada pelo Rev. Abraham Vereide e sua filha Alicia, Marian Johnson, Sra. Frank McSherry e Kate Cheney. De lá, Corrie viaja para dar palestras pelo país (HL 149-152). Em julho, Corrie escreve uma carta de oração, de Kansas, já tendo trabalhado em Nova Iorque, Washington D.C., Pensilvânia, Vermont, Michigan, Illinois e Canadá (o "trabalho" de Corrie é evangelismo e discipulado). No Canadá, é auxiliada pela Sra. Bobbie Halliday. Ela trabalha na Califórnia, Utah e Iowa (PrL 10-46). Em 13 de dezembro, o irmão de Corrie, Willem, morre aos 60 anos de tuberculose na coluna vertebral, contraída na prisão (RS 299). Ela retorna à Holanda, após dez meses no exterior (PrL 6-47).

1947 [55]
Corrie continua a trabalhar em

Schapenduinen (PrL 6-47). Ela trabalha também na Alemanha, onde encontra um guarda de Ravensbruck, e o perdoa (ApS). Em setembro, trabalha no Canadá (PC).

1948 [56]
Em seu aniversário, Corrie fala em Los Angeles, na Universidade da Califórnia (revista *Contemporary Christian Acts* 4-78). Ela participa de uma conferência da Juventude para Cristo, na Suíça (HL 163).

1949 [57]
Corrie fala na Alemanha, e lá trabalha em campos de refugiados. Com a ajuda da Igreja Luterana Alemã, aluga e abre Darmstadt (um antigo campo de concentração) para refugiados. A Irmandade Evangélica de Maria atende os refugiados de forma permanente até o fechamento do campo em 1960 (PC, RS 298). Ela também trabalha na Suíça e nos EUA (PC).

1950 [58]
Corrie trabalha na Califórnia (HL 163-164), Washington D.C. (PC), Michigan, Canadá e Bermudas. Nas Bermudas, ela fala vinte vezes em uma semana (PerL 3-50). Ela retorna à Holanda num cargueiro, e trabalha diversos meses na Alemanha (PC).

1951 [59]
Corrie trabalha na Alemanha, Inglaterra, Canadá e EUA (PC). Durante esse ano, ela retorna à Holanda para concluir a compra da casa Zonneduin, para o retiro e centro de treinamento cristão. Ele se muda da casa alugada, a Schapenduinen (HL 166). Permanece ligada a esse trabalho até 1966 (PerL).

1952 [60]
Corrie trabalha nos EUA, e então, a caminho do Japão, para no Havaí e fala dezesseis vezes em quatro dias (PerL 4-52). Trabalha no Japão durante nove meses, parcialmente com os missionários Pai e Mãe Mitchell (PerL).

1953 [61]
O segundo livro de Corrie, *Amazing Love* (Amor maravilhoso), é publicado. É seu primeiro livro impresso em inglês. Ela trabalha em Taiwan (China) e visita pacientes leprosos com Lillian Dixon (PrL 1-53). Trabalha também nas Filipinas, Nova Zelândia, Austrália, Israel (PC), África do Sul (Reim 66), Espanha, Suíça (Prl 12-53) e Holanda (PerL). Em 22 de outubro, sua irmã Nollie morre aos 63 anos. Corrie fica muito abalada com sua morte (ApS). Em dezembro, está em Haarlem onde sofre uma queda e lesiona o quadril. É cuidada em Zonneduin (PrL 5-54).

1954 [62]
No início de janeiro, Corrie está orando e recebe o batismo do Espírito Santo (ApS). Trabalha seis meses na Alemanha (PerL). Encontra uma enfermeira que foi cruel com Betsie em Ravensbruck, e a conduz ao Senhor (HL 160). Corrie também trabalha nos EUA (PrL 10-54), Bermudas e Cuba (12-54). Seu primeiro livro, *Gevangene em Toch…*, é traduzido e publicado em inglês, sob o título *A Prisioner and Yet…* (Uma prisioneira, e ainda assim…).

1955 [63]
Corrie trabalha no Canadá, México e EUA. Essa viagem dura dezesseis meses (PrL 1-56).

1956 [64]
Corrie trabalha no Havaí durante um mês, onde fala em 85 reuniões (PrL 5-56). O restante do ano, trabalha na Nova Zelândia e Austrália com a Equipe da Irmandade de Avivamento, de J. Edwin Orr (PrL 19-56).

1957 [65]
Corrie continua a trabalhar com a Equipe da Irmandade de Avivamento na Nova Zelândia e Austrália durante todo esse ano (PrL 1957). Na Austrália, conhece um jovem judeu chamado Martin. Quando era bebê, foi resgatado pela equipe clandestina de Corrie (PrL 6-57). Seus livros *Not Good If Detached* (Não é bom se for isolado) e *Common Sense Not Needed* (Senso comum não é necessário) são publicados.

1958 [66]
Corrie trabalha na Índia, Bornéu, Coreia, Japão e China (IHT 1958). Tendo sido batizada quando criança, é novamente batizada por imersão na Igreja Batista William Carey, em Calcutá, na Índia, em 20 de março (PerL). O título de suas anotações pessoais é trocado de *Carta de oração* para *É tempo de colheita*.

1959 [67]
Corrie começa o ano trabalhando em Hong Kong (China), então no Vietnã e na Europa (IHT 1959). Ela retorna ao Campo de Concentração de Ravensbruck, e descobre que sua libertação foi um erro administrativo (RS 300).

1960 [68]
Corrie trabalha na Alemanha, Espanha, Inglaterra, Suíça e, durante três meses, em Israel (IHT 1960). Na Suíça ela conhece Billy e Ruth Graham (LST 106). Começa a viajar com uma acompanhante pessoal, Conny van Hoogstraten. Elas trabalham juntas durante sete anos (HL 176).

1961 [69]
Corrie trabalha na Índia durante três meses, então passa oito meses trabalhando na África (IHT 1961).

1962 [70]
Corrie trabalha na América do Sul e nos EUA (IHT 1962). Em 17 de abril, a rainha Juliana, da Holanda, nomeia Corrie, Cavaleira da Ordem de Orange-Nassau (LST 102).

1963 [71]
Corrie escreve sobre seu trabalho recente nas Bermudas e Canadá (IHT 1-63). Ela trabalha nos EUA (IHT 3-63). Se hospeda em Buenos Aires, Argentina, no apartamento do Dr. Gwen Shepherd durante seis semanas. Essa é a primeira vez em dezesseis anos que permanece tanto tempo na mesma casa. Fala em diversos encontros e visita os pacientes no hospital do Dr. Shepherd. Então trabalha em Córdoba, Argentina (IHT 6-63, ApS), e Brasil (PerL 7-1963). Ela retorna à Holanda para ser hospitalizada devido a uma infecção no fígado (IHT 10-63). Em 31 de dezembro, voa para os EUA (PC).

1964 [72]
Corrie trabalha nos EUA (PC), Alemanha, Polônia e Finlândia (IHT 1964). Então é diagnosticada com hepatite. Por ordem médica, se afasta do trabalho durante um ano. Seu ano sabático começa em setembro. Passa os primeiros

dois meses recebendo tratamento médico na Bavária, Alemanha; então fica com o sobrinho Peter van Woerden e sua família, na Suíça (IHT 1964–65).

1965 [73]
Os meses restantes do ano sabático, Corrie passa com Harry e Evelyn Campbell, em Uganda, na África Oriental (HL 177). Durante seu "ano de descanso", ela eventualmente fala em prisões e igrejas no Quênia e em Uganda (PC, HL 178). Em outubro, recomeça a trabalhar na Tanzânia, Quênia, Ruanda, Burundi, Congo e Uganda (PC, IHT 12-65/3-66).

1966 [74]
Ao final de janeiro, Corrie encerra quatro meses de trabalho na África, falando no Congo, Quênia e Etiópia (PC). Então trabalha no Canadá e nos EUA (PC). Durante vários meses, trabalha na Rússia e na Europa Oriental (Hungria, Polônia, Tchecoslováquia), então na Alemanha e Holanda (PC).

1967 [75]
Corrie trabalha na França e na Indonésia (PC). Comemora seu 75.º aniversário no Vietnã. É tempo de guerra, e ela trabalha com o missionário Irmão André (LST 89). Quando retorna à Holanda, a Baronesa Elisabeth van Heemstra lhe empresta um apartamento para usar como "base" sempre que estivesse no país (HL 186). No verão, Conny deixa Corrie para casar com o holandês Lykle Hoogerzeil, um médio missionário na Índia (ML 23,28). Ellen de Kroon se torna acompanhante pessoal de Corrie. Trabalham juntas durante nove anos. Um carro onde Corrie estava viajando, se envolve num sério acidente. Ela fratura o braço e o ombro. Passa nove semanas no hospital (HL 186). *Plenty for Everyone* (Fartura para todos) é publicado.

1968 [76]
Em 28 de fevereiro, Corrie é homenageada por Israel no Yad Vashem (Memorial do Holocausto). É solicitada a plantar uma árvore no Jardim dos Justos por causa das muitas vidas judias que ela e sua família salvaram durante a Segunda Guerra Mundial. Trabalha em Israel, Holanda, Alemanha (IHT 5-68), nos EUA, Inglaterra e Moscou (PC).

1969 [77]
Corrie começa o ano na Suíça, então trabalha na França (IHT 4-69), EUA (PC), Moscou (PC), Cazaquistão, Tajiquistão, Uzbequistão, Alemanha (IHT 1-70) e Cuba (PC). O livro *Marching Orders for the End Battle* (A batalha final), é publicado.

1970 [78]
Corrie trabalha em Israel e Chipre (IHT 5-70). Sua ex-acompanhante pessoal, Conny, morre de câncer. Corrie fala no funeral (HL 179). Por ordem médica, retorna à Holanda para um descanso de cinco meses (IHT 9-70), então trabalha no Alasca e no norte dos EUA (IHT 12-70). *Defeated Enemies* (Inimigos Derrotados) é publicado.

1971 [79]
Corrie passa cinco meses nos EUA (IHT 4-71), então trabalha na Holanda, nos EUA (IHT 8-70) e Canadá (PC). *O refúgio secreto*, de Corrie, com John e Elizabeth

Sherrill, é lançado em novembro (IHT 8-71).

1972 [80]
Corrie continua a trabalhar nos EUA e Canadá (IHT 1972).

1973 [81]
Corrie trabalha nos EUA (IHT 2-73). Ela começa a chamar suas atualizações pessoais de *The Hiding Place Magazine* (Revista Refúgio Secreto) que é publicada regularmente até 1983. Ela trabalha na Holanda, Antilhas (HPM Sm 73). Em junho, fala na Cruzada Billy Graham, em Atlanta, Geórgia (BGCA).

1974 [82]
O filme *O Refúgio Secreto* é rodado entre março e junho, em Haarlem e na Inglaterra. Corrie visita o *set* (LST 110, HL 202). Ela trabalha nos EUA e Israel (HPM Sm 74). Em julho, fala no Congresso para a Evangelização Mundial, na Suíça (MY 122). *Andarilha para o Senhor*, de Corrie com Jamie Buckingham, é publicado. Em novembro, é entrevistada pela Cruzada Billy Graham, em Norfolk, Virgínia (BGCA).

1975 [83]
Corrie trabalha nos EUA durante vários meses (HPM Sp 75) e nas Bermudas (HPM W 75). O *Beje* em Haarlem, Holanda, abre como o museu: *O Refúgio Secreto* (LST 98). Em 29 de setembro, o filme *O Refúgio Secreto* estreia em Beverly Hills, Califórnia. Assim que começa a sessão, um suspeito grupo neo-nazista joga uma bomba de gás lacrimogêneo no cinema. Ao invés de ver o filme, centenas de pessoas desfrutam de um encontro na rua com Corrie, Billy Graham, Pat Boone como mestre de cerimônias, Bev Shea cantando "Quão grande és tu", e Pat e Cliff Barrows conduzindo o canto. Jornais e emissoras de televisão noticiam a história internacionalmente (LST 112). *O Refúgio Secreto* é exibido em cinemas de diversos países. Em novembro, um membro da Irmandade Evangélica de Maria vai ao *Beje* e presenteia Corrie com as placas que estão penduradas no quarto secreto (LST). *Cartas da Prisão* é publicado.

1976 [84]
Em janeiro, Corrie está em Oklahoma (BGCA). Em abril, Pam Rosewell se torna sua acompanhante pessoal, quando Ellem de Kroon sai para casar com Bob Stamps, capelão da Oral Roberts University (TH 16). Pam trabalha com Corrie durante sete anos. Sua primeira viagem dura sete meses, trabalhando na Suíça, Toronto, Canadá, e nos EUA (Honolulu, Havaí; Nova Iorque; Wenham, Massachusetts; Charlotte, Carolina do Norte; Williamsburg, Virgínia; Knoxville,Tennessee; Tulsa, Oklahoma; Dallas e Waco, Texas; Des Moines, Iowa; Chicago, Illinois; Miami, Flórida; Los Angeles, Anaheim, San Diego, e San Jose, Califórnia) (SY 40,42). Em 23 de abril, Corrie recebe um grau honorário (Doutorado em Letras Humanitárias) do Gordon College, em Massachusetts (HPM Sm 76); então passa três meses na Holanda (SY 49). *Na casa de meu pai*, de Corrie com C. C. Carlson, e *Corrie's Christmas Memories* (Lembranças de Natal de Corrie) são lançados. O filme *Behind the Scenes of The Hiding Place* (Nos

bastidores do Refúgio Secreto) é lançado.

1977 [85]
Em janeiro, o museu "O Refúgio Secreto" é fechado por causa do excesso de visitantes (HPM Sp 77). Corrie é a palestrante convidada na Cruzada Billy Graham em Gothenburg, Suécia, e então trabalha na Suíça (HPM Sp 77). Também em janeiro, Corrie e Pam recebem *status* de estrangeiro residente nos EUA, e seguem para a Flórida, onde Corrie passa diversas semanas escrevendo um livro (HL 209, SY 50). Então ela e Pam vão para a Califórnia procurar uma casa para alugar (SY 49). Em 28 de fevereiro, se mudam para a casa "Shalom" em Placentia, Califórnia (LST 120). Corrie trabalha em Nova Iorque e na Flórida (HPM Sm 77). Em 4 de julho, no Arizona, ela é homenageada pela CHIEF (*Christian Hope Indian Eskimo Fellowship*), recebe um cocar e é recepcionada em suas tribos. Em julho, participa de convenções de vendedores de livros na cidade do Kansas e em Denver, e então vai para Oklahoma, para o batismo do filho de Ellen: Peter John Stamps. Finaliza um filme feito especialmente para prisioneiros, *One Way Door* (Porta de sentido único) (HPM F 77). Em 25 de setembro, fala na prisão San Quentin, perto de São Francisco, Califórnia (LST 125). Em outubro, Corrie é hospitalizada para receber um marca-passo (SY 75). Em novembro, ela fala em Portland, Oregon (HPM Jan 78). *Each New Day* (Cada novo dia); *Prayers and Promises for Every Day* (Orações e promessas para todos os dias); *He Cares, He Comforts* (Ele cuida, Ele conforta); e *He Sets the Captives Free* (Ele liberta os cativos) são publicados.

1978 [86]
Em 15 de abril, Corrie passa seu aniversário no Arizona fazendo um filme para índios americanos (SY 82). Ela passa maio e junho trabalhando no livro *This Day Is de Lord's* (Este dia é do Senhor), que é publicado em 1979 (ST 156). No início do verão, trabalha no filme *Jesus is Victor* (Jesus é vitorioso) (SY 89). Em julho, é homenageada com uma noite chamada "Corrie: as vidas que ela tocou" (SY 91). Em 23 de agosto, sofre seu primeiro derrame mais sério (SY 102) e perde a maior parte de suas habilidades de comunicação (ST 163). Seus livros *Father ten Boom, God's Man* (Papai ten Boom, um homem de Deus); *A Tramp Finds a Home* (Uma andarilha encontra um lar); e *Don't Wrestle, Just Nestle* (Não lute, apenas descanse) são publicados.

1979 [87]
Em 15 de abril, Corrie comemora seu aniversário com uma pequena festa no quintal de sua casa (HPM maio 79). Em maio, ela sofre um segundo derrame sério, perdendo o movimento de seus braço e perna direitos (SY 144, ST 169).

1980 [88]
Em outubro, Corrie sofre seu terceiro derrame sério e fica acamada (SY 186).

1982 [90]
O livro de Corrie, *Clippings from My Notebook* (Recortes do meu caderno) é publicado. É uma coletânea de anotações que fez, e fotografias que tirou durante as

muitas décadas de viagens. O filme evangelístico de Corrie, *Jesus is Victor* (Jesus é vitorioso) é lançado.

1983 [91]

Em seu 91.º aniversário, em 15 de abril, Corrie vai para o céu. Ela morre aproximadamente às 11 da noite (SY 186). Seu funeral aconteceu em 22 de abril, com enterro no Fairhaven Memorial Park, Santa Ana, Califórnia. Seus filmes evangelísticos *One Way Door* (Porta de sentido único) e *Corrie: The Lives She's Touched* (Corrie: as vidas que ela tocou) são lançados. Seu livro, *Not I, but Christ* (Não eu, mas Cristo) é publicado nesse ano em holandês, e em 1984 em inglês.

1985

Jesus is Victor (Jesus é vitorioso) é publicado. É uma compilação de três livros de Corrie.

1988

Em 15 de abril, a Casa Corrie ten Boom, abre como um museu em Haarlem, Holanda.

1999

Reflections of God's Glory (Reflexos da Glória de Deus) é lançado. Ele contém mensagens feitas por Corrie na *Rádio Trans World.*

2002

Messages of God's Abundance (Mensagens da abundância de Deus) é lançado. Ele contém outras mensagens feitas por Corrie na *Rádio Trans World.*

2003

O filme *O Refúgio Secreto* é lançado em DVD pela *World Wide Pictures.* Ele inclui quatro horas dos outros filmes de Corrie: *Behind the Scenes of The Hiding Place* (Nos bastidores do Refúgio Secreto), *Jesus is Victor* (Jesus é vitorioso), *One Way Door* (Porta de sentido único) e *Corrie: The Lives She's Touched* (Corrie: as vidas que ela tocou).

Tributos adicionais concedidos à família ten Boom: há uma rua chamada Corrie ten Boomstraat e outra chamada Casper ten Boomstraat em Haarlem, uma Ten Boomstraat em Hilversum, em homenagem a Christiaan ten Boom (Kik), e uma Escola Ten Boom em Maarssen, em homenagem ao irmão de Corrie, Willem.

Referências da Linha do Tempo

BGCA Da Seleção de Corrie ten Boom na Central de Arquivos Billy Graham, Wheaton College, Wheaton, Illinois.

PC Passaportes de Corrie, BGCA.

NCP *Na casa de meu pai* de Corrie ten Boom com Carole C. Carlson. Editora Vida, 1978, São Paulo.

FtB *Father ten Boom: God's Man de Corrie ten Boom.* Grand Rapids, Michigan: Fleming H. Revell, uma divisão da Baker Book House Company, 1978.

HL *Corrie ten Boom: Her Life, Her Faith* de Carole C. Carlson. Grand Rapids, Michigan: Fleming H. Revell, uma divisão da Baker Book House Company, 1983.

HPM *Hiding Place Magazine,* um registro pessoal de Corrie ten Boom, nos arquivos da Fundação Casa de Corrie ten Boom, Haarlem, Holanda.

IHT *It's Harvest Time,* um registro pessoal de Corrie ten Boom, nos arquivos da Fundação Casa de Corrie ten Boom, Haarlem, Holanda.

LST *Corrie: The Lives She's Touched,* de Joan Winmill Brown. Grand Rapids, Michigan: Fleming H. Revell, uma divisão da Baker Book House Company, 1979.

MY *My Years with Corrie* de Ellen de Kroon Stamps. Eastbourne: Kingsway Publications Ltd and Alresford: Christian Literature Crusade. Copyright: Fleming H. Revell, uma divisão da Baker Book House Company, 1978.

NG *Not Good If Detached de Corrie ten Boom.* Londres: *Christian Literature Crusade,* 1957. Direitos de publicação controlados por Baker Book House Company, Grand Rapids, Michigan.

PerL Cartas pessoais da família Ten Boom, nos arquivos da Fundação Casa de Corrie ten Boom, Haarlem, Holanda.

CP *Cartas da Prisão* de Corrie ten Boom. Editora Vida, 1976, São Paulo.

PrL *Prayer Letter*, um registro pessoal de Corrie ten Boom, nos arquivos da Fundação Casa de Corrie ten Boom, Haarlem, Holanda

PY *A Prisoner and Yet...*, de Corrie ten Boom. *Londres: Christian Literature Crusade*, 1954. Direitos de publicação controlados por Baker Book House Company, Grand Rapids, Michigan.

Reim. *Het Leven van Corrie ten Boom* de Lotte Reimeringer-Baudert. Hoornaar, Holanda: Gideon, 1985.

RHP *Return to the Hiding Place* de Hans Poley. Elgin, Illinois: LifeJourney Books, uma tiragem da Chariot Family Publishing, uma divisão da David C. Cook Publishing Company, 1993. Copyright: Hans Poley.

RS *O refúgio secreto* de Corrie ten Boom com John e Elizabeth Sherrill. Publicações Pão Diário, Curitiba/Paraná, 2016.

SY *The Five Silent Years* of Corrie ten Boom de Pamela Rosewell. Grand Rapids, Michigan: Zondervan, 1986. Copyright: The Zondervan Corporation.

ST *Safer Than a Known Way* de Pamela Rosewell Moore. Grand Rapids, Michigan: Chosen Books, Fleming H. Revell, uma divisão da Baker Book House Company, 1988.

TH *A Tramp Finds a Home* de Corrie ten Boom. Grand Rapids, Michigan: Fleming H. Revell, uma divisão da Baker Book House Company, 1978.

ApS *Andarilha para o Senhor* de Corrie ten Boom com Jamie Buckingham. Editora Vida, 1976, São Paulo.

Datas de nascimentos, mortes e casamentos, foram obtidas em registros oficiais.

1941
Nationalſozialiſtiſche
Kreisgericht V.
Aktenzeichen: VII B
DEUTSCHES REICH
100
GENERALGOUVERNEMENT
Seydelst
Betr: Frit
geb.
, Berlin O 34, Ern
in Bentschen, Kreis
Der Ob ist am 16. Juli 1941 von d
gerichts Berlin wegen Verbrechens nach §§
zu 7 Monaten Gefängnis verurteilt worden u
Das Kreisgericht bittet im Wege der
teilung, ob R. bei seiner Einlieferung im
gewesen ist. Zutreffendenfalls wird um Übe
hiesigen Verfahrensakten gebeten.